Karl Kautsky

Der Einfluss der Volksvermehrung auf den Fortschritt der Gesellschaft

Karl Kautsky

Der Einfluss der Volksvermehrung auf den Fortschritt der Gesellschaft

ISBN/EAN: 9783743362406

Hergestellt in Europa, USA, Kanada, Australien, Japan

Cover: Foto ©Suzi / pixelio.de

Manufactured and distributed by brebook publishing software (www.brebook.com)

Karl Kautsky

Der Einfluss der Volksvermehrung auf den Fortschritt der Gesellschaft

Der Einfluss
der
Volksvermehrung
auf den

Fortschritt der Gesellschaft

untersucht

von

Karl Kautsky.

Wien 1880.
Verlag von Bloch und Hasbach
Kärnthnerstrasse Nr. 38.

„Einstweilen, bis den Bau der Welt
„Filosofie zusammenhält
„Erhält sich das Getriebe
„Durch Hunger und durch Liebe."
Schiller, die Weltweisen.

„Warum treibt sich das Volk so und schreit? Es will sich ernähren,
„Kinder zeugen, und die nähren so gut es vermag."
Goethe, venezianische Epigramme.

Das Recht der Uebersetzung wird vorbehalten.

Vorrede.

Im Beginne unseres Jahrhunderts, als jeder Dichter von Bedeutung ein Sozialist und jeder Sozialist von Bedeutung ein Dichter war, damals, wo die sozialistischen Systeme streng genommen nichts waren als Gedichte voll sentimentaler Humanität, musste die sogenannte Malthus'sche Theorie alle Gemüther bewegen, besonders aber jeden Sozialisten in seinem Innersten empören, da diese prosaische, harte, gefühllose Lehre das gerade Gegentheil bildete zu seinen liebevollen menschenfreundlichen Träumen.

Heute ist diess anders geworden. Die Beschäftigung mit der sozialen Frage hat sich zu einer gar nüchternen gestaltet; sie ist von den Dichtern auf die Denker übergegangen; man sucht ihre Lösung nicht mehr zu begründen auf selbsterfundenen Prinzipien von „Gerechtigkeit" und „Brüderlichkeit", sondern auf dem Boden der Erfahrung, wie ihn die Kenntniss der historischen Entwicklung, die Statistik und die Naturforschung bieten.

Aber, der Vortheil in der Aenderung der Methode der sozialwissenschaftlichen Forschungen hat leider auch einen Nachtheil mit sich gebracht: sie haben das Gebiet, welches sie früher innehatten, vernachlässigt. Fasste man im Beginne unseres Jahrhunderts vorzüglich die Vertheilung des Arbeitsertrages und den Einfluss der Bevölkerung auf den Wohlstand der Gesellschaft ins Auge, so beschäftigt man sich heute dagegen in erster Linie mit der Produkzionsweise, mit dem Verhältniss zwischen Kapital und Arbeit; das Bevölkerungsgesetz hat sich auf die Universitäten und in die Kreise einiger Fachgelehrten zurückgezogen und vegetirt dort als Tradizion fort. Das Publikum aber ignorirt es vollständig. Man betrachte die Unzahl Brochuren und Abhandlungen über die soziale Frage, mit welchen Deutschland innerhalb des letzten Jahrzehnts überschwemmt wurde, und man wird finden, dass sie alle die Lösung entweder darin suchen, eine Harmonie zwischen Kapital und Arbeit herzustellen oder das Kapital durch Staats- oder Selbsthilfe der Arbeit zugänglich zu machen, respektive an Stelle der Herrschaft des Kapitals über die Arbeit die Herrschaft der Arbeit über das Kapital zu setzen. Dass aber auch die Zahl der Arbeiter und die Schnelligkeit ihrer Vermehrung einen Einfluss auf ihre soziale Lage haben könne, das betonten nur verschwindend wenige — und diese wenigen folgten der alten Schablone des im Anfange unseres Jahrhunderts modernen Malthusianismus oder Antimalthusianismus. Vereinzelte Ausnahmen, besonders Albert Lange, gaben allerdings Andeutungen einer neuen Auffassung der Frage, aber leider ist's bei diesen Andeutungen geblieben.

Dennoch lag die Bevölkerungsfrage nicht todt da. Wenn ihr

auch von Seite der Soziologen nicht die gebührende Aufmerksamkeit geschenkt wurde, so haben sich mit ihr einzelne Statistiker und Fysiologen umso eingehender befasst und die überraschendsten und interessantesten Resultate erzielt. Fysiologen waren es auch, welche in letzterer Zeit verschiedene Versuche machten, bei der Mittheilung ihrer Forschungsresultate die soziale Frage zu berücksichtigen und so die grosse Lücke auszufüllen, welche in der sozialwissenschaftlichen Literatur besteht. Leider sind diese Männer in der Nationalökonomie nicht ebenso selbstständig thätig, wie in der Naturwissenschaft, was auch ganz natürlich ist, und da sie sich daher urtheilslos an einen oder den andern anschlossen — und gar arg war es, wenn sie es nicht thaten — gewöhnlich an Malthus selbst, so war auch von ihnen kein rechter Fortschritt in der Frage zu erwarten.

Derselbe ist nur dadurch möglich, dass man das gegebene Material, statt es an die Malthus'sche oder anti-Malthus'sche Lehre anzulehnen, selbständig prüft und verarbeitet, ohne Vorurtheil und Parteilichkeit: diesen Versuch habe ich gewagt. Ob er gelungen ist, oder nicht, habe ich nicht zu entscheiden, aber ich hoffe, dass er wenigstens den Anstoss geben wird dazu, dass Andere und Berufenere auf dem von mir bezeichneten Wege weiter schreiten und so die Bevölkerungsfrage einer endgiltigen Lösung zuführen. Wenigstens die Ueberzeugung hoffe ich einem Theile der Sozialisten beizubringen, dass ohne Berücksichtigung des Bevölkerungsgesetzes eine befriedigende Lösung der sozialen Frage unmöglich ist.

Freilich, ob das Ergebniss, zu dem ich komme, einen jeden befriedigen wird, ist eine andere Frage. Auch mich hat es Anfangs nicht befriedigt, auch ich suchte eine andere, harmonischere

Lösung, aber wollte ich mich nicht selbst belügen, so musste ich mir sagen, dass es eine solche nicht gibt. Niemand wird froher sein, als ich, wenn jemand mich widerlegen und eine trostvollere, begründete — unbegründete gibt's genug — Lösung vorbringen sollte. Ich fürchte jedoch, man wird eine solche nicht finden. Sentimentale Schlagworte wird man mir zwar in Menge entgegenwerfen, diese werden mich aber natürlich ebenso wenig beirren, den eingeschlagenen Weg zu verfolgen, als das Gekläff parteiischer Kritikaster ohne Wissen und Gewissen.

Wien, im Januar 1880.

Karl Kautsky.

Inhalt.

Seite

Einleitung 1

Die Malthus'sche Bevölkerungstheorie ist noch nicht abgethan, 1 — Ueber nichts divergiren die Ansichten so, wie über dieses Thema, 2 — Grossentheils desswegen, weil das Bevölkerungsprinzip zu politischen Zwecken gebraucht worden, 6 — Malthus selbst that es, 6 — Seine Biografie, 7 — Seine Lehre, 10 — Ansichten der Griechen über die Bevölkerung, 15 — der Römer, 16 — des 18. Jahrhunderts, 18 — Gering die Bedeutung von Malthus, gross die seiner Lehre, 23.

I. Kapitel. Das eherne Lohngesetz 25

Malthus über den Fortschritt der Gesellschaft, 24 — Sein Vorschlag zur Lösung der sozialen Frage, 26 — Was ist Uebervölkerung? 28 — Das eherne Lohngesetz, 30 — Was ist Kapital? 31 — Definizion des Werthes, 32 — Entstehung des Kapitalgewinnes, 38 — Das Kapital kauft die Arbeitskraft nach ihrem Werthe, 39 — Malthus will die Arbeitskraft selten machen, um ihren Werth zu erhöhen, 42 — Seltenheit erhöht nicht immer den Preis einer Waare, 44 — Das Kapital eine variable Grösse, 45 — Das Steigen des Lohnes vermindert die Nachfrage nach Arbeit 49 — Das eherne Lohngesetz unabhängig von den Veränderungen im Angebot der Arbeit, 53 — Einwände dagegen: Zunahme der Zahl der Arbeiter in den Gewerben, in denen Maschinen eingeführt, 54 — Sinken des Kapitalzinses, 62 — Erschüttern nicht das Lohngesetz, 68 — Das Malthus'sche Rezept kann also nicht helfen, 69.

II. Kapitel. Laster und Elend 72

Verschiebung des Heirathens vermehrt die Zahl der Waisen, 73 — der unehelichen Kinder, 74 — Die Prostituzion, 76 — vermindert nicht die unehelichen Geburten, 78 — wird erzeugt durch Unwissenheit und Noth, 80 — Die Folgen des Zölibates für die Erwachsenen, 85 — Die Unverheiratheten neigen mehr, als die Verheiratheten, zum Verbrechen, 90 — zum Wahnsinn, 92 — zum Selbstmord, 96 — haben geringere Lebensprobabilität, 98.

III. Kapitel. Die geometrische Progression 100

Der Malthus'sche Einwand gegen den Sozialismus, 101 — stützt sich auf die geometrische Progression der Bevölkerung und die arithmetische der Lebensmittel, 105 — Einwände: reichliche Nahrung schwäche die Fruchtbarkeit, 108 — Widerlegung, 109 — Die Zeugungskraft stehe in umgekehrtem Verhältnisse zur Intelligenz 113 — Widerlegung, 115 — Zunahme der mittleren Lebensdauer, 119 — Jeder Versuch, die Lage der unteren Klassen zu bessern, muss ihre Vermehrung befördern, 123.

IV. Kapitel. Die arithmetische Progression 125

Malthus hat keinen Beweis für sie beigebracht, 125 — wohl aber Ricardo durch seine Theorie der Bodenrente, 126 — Carey behauptet dagegen das stete Fortschreiten von unfruchtbarem zu fruchtbarerem Boden, 129 — Nur bedingungsweise richtig, 132 — In „alten" Ländern aussergewöhnliche Steigerung des Bodenertrages nur möglich durch Uebergang zu vollkommenerer Betriebsweise, 133 — Ein vollkommener Betrieb erfordert heute razionelle Düngung, 137 — Bewässerung, 141 — Entwässerung, 144 — Dampfbodenkultur, 146 — methodische Züchtung, 148 — Arbeits- und Materialersparung durch Maschinen, 151 — Nur der Grossbetrieb ermöglicht dieselben, 155 — Dennoch viele Nazionalökonomen für Kleingrundbesitz, 159 — Blos gegen Grossgrundbesitz, nicht gegen Grossbetrieb, 162 — Vereinigung der Vortheile des Grossbetriebes mit denen des Kleingrundbesitzes ergibt eine höhere Betriebsweise, 162 — Ohne solche Vermehrung der Produktivkraft des Landes muss jeder Versuch, die Lage der Arbeiter zu bessern, scheitern, 165.

V. Kapitel. Die präventiven Hindernisse 166

Uebergang zu einer höheren Betriebsweise kann die Gefahr einer Uebervölkerung hinausschieben, nicht beseitigen, 166 — In kurzer Zeit bricht die Uebervölkerung mit ihren Gräueln wieder herein, 167 — wenn man nicht die Besserstellung der unteren Volksschichten verbindet mit Massregeln zur Regelung der Bevölkerungszunahme, 171 — Diese sind weder widernatürlich, 172 — noch unsittlich, 173 — Mittel der Regulirung der Bevölkerung, 174 — Schäffle über dieselben, 175 — Der präventive Verkehr, 182 — Verminderung der menschlichen Fruchtbarkeit auf künstlichem Wege, 186 — Die Beschäftigung mit der Frage der Regulirung der Bevölkerung Pflicht jedes Soziologen, 189 — Resumée, 192 — Schluss, 194.

Einleitung.

„Strömt Euch das Horn Amaltheas, Ihr darbt, wenn Ihr Malthus nicht höret;
„Hört! und es schenkt malthesischer Fels Euch üppige Mahle."
Hegewisch.

„Ob Adeline Malthus las? Ich weiss nicht.
„Gut wär's, da er ein elft' Gebot erfand:
„Wenn Du ein armes Mädchen liebst, so frei's nicht.'
„Dies meint er, wenn ich ihn nicht missverstand.
„Bekritteln will ich nicht, um keinen Preis nicht.
„Die Ansicht dieser ‚eminenten Hand';
„Indess das Leben wird dabei aszetisch
„Oder die Ehe selbst wird arithmetisch."
Byron, Don Juan, XV. Ges. 38 Str.

Malthus! ein abgethaner Mann, wie die Mehrzahl derjenigen, welche seinen Namen gehört haben, glaubt, für die sein Werk eine veraltete Scharteke ist, mit der man sich nicht mehr zu beschäftigen brauche. Für die Einen hat Carey, für Andere Proudhon den „Pfaffen" vernichtet, und seine Bevölkerungstheorie zu den Todten geworfen. Andere wieder wollen die Lösung des Bevölkerungsproblems künftigen Generazionen überlassen, weil die jetzige Wichtigeres zu thun habe. Die geschlechtlichen Verhältnisse werden von diesen nur als Ornament der Gesellschaft betrachtet, als Schmuck, mit dem man sich beschäftigen könne, nachdem die Magenfrage befriedigend gelöst sei.

Beide haben Unrecht. Die Frage, welche Malthus aufgeworfen hat, ist eine der wichtigsten unter denen, die ihrer Lösung durch die jetzige Generazion harren. Die Entscheidung der Frage, ob die volle Entfaltung der Zeugungskraft der Gesellschaft verderblich sei oder nicht, berührt nicht nur den Soziologen, sondern jedermann, den Mann im Frack und den in der Blouse, die zarte Dame, welche im duftenden Boudoir über Hartmann's Filosofie des Unbewussten nachsinnt und die robuste Taglöhnerin, welche in einer stinkenden Spelunke mit Branntwein das Bewusstsein ihres Elendes ersäuft. Besonders aber berührt sie jeden, der für die soziale Frage sich interessirt, also jeden denkenden Menschen. „Das Bevölkerungsgesetz," sagt der geistreiche Verfasser der Geschichte des Materialismus, „ist das A und das O der sozialen Frage . . . . In jedem Falle ist der Einblick in die Gesetze der Bevölkerung die **unentbehrliche Vorbedingung** für jede erspriessliche Besprechung der sozialen Frage." [1]

---

[1] F. A. Lange, J. St. Mill's Ansichten über die soziale Frage. Duisburg 1866. pag. 24, 25.

Diese unentbehrliche Vorbedingung für die erspriessliche Besprechung der sozialen Frage ist bis jetzt noch nicht geboten, noch existirt nicht der gewünschte Einblick in die Gesetze der Bevölkerung, da bisher noch keines derselben allseitig anerkannt ist. Die Malthus'sche Bevölkerungstheorie ist keineswegs veraltet, da die Wissenschaft sie noch nicht endgiltig verworfen hat. Heute noch währt der Kampf mit ungeschwächter Kraft fort, der beim Erscheinen des Malthus-schen „Versuches über die Bevölkerung" sich entspann, und man kann noch nicht sagen, auf welche Seite hin der Sieg sich neigt. Sowohl unter den Männern, die für, als auch unter denen, welche gegen Malthus auftraten, finden sich die bedeutendsten Vertreter der Wissenschaft. Weniger, als in jeder anderen Frage, kann man sich hier Autoritäten anvertrauen. Hier heisst es: „prüfe und entscheide selbst."

Mancher hat vielleicht besonderes Zutrauen zu John Stuart Mill, den Albert Lange den hervorragendsten Denker der Gegenwart nennt. Dieser behauptet von den Malthus'schen Sätzen: „Ihre Richtigkeit ist so einleuchtend und unbestreitbar, dass dieselben gegen alle Arten von Opposizion sich Bahn gebrochen haben und gewissermassen als Axiome zu betrachten sind."[1]) Sonderbarer Weise meint Wiede von diesen „Axiomen": „Die Malthus'sche Theorie käme nach unserer Meinung der Wahrheit gewissermassen näher, wenn man sie geradezu auf den Kopf stellte."[2])

Der Malthusianer kann sich Trost holen gegen diesen Ausspruch bei Hegewisch, dem Uebersetzer des Malthus'schen Werkes in's Deutsche — nebenbei bemerkt, eine elende Uebersetzung, die durch eine bessere, die Stöpel'sche, zu ersetzen, die höchste Zeit war. Hegewisch erklärt: „Nicht weniger, als Newton für die Fysik, Brown für die Biotik, Spinoza für die Hyperfysik geleistet haben, hat jetzt für die Wissenschaft, deren Objekt Menschenglück ist, Malthus geleistet."[3])

Die Antimalthusianer aber können auf Dühring hinweisen, welcher durchaus nicht ansteht, zu sagen: „Die Malthus'sche Bevölkerungsidee war streng genommen nur die Erneuerung eines uralten Irrthums und die Aufnahme einer zugleich naheliegenden und beschränkten Reflexion.[4])

Ricardo hinwiederum, dieser bedeutende Nazionalökonom, schätzt sich glücklich, eine Gelegenheit zu haben, seine „Bewunderung über des Herrn Malthus Versuch über die Bevölkerung auszudrücken. Die Angriffe der Gegner dieses grossen Werkes haben blos dazu gedient, seine Tüchtigkeit zu beweisen, und ich bin überzeugt, dass sein

---

[1]) J. St. Mill, Grundsätze der politischen Oekonomie, übersetzt von Soetber. Leipzig 1869. I. p. 163.
[2]) Neue Gesellschaft, I. Jahrg. III. Heft. p. 166.
[3]) Malthus, Versuch über die Bevölkerung; deutsch von Hegewisch. Altona 1807. Nachwort.
[4]) Dühring, kritische Geschichte der Nazionalökonomie und des Sozialismus.

gerechter Ruhm mit der Ausbildung der Wissenschaft wachsen wird, für welche er eine ausnehmende Zierde ist."¹)

Carey ist natürlich damit nicht einverstanden. „Selten hat ein Buch grösseren Einfluss ausgeübt und doch hat es sehr wenig Anspruch darauf, irgend einen Einfluss auszuüben. Selten war ein Buch der Anschauungsweise des Volkes so schädlich."²)

Dafür belehrt uns J. B. Say, dass die Malthus'schen Prinzipien „erst, seitdem sie über allen Zweifel erhoben worden, lebhaft bekämpft worden sind, und darüber wird sich Niemand wundern, der das menschliche Herz kennt."³)

Der London Economist vom 18. November 1854 ist nicht dieser Ansicht, er meint vielmehr: „Niemand, mit Ausnahme einiger unbedeutender Schriftsteller, kümmert sich jetzt um Malthus Bevölkerungs- und Ricardo's Grundrententheorie. Diese Irrthümer können höchstens noch an Universitäten, den eigentlichen Depositorien des Veralteten, einen Platz behaupten." Das Journal des Economistes vom Oktober desselben Jahres erklärt im Gegentheil sogar: „Die Abhandlung über die Bevölkerungslehre war in der That, wir müssen es anerkennen, eine Offenbarung."⁴)

Wenn ferner Gerstner behauptet: „Malthus hat sich ein grosses Verdienst um die Menschheit erworben,"⁵) so stimmt diess sonderbar mit Dührings Ausspruch: „In praktischer Beziehung mag Malthus sein volles, originales Recht behalten, wegen der Rohheit seiner Anschauungen und der Widerwärtigkeit seiner Gesinnungen berüchtigt zu bleiben, und als Typus einer im schlechtesten Sinne des Wortes menschenfeindlichen, durch und durch inhumanen Geistesart zu gelten."⁶) Und an anderm Orte meint derselbe, Malthus habe sich den Menschen als blossen Unterleib vorgestellt und von dem Obergestell nur Magen und Esswerkzeuge übrig gelassen.

Wunder muss es Einen nehmen, wenn man wie Oettingen in seiner Moralstatistik, einen solchen Menschen für einen feinen Denker und Beobachter erklärt. Noch mehr aber muss unsere Verwunderung steigen, wenn man nach der Lektüre der „Filosofie der Verzweiflung, gegründet auf die Arithmetik des Verderbens", wie die Malthus'sche Lehre bezeichnet wird, aufjubeln kann: „Herrliche Freude habe ich aus diesem Buche geschmeckt," wie Hegewisch thut.

Robert Mohl erklärt, Malthus Werk „ist und bleibt der Wendepunkt der Bevölkerungswissenschaft . . . . . namentlich haben die Wissenschaften des öffentlichen Lebens an Malthus eine Zierde

---

¹) Ricardo, Grundgesetze der Volkswirthschaft und Besteuerung, übersetzt von Baumstark. Leipzig 1837. p. 429.
²) Carey, die Grundlagen der Sozialwissenschaft, herausgegeben von Adler. München 1864. III. p. 474.
³) J. B. Say, ausführliches Lehrbuch der praktischen politischen Oekonomie, deutsch von Max Stirner. Leipzig 1845. III. pag. 168.
⁴) Beide zitirt bei Carey d. Gr. d. S. I. p. 36, 37.
⁵) L. J. Gerstner, die Grundlehren der Staatsverwaltung. II. p. 102.
⁶) Dühring, kr. G. d. N. u. d. S.

gewonnen."[1]) Dieses Lob wird aufgewogen von Karl Marx, der dasselbe Werk ein „schülerhaft oberflächliches und pfäffisch vordeklamirtes Plagiat" nennt,[2]) während Darwin behauptet, es sei ein „für immer merkwürdiges Essay."[3]) Darwin ist überhaupt ein grosser Verehrer von Malthus, dessen Buch ihn erst den Kampf um's Dasein richtig würdigen lehrte. So schrieb er in einem Briefe vom 8. Oktober 1864 an Ernst Haeckel: „Als ich dann durch einen glücklichen Zufall das Buch von Malthus „über die Bevölkerung" las, tauchte der Gedanke der natürlichen Züchtung in mir auf." Haeckel selbst weist auch auf den Zusammenhang zwischen Darwin und Malthus hin mit den Worten: „Darwin's Theorie vom Kampfe um's Dasein ist gewissermassen eine allgemeine Anwendung der Bevölkerungstheorie von Malthus auf die Gesammtheit der organischen Natur."[4])

Auch die anderen Naturforscher, welche der neueren Richtung angehören, sind überwiegend auf Malthus Seite. „Malthus," sagt Professor Huxley, „war ein Geistlicher, der diesen Gegenstand bis in's kleinste Detail hinein und im Geiste der Wahrheit erforscht hat. Er hat bis zur Evidenz nachgewiesen — und obgleich man ihn wegen seiner Schlussfolgerungen verleumdet hat, so sind dieselben doch bis jetzt nicht widerlegt worden und werden auch nie widerlegt werden — er hat nachgewiesen, dass in Folge der in geometrischer Progression stattfindenden Zunahme der organischen Wesen und der Unmöglichkeit, dass die Subsistenzmittel in derselben Progression zunehmen, nothwendigerweise eine Zeit kommt, wo die Zahl der organischen Wesen grösser ist, als die Fähigkeit, Subsistenzmittel für dieselben zu erlangen, und dass daher irgend eine Beschränkung die fernere Entwicklung dieser organischen Wesen aufhalten muss."[5])

Aber nicht nur die neueren Naturforscher, auch andere Schriftsteller, welche heutzutage in der Mode sind, beweisen durch ihre Malthus'schen Ideen, wie wenig dieselben veraltet sind. So sagt der sicher nicht veraltete Hartmann: „Mag Landwirtschaft und Genie noch so grosse Fortschritte machen, zuletzt muss doch ein Punkt kommen, über den die Produkzion der Nahrungsmittel nicht hinauskann; die Vermehrung der Menschenzahl durch Zeugung hat aber keine Grenze, wenn sie ihr nicht durch die Unmöglichkeit der Ernährung gesteckt wird; sie ist von jeher die Hauptgrenze der Vermehrung gewesen, und wird es je länger, je ausschliesslicher werden."[6])

---

[1]) R. v. Mohl, Geschichte und Literatur der Staatswissenschaften. III. p. 517.
[2]) K. Marx, das Kapital, Kritik der politischen Oeckonomie. Hamburg 1872. I. p. 641.
[3]) Ch. Darwin, die Abstammung des Menschen und die geschlechtliche Zuchtwahl, übersetzt von Carus. Stuttgart 1875. 1. p. 56.
[4]) E. Haeckel, natürliche Schöpfungsgeschichte. Berlin 1874. p. 120, 144.
[5]) Zitirt in „die Grundzüge der Gesellschaftswissenschaft, oder fisische, geschlechtliche und natürliche Religion", von einem Dr. d. Medizin. Aus dem Englischen. Berlin 1878. p. 540. Ebenso lesenswerth, als dieses Buch, ist die in neuester Zeit erschienene Broschüre: „Die Bevölkerungsfrage in ihrer Beziehung zu den sozialen Verhältnissen, von Dr. med. G. Stille". Berlin 1879.
[6]) E. v. Hartmann, Filosofie des Unbewussten. Berlin 1869. p. 555. Vergl. auch p. 615, p. 296.

Auch Buckle ist ein entschiedener Malthusianer und nennt Malthus „die grösste Autorität über die Bevölkerung."[1]) Diess verhindert jedoch Kolb nicht, zu sagen, dass „das sogenannte Malthus'sche Gesetz über Vermehrung der Völker sich nirgends bewährt hat."[2])

Genug, man sieht, welche widersprechende Urtheile heutzutage noch über Malthus gefällt werden und wie nothwendig es ist, sich Klarheit über seine Theorie zu verschaffen. Geht doch die Begriffsverwirrung so weit, dass in ein und demselben Werke verschiedene Ansichten über Malthus geäussert wurden! Allerdings in einem blossen Konversazionslexikon. Im 9. Bande der 11. Auflage des Brockhaus'schen Lexikons liest man unter „Malthus": „Die Thatsachen widerlegen seine allgemeinen Grundsätze," was mit Thornton's Ausspruch, die Malthus'sche Lehre sei so einleuchtend, wie dass die Sonne am Himmel stehe, nicht stimmt, ebensowenig aber mit dem Supplement derselben Auflage desselben Lexikons, wo unter „Carey" zu lesen ist: „Wie scharf auch Malthus seine Lehre ausgesprochen hat, die Nothwendigkeit der Einschränkung ist im Wesentlichen noch nicht widerlegt worden."

In allen diesen Fällen haben wir aber wenigstens verschiedene Autoren als Urheber der verschiedenen Urtheile vor uns. Bastiat war es vorbehalten, die Begriffsverwirrung in der Bevölkerungstheorie in sich zu verkörpern und sowohl für als wider Malthus zu schreiben.

Im Jahre 1844 schrieb er in einer Broschüre über die Grundsteuer in den Landes:[3]) „Man hat sich in letzter Zeit gegen die Malthus'sche Lehre erhoben Man hat ihr vorgeworfen, sie sei düster und entmuthigend. Es wäre ohne Zweifel ein Glück, wenn die Lebensmittel sich vermindern, ja verschwinden könnten, ohne dass desswegen die Menschen schlechter genährt, gekleidet, beherbergt, in ihrer Kindheit, im Alter, während der Krankheit gepflegt würden. Das ist aber weder jetzt der Fall, noch wird es je der Fall sein; es wäre das sogar ein innerer Widerspruch. Ich kann wahrhaftig das laute Geschrei, das man gegen Malthus erhoben hat, nicht begreifen. Was hat dieser berühmte Nazionalökonom denn eigentlich entdeckt? Sein System ist ja nichts als der methodische Kommentar zu jener so alten und deutlichen Wahrheit: wenn sich die Menschen nicht mehr genug Mittel zum Lebensunterhalt verschaffen können, so ist es natürlich nothwendig, dass sie sich vermindern; und sorgt ihre Klugheit nicht dafür, so wird die Noth diess Geschäft auf sich nehmen."

In den Jahren 1837—40 erschienen in Filadelfia Carey's „Principles of Political Economy," und 1848 „The Past, the Present and the Future." In diesen Werken wurden zuerst die Grundzüge jener

---

[1]) H. T. Buckle, Geschichte der Zivilisazion in England; deutsch von Ruge. Leipzig und Heidelberg 1874. I. 1. p. 60.
[2]) G. Fr. Kolb, Handbuch der vergleichenden Statistik. Leipzig 1875. p. 877.
[3]) Bastiat, Répartition de l'impôt foncier dans les Landes. p. 25. Zitirt in Joseph Garnier's Avant-Propos zur französischen Ausgabe von Malthus Essai sur le principe de population. Paris 1852. p. XV.

Interessenharmonie entwickelt, deren Anhänger heute eine so grosse nazionalökonomische Schule bilden. Bastiat begriff, welche Waffe gegen den Sozialismus diese Harmonie bot, und da er in der Wahl seiner Mittel nicht scrupulös war, wenn er nur den verhassten Sozialisten Eins versetzen konnte, da ferner von einem leitenden Prinzip bei ihm keine Rede war, so hinderte ihn der Umstand, dass er bis dahin Malthusianer gewesen, nicht im Geringsten, auf Carey's Seite zu treten, oder vielmehr eine schlechte Kopie von Carey's Ideen, ohne Angabe der Quelle, aus der er geschöpft, die bekannten und berüchtigten Harmonies économiques, in Paris im Jahre 1850 erscheinen zu lassen. Die Uebervölkerungstheorie passte nicht mehr in seinen Kram, und so rief er denn 1850 den Malthusianern zu: „Schüler von Malthus, Ihr aufrichtigen und verleumdeten Menschenfreunde, deren einziges Unrecht es war, die Menschheit von einem eingebildeten Verhängniss bewahren zu wollen, ich habe Euch auf ein trostreicheres Gesetz hinzuweisen: „Unter sonst gleichen Verhältnissen ist die wachsende Dichtigkeit der Bevölkerung gleichbedeutend mit einer zunehmenden Leichtigkeit der Produkzion."[1]

1844 konnte er das Geschrei gegen eine so alte und deutliche Wahrheit nicht begreifen, welche 1850 nichts mehr war, als ein eingebildetes Verhängniss.

Ich hätte mich nicht näher mit dieser Inkonsequenz des schon hinreichend gewürdigten Bastiat befasst, wenn nicht aus derselben deutlicher als aus allem Anderen erhellen würde, dass der Kampf über das Bevölkerungsprinzip bisher weniger ein wissenschaftlicher, als ein Parteikampf war. Nicht aus wissenschaftlicher Ueberzeugung, sondern aus Parteirücksichten hat Bastiat seine Stellung der Malthus-schen Bevölkerungstheorie gegenüber geändert. Aber auch bei den andern Beurtheilern von Malthus, mochten sie hüben oder drüben stehen, entschied in der Regel nicht so sehr die leidenschaftslose wissenschaftliche Prüfung, als der Parteistandpunkt. Und darf man sich wundern darüber? Malthus selbst hat ja Partei ergriffen in seinem Werke, nicht wissenschaftlichen, sondern politischen Zwecken war es entsprungen, nicht dem unabhängigen Streben nach Wahrheit, sondern der Absicht, dem Konservatismus eine neue Stütze zu verleihen.

Schon die Zeit, in der es erscheint, ist bezeichnend. Es ist die Zeit der erregtesten politischen Leidenschaften, des glühendsten Fanatismus, der schroffsten Parteiungen: Die Zeit der grossen französischen Revoluzion. Da gibt's kein ruhiges Forschen und Abwägen, da heisst's entschieden eintreten für oder wider das Neue. Ganz Europa ist ja in zwei grosse Lager gespalten, die sich wüthend bekämpfen.

Auch England bleibt kein ruhiger Zuschauer des grossen, verzweifelten Kampfes um Völkerglück und Völkerwohl, um Freiheit,

---

[1] Fr. Bastiat, volkswirthschaftliche Harmonien. Berlin 1850. p. 11.

Gleichheit, Brüderlichkeit; leidenschaftlich verdammt und vergöttert man auch in England die Revoluzion, die wenigsten begreifen sie. Diejenigen, welche sie verdammen, sind in der entschiedenen Majorität, klein ist die Zahl Derjenigen, welche den freiheitlichen Ideen der Neuzeit huldigen. Unter diesen Wenigen befindet sich auch Daniel Malthus.[1]

Daniel Malthus war ein begeisterter Verehrer der grossen Denker, die Frankreichs Ruhm bildeten, eines Rousseau, eines Helvetius, eines Baron Holbach. Ebenso wie Hume hatte auch Jean Jacques seine Gastfreundschaft genossen. Um so sonderbarer muss es erscheinen, dass der revoluzionäre Vater einen so konservativen Sohn hatte, wie Thomas Robert Malthus war, derselbe, mit dessen Werk wir uns eingehender beschäftigen werden. Merkwürdig, der Unerfahrene war pessimistischer als der Erfahrene, der Jüngling stellte die Ideale des Greises als unreife Träumereien hin.

Diess seltsame Verhältniss wird erklärlich, wenn man erfährt, dass Thomas Robert ein Geistlicher war. Er war ein jüngerer Sohn und damit nach der englischen Erbfolgeordnung enterbt. Damit der Grundbesitz so viel als möglich zusammengehalten werde, erbt der älteste Sohn eines Gutsbesitzers in England das ganze Gut seines Vaters. Damit aber die jüngeren Söhne nicht dem schrecklichen und unfashionablen Berufe eines Arbeiters sich widmen müssen, lässt man sie auf andere Weise vom Volke erhalten; das heisst, man macht aus ihnen Geistliche und Offiziere. Malthus fühlte wahrscheinlich zum Kanonenfutter keinen Beruf in sich und trat daher, achtzehn Jahre alt, im Jahre 1784 in das Jesuskollegium in Cambridge ein. Als Mitglied desselben musste er das Mönchsgelübde des Zölibates ablegen.[2] 1788 nahm er die Grade und erhielt eine Landpfarre, fast um dieselbe Zeit, als die französische Revoluzion ausbrach. Schaudernd sah er Adel und Geistlichkeit in ihrem Bestande erschüttert, ihre Vorrechte mit Füssen getreten und Systeme aufgestellt, in denen die Gleichheit aller Menschen gepredigt wurde. Das Jesuskollegium hatte seine Wirkung auf ihn nicht verfehlt.

Erregten schon die Vorgänge in Frankreich seinen Abscheu, wie musste derselbe wachsen, als Umsturzideen in dem Boden seiner Heimat sich einzuwurzeln drohten, als William Godwin's berühmtes Werk „An inquiry concerning political justice" in London 1793 erschien, in welchem die bestehende Gesellschaft auf's schärfste angegriffen und ein sozialistisches Gleichheitssystem derselben gegenübergestellt wurde.

Hätte Malthus in einer ruhigeren Zeit gelebt, er hätte vielleicht Godwin's Werk gelesen, kritisirt und es dann ruhig wieder bei Seite

---

[1] Vergl. Notice sur la vie et les travaux de Malthus par Charles Comte, ein Vortrag, gehalten 1836 in der Akademie der Wissenschaften zu Paris. Abgedruckt in der französischen Ausgabe des „Essai sur le principe de population par Malthus", 2. ed. Paris 1852.
[2] Vergl. K. Marx, d. K. I. p. 641. Marx scheint zu glauben, dass Malthus sein Leben lang der Ehelosigkeit gehuldigt habe. Das war nicht der Fall.

gelegt; aber damals musste ihn das Buch in seinem Innersten aufregen, da es sich um Sein oder Nichtsein des Bestehenden handelte, wenn Grundsätze, wie die Godwin's Verbreitung fanden. Das persönliche Interesse allein musste schon Malthus veranlassen, Godwin's Schrift ernstliche Beachtung zu schenken. Ueber die Antwort auf dieselbe war er sich schon klar, ehe noch Godwin's Werk erschienen war. Die damals mächtige politische Leidenschaft musste ihn ja schon längst bewogen haben, über die Ideen seines Vaters, welche denen Godwin's auf ein Haar glichen, nachzudenken, und da sie ihm nicht entsprachen, sie zu verwerfen und eine eigene Theorie sich zu bilden. Godwin's Buch war nur die Aufforderung für Malthus, mit derselben hervorzutreten und den bedrängten Regierungen den stärksten Halt zu verleihen, den sie erhalten konnten, indem er den Nachweis zu liefern versuchte, dass sie an allem Unheil unschuldig seien.

Nicht in den schlechten Staats- und Gesellschaftsformen, sondern in der Uebervölkerung sah Malthus die Ursache der Armuth der untern Klassen. Er bewies — oder suchte wenigstens zu beweisen — dass der Vermehrung des Volkes stets nur zwei wirksame Hindernisse sich entgegenstellen, das Laster und das Elend. Er sprach den Satz ungescheut aus, dass, wer von seinen Eltern nichts bekommen habe, keinen Anspruch auf irgend Etwas von der Gesellschaft erheben könne. Die Durchführung der Gleichheitstheorien, anstatt die Menschheit glücklicher zu machen, müsste nur das Anwachsen des Lasters und Elends zur Folge haben. Das einzige Mittel, die Lage der untern Klassen dauernd zu heben, seien kluge Gewohnheiten in Bezug auf das Heirathen, damit der Arbeitsmarkt nicht mehr überfüllt sei.

Diese Ansichten, ausgesprochen in dem „essay on the principles of population", welches 1798 anonym in London erschien, erregten Sensazion. Ueberaus heftig angegriffen von den Sozialisten, wurden sie ohne Prüfung angenommen von den Besitzenden, denen die französische Revoluzion Entsetzen eingejagt hatte, und die mit Begierde nach einem Werke griffen, dessen Ideen ihnen die unbeschränkteste Disposizion über ihre Güter zusprachen, dessen Ideen ihr Eigenthum vertheidigten und sie jeder Rücksicht und Verantwortlichkeit dem vierten Stande gegenüber enthoben.

Ist das Sprichwort wahr: „Kein Profet wird geehrt in seinem Vaterlande," dann war Malthus kein Profet, denn er wurde nicht nur geehrt, sondern fast angebetet.

Im Jahre 1803 erschien die zweite Auflage seines Essay, nachdem Malthus auf einer Reise durch Dänemark, Schweden, Norwegen und einen Theil Russlands — die einzigen Theile Europas, die Engländern damals zugänglich waren — neues Material für sein Werk gesammelt hatte. Begleitet wurde er auf dieser Reise von drei Mitgliedern des Jesuskollegiums zu Cambridge, von denen Eduard Daniel Clarke durch seine Reisen in Europa, Asien und Afrika, sowie als Alterthumsforscher einen bedeutenden Ruf sich erworben hat.

War Malthus durch die erste Auflage berühmt geworden, durch die zweite, welche nicht mehr anonym erschien, wurde er, was ihm vielleicht noch angenehmer berührte, ein wohlhabender Mann. Ja, der Ertrag des Buches, in dem er so laut die Enthaltsamkeit predigte, verschaffte ihm sogar die Mittel, derselben zu entsagen und heirathen zu können! Man könnte diese Schicksalsironie für eine gut erfundene Anekdote halten, wenn uns nicht seine Verehrer selbst in vollem Ernste dieselbe erzählten. Darauf bezieht sich jedenfalls Byron's Ausruf in seinem Don Juan: „Malthus thut, was er in Büchern schlecht macht." [1]) Ob es wahr ist, dass er, auf einer Reise in die Schweiz begriffen, bei dem bekannten Nazionalökonomen und Historiker Sismondi in Genf in Gesellschaft von elf Töchtern erschien, will ich dahin gestellt lassen. Sicher ist es, dass er nur einen Sohn und eine Tochter hinterliess. Wenn die übrigen zehn Töchter also kein schlechter Witz sind, müssen sie den Folgen der Uebervölkerung zum Opfer gefallen sein.

1805 kam Malthus als Professor der Geschichte und politischen Oekonomie an das Kollegium der ostindischen Kompagnie zu Haileybury, und bekleidete dieses Amt bis zu seinem Tode, der 1834 erfolgte.

Ausser seinem „Versuch über die Bevölkerung", welcher noch bei Lebzeiten des Verfassers in fünf Auflagen — die letzte 1817 — erschien, von Pierre Prevost und seinem Sohne Guillaume Prevost in's Französische und von Hegewisch in's Deutsche übersetzt wurde, [2]) schrieb Malthus noch „Principles of political economy", London 1819, 2. Auflage 1822, von Constancio in's Französische übersetzt, Paris 1820, und „definitions in political economy", London 1827, übersetzt in's Französische von Fonteyraud. Beide sind erschienen im achten Bande der Collection des principaux économistes zu Paris.

Nicht übersetzt wurden folgende Werke:

„An investigation on the cause of the present high price of provisions." 1800. Anonym.

„A letter to Mr. Withbread on his proposed bill for the amendment of the poor laws." 1807.

„Observations on the effects of corn Laws." 1814.

„Grounds of an opinion on the policy of restraining the importation of foreign corn, intended as an appendice to observations on the corn Laws." 1815.

„An inquiry into the nature and progress of rent and the principles by which it is regulated." 1815.

„Statement respecting the East India college, with an appeal to facts" etc. 1817.

„Measure of value stated and illustrated." 1823.

---

[1]) Byron, Don Juan, XII. Ges. 20 Str.
[2]) Neuerdings erschien eine Uebersetzung in der „Bibliothek der Volkswirthschaftslehre und Gesellschaftswissenschaft", Berlin 1878,79. Diese dürfte die am leichtesten zugängliche sein — die von Hegewisch ist vergriffen. Ich werde daher nach derselben und der vorzüglichen französischen Uebersetzung zitiren.

Diese Schriften sind heute nahezu vergessen, sie haben nie eine besondere Bedeutung gehabt. Epochemachend ist nur das Essay über die Bevölkerung gewesen, mit dem allein wir uns eingehender beschäftigen werden.

Eine Ahnung der Malthus'schen Bevölkerungstheorie hat wohl jeder, der auch nur einen blauen Dunst von der Nazionalökonomie hat; aber wie viel auch mancher über Malthus gehört und gelesen haben mag, selten wird er etwas Richtiges erfahren haben. Nie vielleicht ist eine Lehre so entstellt worden, wie die Malthus'sche, theils absichtlich, oft aber nur in Folge der Unklarheit und der Widersprüche im Essay selbst. Dieselben sind allerdings so bedeutend, dass derjenige, der nicht verstehen will oder nicht verstehen kann, wenn er nur nach einzelnen Aussprüchen urtheilt, sowohl zu beweisen im Stande ist, dass Malthus der edelste und liebenswürdigste aller Menschen oder dass er ein elender Schurke war, voll Bosheit und Tücke gegen das Proletariat.

Ich will versuchen, sine ira et studio blos den Kern der Malthus'schen Auslassungen zu geben, ohne mich um die Widersprüche in seinem Werke zu kümmern. Dieselben sind werthvolle Beiträge zur Kennzeichnung seiner Persönlichkeit, aber meiner Ansicht nach handelt es sich darum, blos das aus seinem Werke herauszuschälen, was heute noch wissenschaftliche Bedeutung hat, weil nur das allein Anspruch darauf machen kann, eingehender untersucht zu werden. Gerade bei Malthus ist es doppelt nothwendig, Lehrer und Lehre streng von einander zu scheiden, das Hereinzerren des persönlichen Elementes, wie es Dühring in seiner „Geschichte der Nazionalökonomie und des Sozialismus" thut, führt blos dazu, das Urtheil zu beeinflussen und zu verwirren. Unsere erste Aufgabe ist vielmehr die, Alles, was speziell Malthus allein eigenthümlich ist, zu trennen von denjenigen seiner Sätze, welche heute noch bei einem grossen Theile der wissenschaftlichen Welt Geltung haben. Ich will versuchen, dieselben hier der Sprache des Originals so viel wie möglich angepasst, wiederzugeben.

Alle lebenden Wesen streben ihrer Natur nach, sich in's Endlose zu vermehren, sagt Malthus im 1. Kapitel seines Essay. Er zitirt Franklin, der meint, es gebe keine Grenze der Vermehrungsfähigkeit für Pflanze und Thier. Wenn die Erde entblösst würde von allen anderen Pflanzen, so würde eine einzige Spezies genügen, sie bald wieder ganz mit Grün zu bedecken. Und wenn nur ein Volk sie bewohnte, z. B. das englische, so würde es sie in wenigen Jahrhunderten bevölkert haben.

Malthus beobachtete den Fortgang des Anwachsens der anglo-amerikanischen Bevölkerung und fand, dass während 150 Jahren die Bevölkerung alle 25 Jahre sich verdoppelt habe. „Wir können daher für sicher annehmen, dass die Bevölkerung, wenn ihr kein Hinderniss entgegensteht, sich innerhalb 25 Jahren verdoppelt und von Periode zu Periode in geometrischer Progression zunimmt." [1])

---
[1]) Malthus, essai sur le principe de population, p. 8. ed. Stöpel, p. 6.

Unwesentlich ist es für ihn, ob die Periode der Verdopplung gerade 25 Jahre daure, wesentlich dagegen erscheint ihm die Thatsache der geometrischen Progression. Setzt man die Grösse der Bevölkerung am Anfang der ersten Periode gleich 1, so würde sie nach dieser Annahme, wenn sie ungehindert sich vermehren könnte, am Anfange der zweiten Periode sich verdoppelt haben, also gleich 2 sein, am Anfange der dritten gleich 4 u. s. w., wodurch folgende Reihe entstünde: 1, 2, 4, 8, 16, 32, 64, 128, 256 etc.

Diese Reihe wächst in geometrischer Progression, denn jedes ihrer Glieder ist gleich dem vorangehenden, multiplizirt mit einer gewissen Zahl, in unserem Falle mit 2.

Dass eine Vermehrung in solcher Progression thatsächlich stattfinde und nicht blos eine Tendenz bleibe, dazu ist es nothwendig, dass auch die Lebensmittel innerhalb derselben Periode in geometrischer Progression zunehmen. Dies erklärt Malthus für unmöglich. Er gelangt zu dem Schlusse, dass „die Lebensmittel, selbst unter den für die Industrie günstigsten Bedingungen, sich niemals schneller vermehren können, als in arithmetischer Progression."

Während also die Bevölkerung die Tendenz hat, sich zu vermehren im Verhältniss von 1, 2, 4, 8, 16, 32, 64, 128 etc. vermehren sich die Lebensmittel höchstens von 1 zu 2, 3, 4, 5, 6, 7, 8 etc. Dies ist eine arithmetische Progression, denn jedes Glied derselben entsteht durch Addizion einer gewissen Zahl zu dem vorhergehenden Gliede — in unserem Falle heisst diese Zahl 1.

Vergleichen wir die beiden Reihen, meint Malthus weiter, so sehen wir, dass die wirkliche Vermehrung der Bevölkerung viel langsamer vor sich geht als es die mögliche Vermehrung gestattet. Nur in ausnahmsweise günstigen Fällen, in Kolonien z. B., wo eine rasche Vermehrung der Lebensmittel möglich ist, kann die wirkliche Vermehrung der möglichen entsprechen. In anderen Fällen treten Hindernisse ein, welche die Bevölkerung stets auf gleichem Niveau mit den vorhandenen Subsistenzmitteln halten. Diese Hindernisse sind theils solche, welche verhindern, dass zu viele Menschen geboren werden, theils solche, welche die Ueberzähligen beseitigen: vorbeugende Hindernisse, preventive checks und zerstörende, positive checks. Die vorbeugenden Hindernisse finden sich nur beim Menschen, beim Thiere nie aus eigenem Antriebe; bei diesen sind es lediglich die destruktiven Hindernisse, welche eine Vermehrung in geometrischer Progression nicht zulassen. Aber auch beim Menschen überwiegen die zerstörenden Hindernisse; dieselben sind Laster und Elend. Wo die präventiven „checks" nicht herrschen, da sind es Laster und Elend, welche die Menschenzahl auf ihr natürliches Mass zurückführen.

„Jeder, der aufmerksam die Geschichte des Menschengeschlechtes prüft," resumirt Malthus das Ergebniss seiner Untersuchung, „muss zugestehen, dass für alle Zeiten und alle Verhältnisse, in denen der Mensch gelebt hat und lebt, folgende Sätze als unzweifelhaft gelten:

„Das Anwachsen der Bevölkerung ist naturgemäss eingeschränkt durch die Lebensmittel.

„Die Bevölkerung wächst nach Massgabe der vorhandenen Lebensmittel, blos zurückgehalten durch einige eigenthümliche und leichtzuentdeckende Hindernisse.

„Diese Hindernisse und alle jene, welche die Bevölkerung auf dem Niveau der vorhandenen Lebensmittel niederhalten, sind die moralische Enthaltsamkeit, Laster und Elend." [1])

Aus diesen Grundsätzen zog Malthus wichtige Konsequenzen für die Lösung der sozialen Frage, welche damals durch die französische Revoluzion eine Bedeutsamkeit erlangte, wie sie dieselbe bis dahin nie besessen. Seine Theorie sollte einerseits der Stein der Weisen sein, vermittelst dessen man ohne Kosten und Arbeit die Lage der arbeitenden Klassen verbessern könne; andererseits glaubte Malthus siegesgewiss in ihr die Waffe zu sehen, mit der er die sozialistischen Systeme, die damals freilich noch in den Windeln lagen, mit Stumpf und Stiel ausrotten könne.

Politische Systeme, welche alle Klassenunterschiede beseitigen, behauptet Malthus, können nicht den Erfolg haben, alle Menschen gleich glücklich, sondern blos gleich unglücklich zu machen. Da alle präventiven Hindernisse der Volksvermehrung wegfielen, würde die Bevölkerung sich ungemein rasch vermehren, bis die destruktiven Hindernisse sich in ihrer vollen Furchtbarkeit geltend machten. Die Gleichheit aller Menschen brächte dann nur gleiches Laster und Elend für alle mit sich.

Aber nicht nur ein sozialistisches Gemeinwesen befördert die Zunahme der Bevölkerung, schon in unserer Gesellschaft fand Malthus eine Menge von Einrichtungen, welche die Volksvermehrung begünstigen und die er daher für verwerflich erklärte. Die Armen haben gewöhnlich wenig Voraussicht, sie heirathen leichtsinnig und vermehren sich nach Massgabe der gebotenen Hilfsmittel. Will man ihrer Vermehrung Einhalt thun, so beseitige man diese Hilfsmittel. Findelhäuser, Spitäler, Armenhäuser hat man bisher immer als wohlthätige Anstalten angesehen; aber das Gute, das dieselben verbreiten können, ist sehr klein im Vergleich mit den Uebeln, die sie hervorrufen. Die Hilfe, welche diese Institute den Armen gewähren — ich bequeme mich hier wie bisher so viel als möglich der Malthus'schen Ausdrucksweise an — sind eine Prämie, ausgesetzt dem Leichtsinne, der Faulheit und Unenthaltsamkeit, mit einem Worte, allen jenen lasterhaften Gewohnheiten, welche die Armuth erzeugen. Die Natur hat dem Menschen nur die Wahl gelassen zwischen den präventiven und den positiven Hindernissen, zwischen der Entsagung, welche die Tugend fordert, und dem Elend, welches das Laster erzeugt.

Diess ist die negative Seite der Malthus'schen Bevölkerungstheorie. Dieselbe verdammt aber nicht nur die Mittel, durch die man dem Proletariate bisher hat helfen wollen, sie glaubt ein neues anzeigen zu können, durch das man helfen könne.

---

[1]) Malthus, essai etc. p. 315, ed. St. p. 405.

Da der Preis der menschlichen Arbeitskraft wie der aller Waaren sich nach Angebot und Nachfrage richtet, so sah er das beste, ja einzige Mittel, den Arbeitslohn dauernd zu erhöhen, darin, dass man beim Heirathen von klugen Gewohnheiten sich leiten lässt und nicht eher heirathet, als bis man im Stande ist, eine Familie bequem und wohlständig zu ernähren. Auf diese Weise wird die rasche Zunahme der Arbeiterbevölkerung und damit auch die grosse Ueberfüllung des Arbeitsmarktes verhindert, und so der Lohn gehoben. Die arbeitenden Klassen sollen ferner die Gewohnheit annehmen, sich von guten Nahrungsmitteln zu nähren, da eine Bevölkerung, welche gewohnheitsmässig theure und gute Nahrungsmittel zu sich nimmt, in den Zeiten der Noth eine Hilfsquelle in den schlechteren Nahrungsmitteln findet, indess eine solche, die gewöhnlich von billigen Nahrungsmitteln lebt, vom Hunger dezimirt wird, wenn Nothstände eintreten. Aus demselben Grunde sind Entdeckungen, durch welche den unteren Klassen billige Nahrungsmittel verschafft werden, zu nichts nütze, als zu Hilfsmitteln in Zeiten der Noth, aber man soll von ihnen nicht Gebrauch machen in normalen Zeitverhältnissen.

Diese billigen Nahrungsmittel können die Noth des Arbeiters lindern, wenn für einen Augenblick ein zu grosses Angebot von Händen da ist. Wenn sie aber zu gewohnheitsmässigen Nahrungsmitteln werden, so erleichtern sie die Vermehrung der Arbeiter und drücken durch die Ueberfüllung des Arbeitsmarktes den Lohn herunter. Einer solchen Ueberfüllung vorzubeugen, gibt es nach Malthus, wie schon erwähnt, nur ein Mittel, welches dauernd hilft: kluge Gewohnheiten in Bezug auf das Heirathen. Diese klugen Gewohnheiten muss die Gesellschaft so viel als möglich kräftigen, indem man den Armen einschärft, dass sie kein Recht haben, eine Unterstützung, kein Recht Arbeit zu verlangen; dass sie und ihre Familien allein die Folgen ihrer vorzeitigen Heirathen zu tragen haben. Die Natur erlaubt es nicht, dass der Arme Liebe und Nahrung zugleich geniesse: will er das Eine haben, so muss er das Andere entbehren. Ein Recht auf beide kann er schon desswegen nicht haben, weil Beides vereinigt ihm zu bieten, eine Sache der Unmöglichkeit ist. Würden die Proletarier diese Wahrheit einmal erkennen, meint Malthus, dann wäre Alles gut. „Die vorzüglichste und dauernde Ursache der Armuth," sagt er, „hat wenig oder gar keine Beziehung auf die Regierungsform oder auf die ungleiche Vertheilung der Güter; — es steht nicht in der Macht der Reichen, den Armen Beschäftigung oder Brod zu verschaffen; — und in Folge dessen haben die Armen, durch die Natur der Dinge selbst, kein Recht, es von ihnen zu verlangen. Das sind die wichtigen Wahrheiten, welche sich aus dem Prinzip der Bevölkerung ableiten lassen." [1])

Eine solche Lehre ist zu trostlos, als dass sie nicht zahlreiche und erbitterte Gegner gefunden hätte. Malthus bemühte sich ja, die Ewigkeit des Elendes zu erweisen, zu erweisen, dass ewig dem Menschen

---

[1]) Malthus, essai etc. p. 576. ed. Stüpel p. 768.

nur die Wahl bleiben werde zwischen der Entsagung der Liebe und der Nahrung, dass er ein unentbehrliches Lebensmittel nur dann geniessen könne, wenn er auf ein anderes verzichte. Diese entsetzliche Alternative war es, die den Hass gegen Malthus so wüthend entflammte, wie gegen keinen andern Mann der Wissenschaft. Nicht eine Laune, nicht ein Vorurtheil, nicht ein Klasseninteresse griff er an, sondern die mächtigste allen Leidenschaften, deren Unterdrückung sich oft furchtbar rächt. Und nicht die Begeisterung, nicht den Fanatismus rief er auf zu ihrer Unterjochung, wie das Christenthum es that, nein, mit dürren, kalten Worten erklärte er es als eine Forderung, welche sich aus der Thatsache der geometrischen Progression der Bevölkerung und der arithmetischen der Lebensmittel ergebe. Am empörendsten aber wirkte es, dass er nicht an alle Menschen die Forderung der Enthaltsamkeit stellte, sondern nur an die Armen. Es ist eine Gefühlsrohheit sonder Gleichen, welche sich bei allen Malthusianern, auch Mill nicht ausgenommen, zeigt, dass sie nicht denjenigen bestraft wissen wollen, der zu viel Kinder zeugt, wie es doch die natürliche Konsequenz der Malthus'schen Bevölkerungslehre wäre, sondern den, der Kinder zeugt, ohne sie ernähren zu können. Nicht der Umstand scheint ihnen strafbar, dass man zur Uebervölkerung beiträgt, sondern dass man dasselbe thut, wie die Reichen, ohne reich zu sein.

Dieser Brutalität, welche übrigens keine nothwendige Konsequenz der Malthus'schen Bevölkerungstheorie ist, mag zum grossen Theile die erbitterte Feindschaft so vieler wohlmeinender Männer gegen Malthus zuzuschreiben sein.

Doch viel Feind, viel Ehr'. Ohne seine Gegner wäre der Name Malthus nie so bekannt beim Volke geworden; bekannter vielleicht, als er es verdient. Die Bedeutung seiner Lehre sollte allerdings von Niemandem bestritten werden, auch von denen nicht, welche sie bekämpfen. Hat Ptolemaeos desswegen der Wissenschaft geschadet, weil er ein falsches Weltsystem aufgestellt hat? Die Schuld lag nicht an ihm, sondern an seinen Nachfolgern, die, anstatt skeptisch an sein Werk heranzutreten, es als ein Dogma annahmen, wie es auch mit den Lehren eines Aristoteles der Fall war. „Eine jede Ansicht, die zum Arbeiten antreibt, den Scharfsinn weckt und die Beharrlichkeit erhält, ist für die Wissenschaft ein Gewinn; denn die Arbeit ist es, die zu Entdeckungen führt." Dieser Ausspruch Liebig's findet auch Anwendung auf die Malthus'sche Bevölkerungstheorie, welche gerade, weil sie so heftig angefeindet wurde, die Ursache war, dass man die Bewegung der Bevölkerung aufmerksamer beobachtete, und so den Grund zur Bevölkerungswissenschaft legte. Ohne Ptolemaeos wäre Kopernikus vielleicht stumm geblieben; die Alchemie war die Grundlage, auf der die für uns so immens bedeutende Wissenschaft der Chemie sich aufbaute.

Aber sollte auch die Bedeutung der Lehre von Niemandem bestritten werden, so kann man mit mehr Berechtigung die Bedeutung des Lehrers in Zweifel ziehen.

Malthus war nicht der Erste, der den Einfluss der Bevölkerungsdichte auf die wirthschaftlichen Verhältnisse beobachtete; diese Beobachtung ist vielmehr uralt. Schon bei den alten Griechen, in deren kleinem Gebiete bei der langsamen Entwicklung der Agrikultur eine Uebervölkerung sich leicht fühlbar machen konnte, beschäftigte man sich mit Mitteln, derselben zu steuern, zum Beispiel durch Aussendung von Kolonien, welche allerdings öfters durch politische als durch wirthschaftliche Beweggründe veranlasst wurden. Aber auch diejenigen, welche mit den staatlichen und gesellschaftlichen Einrichtungen nur theoretisch sich beschäftigen, also eine Art Sozialwissenschaft trieben, fassten die Möglichkeit einer Uebervölkerung ernstlich in's Auge. Plato wollte, dass die Zahl der Bürger einer Stadt 5040 nicht übersteige; die Fortpflanzung sollte geregelt werden durch die Motive der Ehre und Schande. Nur unter bestimmten Bedingungen soll man zeugen dürfen. Diejenigen, welche von der Zeugung ausgeschlossen sind, sollen „dafür sorgen, am liebsten nichts Empfangenes, wenn sich dergleichen findet, an's Licht zu bringen; sollte es aber nicht zu verhindern sein, dann es auszusetzen, weil einem solchen keine Aufziehung gestattet wird." [1]

Auch Aristoteles meint, entweder müsse man die Aussetzung der Kinder erlauben, oder die Zahl derer einschränken, die jeder zeugen darf. Hat man ein Kind über die erlaubte Anzahl gezeugt, so soll man die Leibesfrucht zerstören, ehe sie ein Lebenszeichen von sich gibt. Die Männer sollen erst nach dem 37. Jahre heirathen und nur bis zum 55. zeugen. [2]

So sprachen die Griechen in der Blüthezeit ihres Vaterlandes. Aber es ist eine merkwürdige Erscheinung in der Geschichte, dass fast regelmässig auf die Uebervölkerungsfurcht die Entvölkerungsfurcht folgt. Nicht Uebervölkerung, sondern Entvölkerung verursachte den Untergang von Griechenlands Kultur und Macht. „Die Orakel sind verstummt," jammert Plutarch, „die Orte, wo sie sprachen, sind zerstört, kaum würde man in Griechenland jetzt 3000 waffenfähige Männer finden." „Ich will," sagt Strabon, „Epiros und die benachbarten Gegenden nicht beschreiben, weil diese Länder gänzlich verödet sind. Diese Entvölkerung, welche schon seit langer Zeit begann, greift täglich weiter um sich, so dass römische Soldaten in den verlassenen Häusern ihre Lager haben." [3]

Die Ursache dieser Entvölkerung war die zunehmende Konzentrazion des Besitzes in wenigen Händen, die Vernichtung der kleinen Vermögen durch die grossen Vermögen, der kleinen Grundbesitzer durch die grossen Grundbesitzer. [4] Diese Erscheinung ist die naturnothwendige Folge des Privateigenthums, welches sich ebenso

---
[1] Plato, de republica, V, 461.
[2] Aristoteles Politik, VII, 14, 16.
[3] Beide zitirt bei Montesquieu, Geist der Gesetze, XXIII B. c. 19.
[4] Vgl. Drumann, die Arbeiter und Kommunisten in Griechenland und Rom, Königsberg 1860. § 8. Ein lesenswerthes Buch, welches fast das ganze Material über den Gegenstand erschöpft, aber weniger gelesen, als bestohlen wird.

naturnothwendig mit dem Fortschreiten der Kultur aus den urwüchsigen kommunistischen Zuständen entwickelt. Je mehr die Konzentrazion des Besitzes zunahm, desto mehr theilte sich die Bevölkerung in eine wenig zahlreiche Klasse unendlich Reicher und eine zahlreiche Klasse unendlich Armer — theils freier, theils unfreier Proletarier. Bei den letzteren wuchsen die positiven Hindernisse der Volksvermehrung, bei den ersteren die präventiven, die Sucht, die grossen Güter zusammenzuhalten, also keine grosse Anzahl von Erben ans Tageslicht zu fördern, und die Abneigung, mit Frau und Kind sich zu plagen. Immer mehr gilt die Ehe als ἀναγκαῖον κακόν, als nothwendiges Uebel, wie Menander sagte.

Auch in Rom führt die Entwicklung des Privateigenthums zu Entvölkerung und Entvölkerungsfurcht.

Ursprünglich bestand wohl kein Mangel an Nachkommenschaft in Rom, denn das Aussetzen von Kindern war üblich; es stand im freien Willen des Mannes, das Kind, das ihm geboren worden, aufzuziehen, oder nicht. Die Tödtung der Kinder war erlaubt nach dem Satze, ein Kind sei bei seiner Geburt noch kein Mensch, infans nondum homo est.

Aber auch in Italien, wie in Griechenland, ja überhaupt im ganzen römischen Weltreiche nahm mit der „Vervollkommnung" der Produkzionsweise das Uebergewicht des Grossbetriebes über den Kleinbetrieb, die Konzentrazion des Besitzes, die Scheidung in wenige Reiche und zahllose Arme immer mehr zu: die einen konnten, die andern wollten keine Kinder aufziehen; [1] die Furcht vor Entvölkerung griff daher immer mehr und mehr um sich, es wurde immer mehr nothwendig, zur Ehe zu nöthigen, die als ein unerträgliches Zwangsinstitut galt. Die Vertheidiger der Ehe selbst betrachteten sie nur als ein Opfer, welches der patriotische Bürger verpflichtet sei, dem Staate zu bringen. So sagte z. B. der Zensor Q. Caecilius Metellus Macedonicus [2] (131 vor Christo): „Wenn wir könnten, Bürger, würden wir freilich Alle von der Last der Ehe uns befreien. Da aber die Natur es so eingerichtet hat, dass man weder mit Frauen bequem, noch ohne sie überhaupt bestehen kann, so müssen wir auf unsere Erhaltung mehr Rücksicht nehmen, als auf eine flüchtige Befriedigung unserer Sinne."

Caesar und Augustus, wie auch ihre Nachfolger, waren eifrig bemüht, diesen Uebelständen abzuhelfen. Caesar setzte denen, welche viele Kinder hatten, Belohnungen aus und befahl, dass Frauen, welche über 45 Jahre alt wären und weder Männer noch Kinder hätten, sich weder mit Edelsteinen schmücken, noch der Sänften bedienen dürften — eigenthümliche Mittel, in den Frauen Lust zur Ehe zu erwecken. Strenger ging Augustus vor. Er verhängte neue Strafen über die Ehescheuen und erhöhte die Belohnungen der Familienväter. Unter ihm wurde das Gesetz erlassen, das nach den Konsuln des

---

[1] Th. Mommsen, römische Geschichte, Berlin 1874, III p. 530.
[2] Nach Livius LIX. Nach Gellius, I, 6, war es Q. Caecilius Metellus Numidicus, 101 v. Chr.

Jahres, in dem es gegeben wurde, M. Papius Mutilus und Q. Pappäus Sabinus lex Papia Poppaea genannt wurde. Sehr strenge Bestimmungen waren in derselben gegen Zölibat und Kinderlosigkeit enthalten; dagegen wurden denen, welche heiratheten, gewisse Vortheile versprochen, noch grössere denen, welche Kinder hatten, wobei wiederum die mit drei oder mehr Kindern besonders ausgezeichnet wurden (jus trium liberorum). Es ist bezeichnend, dass die beiden Männer, nach denen dies Gesetz benannt wurde, unverheirathet waren und keine Kinder hatten. [1]

Die papischen Gesetze erwiesen sich als wirkungslos. Geradezu befördert aber wurde die Entvölkerung durch das Christenthum, welches die damals herrschende Abneigung vor der Kinderlast vermöge seiner orientalischen Abstammung zu einem aszetischen Fanatismus steigerte, und so den endlichen Zusammenbruch des römischen Reiches, wenn auch nicht verschuldete, so doch beschleunigte. Vergebens erhoben sich einzelne einsichtsvolle Kaiser gegen das Uebel, wie z. B. Majorian (457—461 n. Chr.), welcher den Jungfrauen verbot, vor dem 40. Jahre den Schleier zu nehmen, und die Witwen unter diesem Alter zwang, binnen 5 Jahren eine neue Ehe einzugehen. Vergebens war alles Ankämpfen gegen den Zeitgeist; die römische Jugend wandte sich ab von Pflug und Schwert, um sich dem Kreuze zu weihen. Indess das Land verödete aus Mangel an Bebauern, die Reichsgrenzen schutzlos den Barbaren preisgegeben waren aus Mangel an Soldaten, füllten sich die Klöster. In Aegypten soll nach Rufinus die Zahl der Mönche der Zahl der übrigen Einwohner gleichgekommen sein. [2]

Aber das Christenthum vermehrte nicht nur die Uebel der damaligen Gesellschaft, es beseitigte auch die Erkenntniss dieser Uebel. Mit der Verbreitung des Christenthums erlosch das Interesse an weltlichen Dingen, also auch die volkswirthschaftliche Erkenntniss immer mehr.

Wenn das Christenthum Enthaltsamkeit predigte, so geschah diess aus religiösen und nicht aus nazionalökonomischen Gründen. Die christlichen Schriftsteller der römischen Kaiserzeit ebenso wie die des ganzen Mittelalters haben keine Idee von dem Einfluss der Bevölkerungsdichte auf den Wohlstand der Bevölkerung. Man überliess eben Alles dem lieben Herrgott. So sagte Hermias Sozomenos, der um das Jahr 400 n. Chr. geboren war, in seiner Kirchengeschichte über die papischen Gesetze: „Man gab diese Gesetze, als ob die Vermehrung der menschlichen Gattung ein Gegenstand unserer Sorge sein könne; statt einzusehen, dass die Zahl der Menschen nach den Fügungen der Vorsehung wächst oder abnimmt." [3]

---

[1] Vgl. Becker, Gallus, Leipzig 1863, II. p. 54 ff. Mommsen r. G. II. p. 402, III. p. 533. Montesquieu, esprit des lois, l. XXIII. ch. 21.
[2] Gibbon, Geschichte des Verfalls und Unterganges des römischen Weltreiches. Dtsch. v. Sporschil. Leipzig 1837. p. 1185, 1219, auch 1321, 1446, 1487, 1605 etc.
[3] Zitirt bei Montesquieu, e. d. l. l. XXIII. ch. 21.

Auch Luther kümmerte sich noch blutwenig um den volkswirthschaftlichen Einfluss der Bevölkerungszunahme. Er rieth in seinen Sermonen vom Ehestand, jeder Mann solle mit dem zwanzigsten, jedes Weib zwischen dem fünfzehnten und achzehnten Jahre sich verheirathen. Gott werde Menschen, die sein Gebot — seid fruchtbar und mehret Euch — erfüllen, nicht darben lassen, es brauche daher vor der Ehe Niemand desswegen zurückschrecken, weil er fürchte, eine Familie nicht ernähren zu können. Diess sei ein Mangel an Gottvertrauen.

So wie der Katholizismus den Zölibat, ebenso befürwortete Luther das frühzeitige Heirathen durch theologische Gründe.

Aber so wie den Gesellschaftsformen Griechenlands und Rom's nahte auch der Gesellschaftsform des Mittelalters die Vernichtung durch die eigenen Konsequenzen, und damit die Entvölkerungsfurcht und Entvölkerung. Besonders war diess im 18. Jahrhunderte der Fall in Deutschland und Frankreich, wo die mittelalterliche Gesellschaft in den letzten Zügen lag; in England dagegen hatte bereits die neue, die kapitalistische Gesellschaft, den Sieg davongetragen, welche damals noch, wie jede neue Gesellschaftsform, die Zunahme der Bevölkerung begünstigte. England ist daher das Vaterland der Uebervölkerungsfurcht unserer Zeit, die sich gleichzeitig auch in denjenigen Franzosen abspiegelt, welche englischen Anschauungen huldigen.

Je mehr Menschen, desto mehr Soldaten! Eine dichte Bevölkerung bot williges Kanonenfutter. Ludwig XIV. setzte daher Eltern von zehn Kindern Gnadengehalte aus; noch höhere denen, welche zwölf Kinder hatten. Der Marschall von Sachsen machte sogar den Vorschlag, die Ehen sollten nur auf fünf Jahre geschlossen werden, um recht viel Soldaten zu erzielen.[1)]

Aber nicht nur aus Rekrutirungsrücksichten, sondern auch aus volkswirthschaftlichen Gründen, hielt man eine dichte Bevölkerung und eine Vermehrung der Bevölkerungszunahme für wünschenswerth. Um nur einige bekannte Namen zu nennen, so waren J. J. Rousseau,[2)] Necker, Sonnenfels Vertreter dieser Lehre, welche Süssmilch auf wissenschaftliche Weise in ein System gebracht hatte in seinem berühmten Werke: „Die göttliche Ordnung in den Veränderungen des menschlichen Geschlechts, aus der Geburt, dem Tode und der Fortpflanzung desselben erwiesen." Berlin 1740, 4. Auflage 1775. Bezeichnender Weise nimmt er zur Basis seines Werkes den biblischen

---

[1)] Roscher, Grundlagen d. Nazionalökonomie, Stuttgart 1874. I. p. 608. Aus welchen Gesichtspunkten der „aufgeklärte" Absolutismus damals die Bevölkerungsbewegung betrachtete, zeigt ein Brief Friedrich II. von Preussen an Voltaire, der mit folgender Frase gewürzt war: „Ich betrachte sie (die Menschen) wie ein Rudel Hirsche im Thiergarten eines grossen Herrn, denen weiter nichts obliegt, als den Park zu bevölkern und auszufüllen." Brief vom 24. August 1741. Zitirt in Destutt de Tracy's Kommentar zum 23. Buch v. Montesquieu's „Geist der Gesetze."

[2)] Vgl. Contrat social, l. III. ch. IX note, wo er die Ansicht ausspricht, eine grosse Bevölkerung sei ein Zeichen des Wohlstandes und Glückes. Ferner Origine de l'inégalité parmi les hommes, note i, wo er die Befürchtung ausspricht, die moderne Produkzionsweise bringe die Entvölkerung mit sich, während der Naturzustand die Zunahme der Bevölkerung begünstige.

Spruch: „Seid fruchtbar und mehret Euch und erfüllet die Erde und machet sie Euch unterthan." Aber nicht aus der Bibel, sondern aus den Thatsachen versucht er nachzuweisen, „dass in der Menge der Einwohner, die ein Land zu fassen und zu ernähren vermöge, die Glückseligkeit eines Staates bestehe; dass sie, wenn sie recht gebraucht werden, der Grund der Macht und der Quell des Reichthums sind." Er nennt die grossen Städte ein „wirkliches, wiewohl nothwendiges Uebel", weil sie in Folge ihrer grossen Sterblichkeit die Volkszunahme hemmen; er will Zwangsmassregeln gegen Hagestolze und Verbot der Ehen im ungleichen Alter eingeführt wissen; als das vornehmste Mittel, die Volksvermehrung zu fördern, erscheinen ihm aber Freiheit und Eigenthum.[1])

Aber schon die Fysiokraten waren nicht mehr bedingungslos Verehrer der Bevölkerungszunahme, welche ihnen nur unter gewissen Verhältnissen wünschenswerth erscheint. So sagt zum Beispiel Mercier de la Rivière, einer der bedeutendsten Anhänger der von Quesnay, dem Leibarzte Ludwig XV. gegründeten fysiokratischen Schule: „Wenn ein Staat so organisirt ist, dass der Anbau des Bodens beständig den möglichst besten Zustand anstrebt, dann wird der fortschreitende Ueberfluss an Lebensmitteln dem stetigen Anwachsen der Bevölkerung beständig voraus sein, und alle Menschen werden dann zum Glücke geboren; und da wir nie wissen können, bis zu welchem Grade man die Vermehrung der Lebensmittel werde steigern können, so kann man sagen, dass die letzte Schranke für das Gedeihen des Volkes etwas sei, was niemand fassen könne. Aber in einem Staate, in dem der Bodenanbau in fortschreitender Verschlechterung begriffen ist, müssen sich nothwendigerweise immer mehr Menschen als Lebensmittel vorfinden, weil die Abnahme der Lebensmittel der Abnahme der Bevölkerung stets voraus ist und diese zur Folge hat. Die Erde muss in diesem Fall mit einer grossen Menge Unglücklicher bedeckt sein."[2]) Mercier de la Rivière fasst also bereits die Möglichkeit einer Uebervölkerung in's Auge. Nach Süssmilch erzeugt die Bevölkerung die Lebensmittel, nach Malthus erzeugen die Lebensmittel die Bevölkerung: Die Lehre der Fysiokraten bildet den Uebergang von der ersten zur zweiten Theorie.

Auch Montesquieu zeigt hie und da schon Malthus'sche Anwandlungen. Er erkennt an, dass die Menschen sich nach Massgabe der vorhandenen Lebensmittel zu vermehren streben, denn „überall, wo sich für zwei Personen die Möglichkeit darbietet, bequem zu leben, wird eine Ehe nicht ausbleiben. Die Natur flösst hinlängliche Neigung

---

[1]) Vgl. Horn, bevölkerungswissenschaftliche Studien aus Belgien. Leipzig 1854. I. p. 14. Bluntschli u. Brater, deutsches Staatswörterbuch, II. p. 118. Gerstner, die Grundlehren der Staatsverwaltung, II. 1. Abth. 2. Absch. 1. Kap. Roscher, Gr. d. N., I. p. 604.

[2]) Mercier de la Rivière, Traité de l'ordre naturel et essentiel des sociétes politiques, chap. 33. Von diesem kleinen Buche sagt Adam Smith, dass man in demselben „die deutlichste und am besten zusammenhängende Theorie der Lehre der Ockonomisten finde." Adam Smith, Untersuchung über die Natur und die Ursachen des Nazionalreichthums, übers. v. Garve. Breslau 1795. III. p. 431.

dazu ein, wenn die Schwierigkeit des Unterhaltes ihr kein Hinderniss in den Weg legt." ...... „Leute, die sonst durchaus gar nichts haben, wie die Bettler, haben viele Kinder. Sie befinden sich in demselben Falle, wie erst im Entstehen begriffene Völker. Es kostet dem Vater nichts, seine Kunst seinen Kindern beizubringen, ja sie dienen ihm von ihrer Geburt an als Werkzeuge derselben." ......
„Die hinsichtlich der Anzahl der Bürger zu treffenden Anordnungen sind sehr durch die Umstände bedingt. In manchen Ländern hat die Natur Alles gethan; dem Gesetzgeber bleibt also hier nichts zu thun übrig. Wozu soll man durch Gesetze die Leute zur Fortpflanzung veranlassen, wenn schon durch das Klima für hinreichende Bevölkerung gesorgt ist? Bisweilen ist ihr das Klima günstiger, als der Boden; das Volk vermehrt sich und wird dann durch Hungersnoth wieder aufgerieben." [1])

Aehnlich drückt sich Adam Smith aus, der schon das positive Hinderniss der Volksvermehrung kennt und entschieden die Ansicht ausspricht, die Volksvermehrung werde durch die Kapitalsvermehrung bedingt, und nicht umgekehrt.

„Jede Thiergattung," sagt er, „vermehrt sich natürlicher Weise im Verhältnisse der Unterhaltsmittel, die sie hat; und keine Gattung kann sich je über dieses Verhältniss vermehren. Aber in einer ordentlichen bürgerlichen Gesellschaft können es nur die unteren Klassen des Volkes sein, bei welchen der Mangel des Unterhalts der Vermehrung Grenzen setzt, und er kann diese Grenze nur dadurch setzen, dass er einen grossen Theil der Kinder, welche ihre fruchtbaren Ehen erzeugen, wieder um's Leben bringt."

Und weiter unten heisst es:

„Die Nachfrage nach Menschen ist, wie die Nachfrage nach jeder andern Waare, was ihre Hervorbringung regulirt: das, was sie beschleunigen kann, wenn sie zu langsam von Statten geht, und sie verzögern kann, wenn sie zu schnell sich vergrössert. Von dieser Nachfrage, diesem Verlangen nach Menschen hängt die Vermehrung des menschlichen Geschlechtes in allen Ländern der Welt, in Nordamerika, Europa und China ab; sie ist die Ursache, dass die Bevölkerung in dem ersten so schnell, in dem andern so langsam und stufenweise wächst und in dem dritten völlig stille steht." [2])

Montesquieu und noch mehr Adam Smith zeigen bereits Malthus'sche Anklänge. Aber gleichzeitig mit ihnen traten schon Schriftsteller auf, welche alle wesentlichen Punkte der Malthus'schen Bevölkerungstheorie antizipirten. Buckle macht uns aufmerksam, dass bereits Voltaire die Verschiedenheit des Wachsthums der Lebensmittel und der Bevölkerung erkannt habe und zitirt als Beweis den Artikel „population" seines „dictionnaire philosophique", in welchem er seine geistreichen Bemerkungen so zusammenfasst: „Die Hauptsache ist nicht die, einen Ueberfluss an Menschen zu haben, sondern einen

---
[1]) Montesquieu, Geist der G. XXIII B. ch. 10, 11, 16.
[2]) Adam Smith, Nazionalreichthum, I. p. 145, 146.

solchen Zustand herbeizuführen, in dem es so wenig als möglich Unglückliche gibt."[1])

1767 erschien eine „Theorie du Système animal", verfasst von Bruckner, in der nach Marx die ganze moderne Bevölkerungstheorie erschöpft sein soll.[2]) In demselben Jahre gab auch Sir James Steuart seine „principles of political economy" heraus, worin er bereits die vornehmste Ursache der Armuth in der Uebervölkerung sucht und erklärt, nur Mangel an Lebensmitteln hindern die allzuschnelle Vermehrung der Bevölkerung.

Einer der bedeutendsten Vorgänger von Malthus ist aber der venezianische Mönch Ortes, der in seinem 1790 erschienenen Werke „reflessioni sulla popolazione delle nazione per rapport all' economia nazionale", schon das Bild der geometrischen Reihe für die Vermehrung der Bevölkerung braucht. Auch spricht er bereits von präventiven und positiven Hindernissen, der ragione und forza. Um die Armuth zu vermeiden, sei der Zölibat in gutbevölkerten Ländern unentbehrlich.

Am bedeutsamsten für die Geschichte der Bevölkerungswissenschaft ist jedoch Townsend, der in seiner 1786 veröffentlichten „Dissertation on the poor laws", sowie in dem „Journey through Spain" ganz Malthus'sche Ansichten entwickelt, oder vielmehr, wenn man gerecht sein will, entwickelt Malthus in seinem Essay ganz Townsend'sche Ansichten, wie denn Townsend nach Malthus eigener Angabe neben Steuart, Arthur Young und Franklin, die Quelle war, aus der er geschöpft hat.[3]) Townsend behauptet schon, dass die einzigen Mittel, die Armuth zu beseitigen, darin beständen, die Masse der vorhandenen Lebensmittel zu vermehren oder der Zunahme der Bevölkerung Schranken zu setzen. Ersteres helfe nicht dauernd, nur Letzteres. „Allerdings kann man den Hunger bannen und dieses Bedürfniss auf Kosten eines anderen befriedigen. Aber dann muss man die Verhältnisszahl Derjenigen bestimmen, welche heirathen dürfen, denn es gibt kein anderes Mittel, die Gesammtzahl der Individuen einzuschränken. Keine menschliche Anstrengung kann aus dieser Verlegenheit helfen, und die Menschen werden niemals eine natürlichere oder bessere Methode finden, in jeder Hinsicht, als einen Trieb durch den anderen einzuschränken."

So sehen wir die Malthus'sche Bevölkerungstheorie schon fertig, bevor noch Malthus mit seinem Werke aufgetreten war. In Frankreich, in Italien, in England, auch in der Schweiz,[4]) überall tauchen Malthus'sche Ideen auf, sie liegen sozusagen in der Luft. Die Veranlassung zu denselben gab wahrscheinlich die rasche Zunahme der Bevölkerung und daneben des Proletariats, welche eine natürliche Folge des immer weiteren Umsichgreifens des Industrialismus war.

---

[1]) Buckle, G. d. Z., I. 2. Abth. p. 276, 277.
[2]) Marx, d. K., p. 641.
[3]) Vorrede zur 2. Auflage des Essay, von 1803.
[4]) Vgl. Reflexions de M. Pierre Prevost, premier traducteur, sur le principe de population, in den notes Finales zum Essay, p. 639.

Denjenigen, welche diese Thatsachen antrieben, über die Ursachen der Armuth nachzudenken, lag es nahe, beide in Verbindung miteinander zu setzen, umsomehr, da es einleuchtend ist, dass die Leute, welche viele Kinder haben, schlechter daran sind, als wenn sie unter gleichen Umständen wenige oder gar keine Kinder hätten. Wie leicht konnte der oberflächliche Beobachter in Folge dessen schliessen, das frühe Heirathen und die grosse Kinderzahl seien an der Armuth Schuld. Die weiteren Konsequenzen ergaben sich von selbst. Zu dieser Erkenntniss zu gelangen, bedurfte es ebensowenig eines genialen Blickes, als etwa, um herauszufinden, dass Sparen die Lage des Arbeiters verbessere. Es darf uns daher nicht wundern, dass auch im Volke damals Malthus'sche Ansichten auftauchten — freilich nur bei den Alten, nicht bei den Jungen. Es bezeugt uns das Malthus selbst. Während seiner Schweizer Reise gelangte er auch an den lac de Joux im Jura. „Kaum waren wir in ein kleines Wirthshaus gelangt," erzählt er, „welches am äussersten Ende des See's gelegen war, als die Wirthin in Klagen sich ergoss über die Armuth aller Gemeinden der Umgebung. Sie sagte uns, dass das Land wenig hervorbringe und einen Ueberfluss an Einwohnern habe; dass die jungen Burschen und Mädchen sich in einem Alter verheiratheten, wo sie noch in die Schule gehen sollten; und dass, so lange diese Gewohnheit der vorzeitigen Ehen vorherrsche, sie alle elend und in Noth bleiben würden."

„Der Bauer, welcher uns dann an die Quelle des Orbe führte, ging mehr in's Detail ein, und schien mir das Prinzip der Bevölkerung fast ebenso gut zu begreifen, als irgend einer Derjenigen, mit denen ich Gelegenheit hatte, mich darüber zu unterhalten. „„Unsere Weiber,"" sagte er, „„sind fruchtbar und die Luft unserer Berge rein und gesund; es sterben wenig Kinder, ausser durch Elend. Der Boden ist unfruchtbar und gewährt wenig Beschäftigung und Nahrung für diejenigen, welche zu Männern heranwachsen; der Preis der Arbeit ist daher sehr niedrig und fast unzureichend, eine Familie zu ernähren; dennoch schrecken Hunger und Elend, welche den grössten Theil der Bewohner verschlingen, die andern nicht ab, sich zu verehelichen und Kinder zu zeugen, welche sie nicht ernähren können. Diese Gewohnheit sich frühzeitig zu verheirathen,"" fügte er hinzu, „„„könnte ein Nazionalfehler heissen."""" Er war so ergriffen von den unausbleiblichen Folgen dieser Gewohnheit, dass er dachte, man müsse ein Gesetz erlassen, welches den Männern das Heirathen vor dem vierzigsten Lebensjahre verbieten sollte; und selbst dann dürften sie nur alte Jungfern heirathen, um nicht mehr als zwei oder drei statt sechs oder acht Kinder bekommen zu können." [1])

Der Mann, der sich so ereiferte, hatte selbst jung geheirathet! Malthus erzählt uns diess, ohne die Ironie zu ahnen, welche darin liegt, dass der verheirathete Malthus dem verheiratheten Bauern in der Verdammung der Ehe beistimmt.

---

[1]) Malthus, Essay etc. p. 209. ed. St. p. 271.

Man könnte nun fragen, welche Bedeutung eigentlich Malthus hat, dass die Theorie, welche er herausgab, nach ihm genannt worden ist, da sie doch durchaus nicht originell war.

Die Ursache davon liegt in der Zeit, in der er sie veröffentlichte. Alle bisher genannten Schriften, welche sich mit der Bevölkerungswissenschaft befassten, erschienen vor dem Jahre 1793. Bis dahin hatte sich stets das Proletariat als gefügiges Werkzeug der Bourgeoisie erwiesen, im politischen wie im ökonomischen Sinne. Zum erstenmale im Jahre 1793 hatte das Proletariat in Frankreich gezeigt, dass es seine gewaltige Kraft auch einmal zum eigenen Vortheile gebrauchen könne. Die soziale Frage, bis dahin ein Spielzeug für müssige Stunden, erschien damals zum ersten Male in drohender Furchtbarkeit vor den Besitzenden, um seitdem als rothes Gespenst nicht mehr von ihrer Seite zu weichen. Wie erwünscht kam da eine Theorie, mit deren Hilfe man darthun konnte, dass die besitzenden Klassen ganz unschuldig seien am Elend, dass das Proletariat selbst seine Noth verschulde! So lange diese Theorie nur eine wissenschaftliche Bedeutung gehabt hatte, hatte man sich nicht um sie gekümmert: jetzt brachte sie die ganze Welt in Aufregung, denn sie hatte eine politische, eine praktische Bedeutung erlangt. **Und der, der ihr diese Bedeutung verliehen, der die Aufmerksamkeit aller denkenden Menschen auf sie gelenkt hatte, der war Malthus, und desswegen bleibt sein Name unauflöslich mit dieser Theorie verknüpft.** Mit ebensoviel Recht hat man die neue Bevölkerungslehre nach Malthus genannt, als Amerika nach Amerigo Vespucci. Beide haben nur die Kunde dessen verbreitet, was Andere gefunden haben.[1]

Wir finden dasselbe auch auf anderen Gebieten. Nicht derjenige, der eine neue Idee zuerst, sondern welcher sie zur rechten Zeit bekannt macht, trägt alle Ehren — freilich auch alle Schmähungen — davon, welche mit ihr verknüpft sind. Bei keiner Idee wird es vielleicht gelingen, ihren ersten Urheber zu entdecken. Und gibt es einen ersten Urheber einer Idee? Die Geschichte der Bevölkerungswissenschaft ist nur ein neuer Beweis, wie wenig die Wandlungen der Wissenschaft von einzelnen Menschen abhängen, dass sie vielmehr, wie alle anderen Veränderungen in und um uns, bestimmten Gesetzen unterliegen und durch die Verhältnisse ebenso naturnothwendig erzeugt werden, wie Sommer und Winter. Unser Wissen ist ebensowenig unser Verdienst, als unser materielles Besitzthum: Beides ist nur das Produkt der Gesellschaft.

Die meisten sogenannten grossen Männer wurden berühmter durch die Verhältnisse, in welche sie geworfen wurden, als durch ihre Persönlichkeit. So ist es auch mit Malthus geschehen. Die immense Bedeutung seiner Lehre hat auch die Bedeutung des Lehrers

---

[1] So sagt auch Dumont, der Uebersetzer Bentham's in's Französische, in dem Werke von Malthus sei nicht das Prinzip „sondern das neu, dass er von diesem Prinzipe eine (nach seiner Ansicht) vernünftige und consequente Anwendung gemacht." Zitirt bei J. B. Say, p. Oek. III. p. 177.

über Gebühr erhoben. Man thut Unrecht, über die von ihm herausgegebene Lehre sich verächtlich zu äussern, aber ebenso Unrecht thut man, wenn man das Verdienst ihres Herausgebers in den Himmel erhebt.

Lehrer und Lehre müssen eben streng auseinandergehalten werden. Thut man diess nicht, betrachtet man Malthus statt vom wissenschaftlichen vom Gefühls- und Parteistandpunkte, dann kann man sehr leicht vorübergehend eine grosse Wirkung erzielen, wird aber zu keinem bleibenden Resultate gelangen. Durch diese Methode hat man es allerdings dahin gebracht, Malthus unpopulär zu machen, so unpopulär, wie vielleicht niemand bei den arbeitenden Klassen verhasst ist, aber widerlegt hat man ihn dadurch nicht. Mag man mit Proudhon den Malthusianern noch so emfatisch zurufen: „So lange ich lebe, so lange ich die Feder halten kann, werdet Ihr das Volk nicht überreden, dass ein Mann zu viel ist auf der Erde, ausser Euch. Ich schwöre es vor dem Volke und der Republik," [1]) so klingt diess zwar sehr schön, aber Fragen der Wissenschaft werden nicht auf dem Wege des Plebiszit's erledigt. Hier heisst es, nicht nur die Menge, sondern auch die Thatsachen für sich zu haben. Dass das, was Malthus gesagt hat, unangenehm ist, bestreitet ja niemand, aber ist damit schon bewiesen, dass Malthus Unrecht hat? Solche Logik ist eines gläubigen Harmonieapostels würdig, der überall eine Teleologie herauswittert, nicht aber eines Menschen, der der mechanischen Weltanschauung huldigt. Sträubt sich im gesunden Menschen nicht auch der Selbsterhaltungstrieb gegen den Gedanken: „Du musst sterben?" Und dennoch ist es richtig, dass wir sterben müssen. Wollen wir Malthus bekämpfen, so genügt es also nicht, zu beweisen, dass er grausam ist; wir müssen beweisen, dass er sich geirrt hat.

Zu untersuchen, ob und in wie weit diess der Fall war, ist die Aufgabe der folgenden Kapitel.

---

[1]) Artikel vom 11. August 1848 im „Représentant du peuple."

I. Kapitel.
Das eherne Lohngesetz.

„Will man untersuchen, welches die zukünftigen Fortschritte der Gesellschaft sein werden, so bieten sich naturgemäss zwei Fragen zur Betrachtung dar:

„1. Welches sind die Ursachen, welche bisher den Fortschritt der Menschen oder das Anwachsen ihres Glückes aufgehalten haben?

„2. Wie gross ist die Wahrscheinlichkeit, diese Hindernisse unseres Fortschrittes zu beseitigen?"

Mit diesen Worten beginnt Malthus das erste Kapitel seines Essay über die Bevölkerung. Sein Werk zerfällt demnach in zwei Haupttheile, in einen positiven und einen negativen. In dem ersten untersucht er die mächtigste Ursache, welche den Fortschritt des Menschen bisher aufgehalten hat, und meint sie gefunden zu haben in der „beständigen Tendenz alles organischen Lebens, sich über das vorhandene Mass der Nahrung zu vermehren, deren es zu seiner Erhaltung bedarf." [1] In der Uebervölkerung sieht er die Ursache der Armuth, nur eine Einschränkung der Bevölkerungszunahme könne daher den Pauperismus beseitigen. Diess ist die positive Seite seines Werkes.

Zweitens will er darthun, dass alle Versuche, auf anderem Wege die Armuth aus der Welt zu räumen, dass insbesondere alle sozialistischen Systeme schon desswegen scheitern müssen, weil durch Beseitigung der bisher wirkenden Schranken der Bevölkerungszunahme, durch Beseitigung von Laster, Krieg, Krankheit, Hunger und Elend und durch Beseitigung der Furcht vor diesen Uebeln die Bevölkerung in zu schnellem Masse wachsen müsste und das schliessliche Resultat der Durchführung der sozialistischen Pläne die grösste Armuth Aller wäre. [2]

Ich schliesse mich dieser Eintheilung an. In der ersten Hälfte der vorliegenden Kritik soll näher untersucht werden, ob eine Einschränkung der Kindererzeugung Laster und Elend wirklich zu beseitigen vermag, wie Malthus diess behauptet hat. Die zweite Hälfte meiner Erörterungen soll sich mit der Frage befassen, ob die Beseitigung der jetzt herrschenden Uebel die Gefahr einer Uebervölkerung mit sich bringt oder nicht.

---

[1] Malthus essai etc. p. 6. ed. St. p. 1.
[2] Vgl. Malthus essai t. III c. 1, 2, 3.

Der Gang der Malthus'schen Beweisführung ist in kurzem folgender: Zuerst weist er nach, dass jede Gattung darnach strebe, sich über das Niveau der vorhandenen Lebensmittel zu vermehren. Die so entstandenen Ueberzähligen werden bei den Thieren und Pflanzen durch Mangel an Raum und Nahrung vernichtet.

„Weit verwickelter sind die Wirkungen dieser Beschränkung auf den Menschen. Durch denselben Instinkt getrieben, fühlt er sich aufgehalten durch die Stimme der Vernunft, welche ihm die Furcht einflösst, Kinder mit Bedürfnissen zu erhalten, zu deren Befriedigung ihm die Mittel fehlen. Gehorcht er dieser gerechtfertigten Furcht, so geschieht diess oft auf Kosten der Tugend. Lässt er sich im Gegentheil vom Instinkt fortreissen, so wächst die Bevölkerung schneller als die Subsistenzmittel. Sobald sie aber die Grenze erreicht hat, muss sie sich vermindern. Die Schwierigkeit, Nahrung zu finden, wirkt daher fortwährend als ein starkes Hinderniss gegen die Zunahme der Bevölkerung. Diese Schwierigkeit muss sich überall fühlbar machen, wo Menschen vereinigt sind, und ohne Unterlass in einer der mannigfaltigsten Formen des Elends und des gerechtfertigten Entsetzens vor demselben sich zeigen." [1])

„Wenn man die Hindernisse der Bevölkerungszunahme untersucht, die ich als präventive und positive klassifizirt habe, wird man finden, dass sie sich zurückführen lassen auf die moralische Enthaltsamkeit, das Laster und das Elend.

„Von den präventiven Hindernissen nenne ich moralische Enthaltsamkeit die Enthaltung von der Ehe bei Bewahrung der Keuschheit.

„Regelloser Geschlechtsverkehr, widernatürliche Leidenschaften, Befleckung des Ehebettes, alle die Künste, die man anwendet, um die Folgen sträflicher oder illegitimer Verbindungen zu verheimlichen, sind präventive Hindernisse, die offenbar zu den Lastern gezählt werden müssen.

„Unter den positiven Beschränkungen sind diejenigen, welche eine unvermeidliche Folge der Naturgesetze sind, als Elend zu bezeichnen. Die im Gegentheil, welche wir selbst verschulden, wie Kriege, Ausschweifungen jeder Art und viele andere, deren Vermeidung in unserer Gewalt steht, sind gemischter Natur. Ihre Ursache ist das Laster, ihre Folge das Elend." [2])

Aus diesen Vordersätzen zieht Malthus nun seine Folgerungen.

„Da es scheint, dass in allen gesellschaftlichen Zuständen, die wir betrachtet haben, das natürliche Anwachsen der Gesellschaft beständig und mächtig gehindert wurde; da weder die Verbesserung der Regierungsform, noch irgend ein Auswanderungsplan oder eine Wohlthätigkeitsanstalt, auch nicht der höchste Grad des Fleisses und ebensowenig die vollkommenste Richtung der Industrie die ununterbrochene Thätigkeit dieser Hindernisse beseitigen können, welche unter der einen oder anderen Form die Bevölkerung in gewissen

---

[1]) Malthus essai, p. 6. ed. St. p. 3.
[2]) Malthus essai, p. 14 ff. ed. St. p. 14.

Schranken halten, so folgt daraus, dass diese Ordnung ein Naturgesetz ist, dem man sich unterwerfen muss; die einzige Freiheit, die uns hier gelassen ist, ist die Bestimmung des Hindernisses, welches der Tugend und dem Glücke am wenigsten nachtheilig ist.

„Alle die Hindernisse, die wir erkannt haben, liessen sich auf drei zurückführen: moralische Enthaltsamkeit, Laster und Elend. Ist dieser Gesichtspunkt richtig, so kann unsere Wahl nicht schwer sein.

„Wenn es nothwendig ist, dass die Bevölkerung durch ein Hinderniss eingeschränkt werde, so ist es besser, es geschehe diess durch die kluge Voraussicht der Schwierigkeiten, welche mit der Erhaltung einer Familie verbunden sind, als durch die wirklichen Leiden des Mangels und der Noth." [1])

„In den alten und starkbevölkerten Staaten ist das einzige Mittel, von dem man vernünftigerweise eine bedeutende und dauernde Verbesserung des Loses der unteren Klassen erwarten kann, das ihrer Verminderung.

„Um die Masse der Lebensmittel über den Bedarf der Konsumenten zu erhöhen, dazu bedarf es dem ersten Anschein nach der Richtung unserer Aufmerksamkeit auf die Vermehrung der Lebensmittel; aber bald werden wir finden, dass dieses Anwachsen keine andere Folge hat, als die Zahl der Konsumenten zu vermehren, so dass unser vermeintliches Vorwärtsschreiten uns dem Ziele um nichts näher gebracht hat. Man muss sich daher entschliessen, einen solchen Weg zu verlassen, will man nicht ein Wettrennen zwischen einer Schildkröte und einem Hasen veranstalten. Sind wir überzeugt, dass die Naturgesetze unserem Vorhaben sich widersetzen und dass es uns nie gelingen wird, die Lebensmittel schneller zu vermehren, als die Bevölkerung, so werden wir ohne Zweifel die entgegengesetzte Methode versuchen und uns bemühen, die Bevölkerung unter das Niveau der vorhandenen Lebensmittel hinunterzudrücken. Wenn wir den Hasen während seines Laufes ablenken oder einschläfern können, dann ist kein Zweifel, dass die Schildkröte ihn endlich überholen wird." [2])

Die beiden Prämissen, auf welche Malthus sich stützt, sind also:

1. Ueberall ist die Tendenz zur Uebervölkerung vorhanden. Diese aber erzeugt nothwendig Laster und Elend.

2. Die Uebervölkerung kann nur gehindert werden durch Laster und Elend sowie durch moralische Enthaltsamkeit.

Die Richtigkeit derselben vorläufig zugegeben, ist Malthus vollständig berechtigt, zu schliessen: Laster und Elend sind unvermeidlich, ausser wenn kluge Gewohnheiten in Bezug auf die Ehe herrschend werden.

Aber Malthus geht weiter, und durch einen logischen Salto mortale gelangt er zu dem Schlusse: Laster und Elend werden beseitigt und können nur beseitigt werden, wenn „kluge Gewohn-

---

[1]) Malthus essai, p. 467. ed. St. p. 619.
[2]) Malthus essai, p. 486. ed. St. p. 649.

heiten in Bezug auf die Ehe" herrschend werden. Das ist denn doch etwas ganz Anderes.

Wenn man den Satz: wo Uebervölkerung ist, muss nothwendigerweise Armuth sein, ohneweiters umdrehen und daraus folgern könnte: wo Armuth ist, muss nothwendigerweise Uebervölkerung sein, dann wäre allerdings der Malthus'sche Vorschlag zur Lösung der sozialen Frage unanfechtbar, dann gäbe es kein Mittel, die Armuth zu beseitigen, als die Einschränkung der Kinderzeugung.

Da aber der Satz, die Armuth sei bei uns eine Folge der Uebervölkerung a priori weder festgestellt noch verworfen werden kann, so liegt die Sache nicht so einfach. Malthus und seine Anhänger glaubten genug gethan zu haben, wenn sie die fysiologische Thatsache feststellten, dass der Mensch die Tendenz habe, sich schneller zu vermehren, als die Lebensmittel, um daraus den Schluss zu ziehen, wo Armuth vorhanden sei, seien zu wenig Lebensmittel da. Statt aus den Thatsachen das Gesetz zu folgern, entlehnten sie für die politische Oeckonomie ein Gesetz aus einer anderen Wissenschaft, der Fysiologie, das für diese allerdings durch Erfahrungsthatsachen beglaubigt war, und zwängten ohne weiteres die Erscheinungen des sozialen Lebens in das fysiologische Gesetz, indem sie nicht bedachten, dass ein Gesetz der Fysiologie durch soziale Gesetze, wenn auch nicht aufgehoben, so doch in seiner Wirksamkeit gehindert werden kann.

Um unsere Zweifel zu lösen, gibt es nur einen Ausweg, die vorliegenden Thatsachen zu prüfen und zu untersuchen, ob die bestehende Armuth mit ihrem Folgenübel Laster wirklich durch eine Uebervölkerung hervorgerufen wurden und werden oder nicht. Erst nach Feststellung der Krankheitsursache kann man die Krankheit heilen. Ist aber die Uebervölkerung nicht die Ursache der Armuth, dann kann diese natürlich selbst durch die klügsten und vorsichtigsten Gewohnheiten in Bezug auf das Heirathen nicht geheilt werden.

Bevor wir untersuchen können, ob eine Uebervölkerung existire oder nicht, müssen wir uns vor Allem darüber klar sein, was unter Uebervölkerung zu verstehen ist.

Eine Uebervölkerung kann absolut oder relativ sein; in letzterem Falle ist sie entweder eine künstliche oder natürliche. Unter absoluter Uebervölkerung eines Landes verstehe ich denjenigen Zustand desselben, in welchem es auf keine Weise mehr alle seine Bewohner ernähren kann.

Ein solcher Zustand existirt heutzutage in keinem einzigen grösseren Ländergebiete der Erde. Alle könnten hinreichend Lebensmittel für den eigenen Bedarf produziren; diejenigen, die es nicht thun, unterlassen es nur desswegen, weil sie mehr gewinnen, wenn sie die Industrie bevorzugen und für deren Produkte Lebensmittel eintauschen. Eine absolute Uebervölkerung gibt es nicht und wird es wahrscheinlich auch niemals geben, da man nie wissen kann, ob alle Hilfsquellen der Wissenschaft schon erschöpft seien.

Malthus selbst gibt zu, dass eine absolute Uebervölkerung sogar in Europa nicht existire. „Auch Europa ist nicht so bevölkert, als es sein könnte. Man darf hoffen, dass in Europa der Kunstfleiss noch besser geleitet werden kann. Man hat in England und Schottland dem Ackerbau grosse Sorgfalt zugewendet, und dennoch gibt es selbst in diesen Ländern viele unbebaute Ländereien."[1]) Die Uebervölkerung, die nach Malthus überall herrscht, ist eine relative, nämlich nur ein Missverhältniss zwischen dem jedesmaligen augenblicklichen Stande der Lebensmittel und dem gleichzeitigen Stande der Bevölkerung; ein Missverhältniss, welches freilich, wie wir schon wissen, ewig dauern soll, da die Bevölkerung den Nahrungsmitteln angeblich stets vorauseilt.

Eine solche relative Uebervölkerung kann wieder eine doppelte sein: eine natürliche oder eine künstliche; eine durch Naturgesetze hervorgerufene oder eine solche, die in Folge sozialer Gesetze entsteht; die letztere wird man am Besten nicht durch Einschränkung der Ehen, sondern durch Aufhebung der betreffenden gesellschaftlichen Einrichtungen beseitigen können. Eine Uebervölkerung von Konsumenten ist eine natürliche Uebervölkerung; sie ist nur heilbar durch Verringerung ihrer Zahl oder Vermehrung der Subsistenzmittel. Eine Uebervölkerung von Produzenten ist dagegen ein künstlich herbeigeführter Zustand, der in den meisten Fällen durch Verminderung der Zahl der Produzenten nicht genügend geheilt werden kann. Vermehrung der Subsistenzmittel nützt in diesem Falle gar nichts und werden sich zu einer Radikalkur solcher Zustände soziale Umgestaltungen fast immer als unvermeidlich herausstellen.

Diesen Unterschied hat Malthus übersehen: wo zu viel Hände sind, sind seiner Ansicht nach auch zu viel Mäuler. „Der Preis der Arbeit", sagt er, „ist, wenn man ihn seine natürliche Höhe einnehmen lässt, ein politischer Barometer von der höchsten Bedeutung: er drückt das Verhältniss zwischen Nachfrage und Angebot von Lebensmitteln aus, das Verhältniss des Speisevorrathes zu den Konsumenten."[2])

Ein übergrosses Anbot von Händen ist durchaus nicht gleichbedeutend mit einer übergrossen Nachfrage nach Lebensmitteln: letztere wird allerdings durch das Verhältniss des Speisevorrathes zu den Hungrigen bedingt, ersteres aber ist eine durch gesellschaftliche Verhältnisse herbeigeführte Uebervölkerung und unterliegt daher sozialen Gesetzen. Eine solche Uebervölkerung erscheint in den verschiedenen Gesellschaftsformen der verschiedenen Zeiten und Länder verschieden, und insofern kann man Marx zustimmen, wenn er behauptet, dass „in der That jede besondere historische Produkzionsweise ihre besonderen, historisch giltigen Produkzionsgesetze hat."[3])

Sind die Ursachen der Uebervölkerung an Produzenten, das ist die Ursachen der Armuth, verschieden, so können auch die Heil-

---
[1]) Malthus, essai, p. 9. ed. St. p. 8.
[2]) Malthus, essai, p. 362. ed. St. p. 472.
[3]) Karl Marx, das Kapital, pag. 656.

mittel nicht gleich sein. Nur dann, wenn diese Uebervölkerung durch eine zu schnelle Vermehrung der Bevölkerung allein hervorgerufen wurde, kann der Malthus'sche Vorschlag, durch Einschränkung der Kinderzeugung, die soziale Frage zu lösen, auf Erfolg rechnen. In Irland und Ostindien war es die Gewalt eines übermächtigen Eroberers, welche den Arbeitsertrag schmälerte und die Nachfrage nach Arbeit verringerte — selbst der Malthusianer Mill will daher in diesen Ländern die soziale Frage lösen durch Veränderungen in den Besitzverhältnissen. Welches ist aber in der modernen Gesellschaft die Ursache der Armuth? Gleiches Recht und gleiche Freiheit herrscht — wenigstens der Theorie nach — für Alle, nicht das Faustrecht ist es, welches die Vertheilung des Arbeitsertrages und die Nachfrage nach Arbeit bestimmt; durch ein volkswirthschaftliches Gesetz regelt sich das Alles von selbst, ein Gesetz, welches nicht kraft eines Herrscherwillens sondern durch die Macht der Verhältnisse sich Geltung verschafft, ein unbeugsames Gesetz, daher auch das eherne genannt. Wer dieses Lohngesetz erkannt hat, der hat zugleich die Antwort auf den Malthus'schen Vorschlag gefunden.

Anscheinend ist die Lösung des Problemes sehr einfach und schon längst gelungen. Wer kennt nicht in Lassalle's Antwortschreiben die Stelle, in der er behauptet, dass von ihm angenommene Lohngesetz sei so einstimmig anerkannt von allen Männern der Wissenschaft, seine Gründe so einfach und schlagend, dass er es nicht für möglich gehalten hätte, einen Widerspruch zu erfahren. Allein trotz aller Achtung vor Lassalle's Autorität werden wir gut daran thun, vor diesem Ausspruch nicht zu erschrecken. Der Zweifel ist die Mutter der Erkenntniss und da wir es mit keinem Dogma zu thun haben, ist eine neuerliche Untersuchung des Lohngesetzes umsomehr am Platze, als mit der endgiltigen Feststellung desselben auch das Schicksal des Malthus'schen Vorschlages entschieden ist.

„Das eherne ökonomische Gesetz", sagt Lassalle, „welches unter den heutigen Verhältnissen, unter der Herrschaft von Angebot und Nachfrage nach Arbeit den Arbeitslohn bestimmt, ist dieses: dass der durchschnittliche Arbeitslohn immer auf den nothwendigen Lebensunterhalt reduzirt bleibt, der in einem Volke gewohnheitsmässig zur Fristung der Existenz und zur Fortpflanzung erforderlich ist."

„Dies ist der Punkt, um welchen der wirkliche Taglohn in Pendelschwingungen jeder Zeit herumgravitirt, ohne sich weder jemals lange über denselben erheben noch unter denselben hinunterfallen zu können. Er kann sich nicht dauernd über den Durchschnitt erheben; denn sonst entstünde durch die leichtere, bessere Lage der Arbeiter eine Vermehrung der Arbeiterbevölkerung und somit des Angebotes von Händen, welche den Arbeitslohn wieder auf und unter seinen früheren Stand herabdrücken würden."

„Der Arbeitslohn kann auch nicht dauernd tief unter diesen nothwendigen Lebensunterhalt fallen. Denn dann entstünde Auswanderung, Ehelosigkeit, Enthaltung von Kindererzeugung und endlich eine durch Elend erzeugte Verminderung der Arbeiterehen, welche somit das Angebot von Arbeiterhänden verringert und somit den Arbeitslohn wieder zu seinem früheren, höheren Stand zurückbringt. Der wirkliche durchschnittliche Arbeitslohn besteht somit in der Bewegung, beständig um jenen seinen Schwerpunkt, in den er fortdauernd zurücksinken muss, herumkreisen, bald etwas über demselben, bald etwas unter ihm zu stehen."

Malthus müsste seine Freude haben an diesem Gesetze, welches der Antimalthusianer Lassalle so warm vertheidigt, denn etwas Anderes, als in diesem Gesetze enthalten ist, sagt Malthus auch nicht. **Wenn die schnelle Vermehrung der Arbeiterbevölkerung wirklich das Hinderniss ist, dass die Arbeitslöhne sich nicht dauernd über das Existenzminimum heben, dann kann allerdings am Einfachsten die Lage des Arbeiters gebessert werden durch Beseitigung dieses Hindernisses, durch eine langsamere Vermehrung der Arbeiterbevölkerung. Ist also die Begründung des ehernen Lohngesetzes, so wie Lassalle sie gibt, richtig, dann hat auch Malthus Recht, dann kann durch seinen Vorschlag die Arbeiterfrage gelöst werden.**

Anscheinend sind Lassalle's Gründe sehr einleuchtend. Es ist richtig, dass unter der Herrschaft der kapitalistischen Produkzionsweise die Arbeit eine Waare ist; es ist richtig, dass ihr Preis bei freier Konkurrenz wie der jeder anderen Waare bestimmt wird, durch Nachfrage und Angebot, durch die Nachfrage des Kapitalisten und das Angebot des Arbeiters, durch das Verhältniss zwischen Kapital und Arbeit; aber selbst wenn wir diese Sätze, weil sie uns einleuchtend erscheinen, ohne Prüfung als Axiom annehmen wollten, so wären wir damit nicht am End- sondern am Anfangspunkte unserer Untersuchung angelangt.

Lassalle hat bei der Begründung des sogenannten ehernen Lohngesetzes das Angebot von Arbeit als wechselnd angenommen: der Vorrath von Arbeitskraft ist für ihn eine variable Grösse. Das Kapital scheint er aber für eine konstante Grösse zu halten, weil er die Schwankungen dieses Faktors der Preisbestimmung der Arbeit gar nicht erwähnt. Für die Feststellung des Lohngesetzes ist es aber ebenso nothwendig, die möglichen Veränderungen in der Nachfrage nach Arbeit zu erkennen, wie die des Angebots derselben. Niemand kann daher zu einem richtigen Verständniss des Lohngesetzes der kapitalistischen Produkzionsweise gelangen, der sich über den scheinbar so einfachen Begriff „Kapital" nicht klar geworden ist.

Die anscheinende Einfachheit hat zu den grössten Missverständnissen und Sofismen in der politischen Oekonomie Anlass gegeben. Die Sprache entwickelt sich nicht in demselben Masse, wie die Wissenschaft, die verschiedensten Begriffe werden daher sehr oft mit ein und demselben Worte bezeichnet. Kein Umstand hat vielleicht so sehr, wie dieser, den Fortschritt der Wissenschaften aufgehalten, indem er die Täuschung durch Sofismen erleichterte, dagegen die Verständigung selbst klarer und redlicher Denker erschwerte. Auch die politische Oekonomie ist von diesem Unwesen nicht verschont geblieben.[1]) Im Grunde genommen könnte es uns alles eins sein, welchen Begriff man mit einem Worte verbindet, aber es darf uns nicht gleichgiltig bleiben, wenn man verschiedene Begriffe mit demselben Worte bezeichnet und jeden Augenblick einen anderen Begriff mit demselben Worte verbindet.

Fragen wir Adam Smith, den Vater der politischen Oekonomie, wie man ihn nennt, was Kapital sei, so erfahren wir: „Der gesammelte und aufbewahrte Vorrath von Dingen, die einen Werth haben, ist, was ich ein Kapital nenne."[2])

Hier stossen wir schon auf eine Schwierigkeit, und zwar auf eine bedeutende, von deren Lösung alles Folgende abhängt: Was ist Werth?

Der Werth ist jedenfalls eine Eigenthümlichkeit, die nur etwas Körperlichem, Materiellem zukommt. Man spricht zwar auch von werthvollen Kenntnissen, dies ist jedoch nur ein ungenauer Ausdruck. Kenntnisse haben keinen Werth, sie können nur etwas Werthvolles schaffen.

Nur einer Sache kann ein Werth innewohnen; besitzt aber auch jede Sache einen Werth? Hat Etwas, das zu gar nichts zu gebrauchen ist, zum Beispiel die Perle des Verschmachtenden in der Wüste, auch einen Werth? Entschieden nicht. Ein solches Ding ist werthlos. Damit es Werth besitze, muss es jemand gebrauchen können, es muss ein Bedürfniss befriedigen, einerlei, ob dasselbe ein wirkliches oder nur ein eingebildetes ist.

Diese Art Werth ist der Gebrauchswerth; es ist diess der subjektive Massstab, mit dem jeder Einzelne den Werth einer Sache bemisst, er ist undenkbar ohne eine bestimmte Beziehung auf ein Individuum. Einen Gebrauchswerth an und für sich, losgelöst von dieser Beziehung, gibt es nicht. Ein derartiger subjektiver Werth-

---

[1]) „„Der Hauptfehler Adam Smith's und unserer Nazionalökonomen im Allgemeinen,"" sagt der Erzbischof Whateley, „„ist der Mangel an Definizionen,"" und als Beweis führt er die zahlreichen und höchst abweichenden Definizionen, welche von den ausgezeichnetsten Lehrern über die hochwichtigen Ausdrücke Werth, Reichthum, Arbeit, Kapital, Grundrente, Lohn und Gewinn gegeben wurden und zeigt, dass aus Mangel an klaren Begriffen dasselbe Wort von demselben Schriftsteller bei einer Gelegenheit in einer Weise gebraucht wurde, die ganz unverträglich ist mit der Weise, in der es bei einer anderen Gelegenheit gebraucht wird. Dieser Liste könnte er, wie er sehr wahr sagt, viele andere beifügen, „„welche oft ohne weitere Erklärung, ja, so harmlos gebraucht werden, als seien sie so unzweideutig, wie die Worte: Dreieck oder Zwanzig:"" die Folge ist, dass . . . . ausgezeichnete Schriftsteller Worte von der höchsten Wichtigkeit als ganz synonym gebrauchen, die in Wahrheit nicht nur verschiedene, sondern ganz entgegengesetzte Begriffe ausdrücken." Carey, Sozialwissenschaft. I. 37.

[2]) Adam Smith, Untersuchung über die Natur und die Ursachen des Nazionalreichthums, II. p. 3.

massstab ist jedoch für den menschlichen Verkehr ungenügend. Je mehr dieser sich entwickelt, je mehr die Arbeitstheilung und damit die Differenzirung der Bedürfnisse an Bedeutung im wirthschaftlichen Leben der Völker gewinnt, je verschiedenartiger also der subjektive Massstab sich gestaltet, desto ungenügender wird er, desto mehr wird er verdrängt werden durch einen objektiven Werthmassstab, welcher für alle Menschen und alle Zeiten derselbe ist. Wilde, bei denen der Tauschhandel nur ein vereinzelter Fall ist, werden den Gebrauchswerth als Massstab an die einzutauschenden Gegenstände, Flinten, Pulver und Blei etc. legen, aber ein Tischler in London würde sich sehr bedenken, den Werth des ihm unentbehrlichen Hobels nach demselben Massstabe zu messen. Wo der Verkehr sich nicht auf vereinzelte Fälle beschränkt, sondern ein regelmässig auftretender Faktor im wirthschaftlichen Leben ist, wird stets der objektive Werthmassstab zur Geltung kommen. Naturgemäss kann er nur an solche Dinge angelegt werden, welche überhaupt in Verkehr kommen können, das heisst, die man sich aneignen kann; aber auch unter diesen nur an solche, die regelmässig auftreten können, deren Quantität also beliebig vermehrbar ist. Die Luft, deren Gebrauchswerth ein enormer ist, besitzt gar keinen objektiven, wirthschaftlichen Werth, weil niemand sich dieselbe aneignen kann. Ebenso wenig kann an ein Kunstwerk der objektive Werthmassstab angelegt werden, weil es nicht beliebig vermehrbar ist. Sein Werth wird stets subjektiv gemessen werden und sich nach dem Gebrauchswerthe richten, den es für den Einzelnen besitzt.

Wenn wir die beiden oben erwähnten Kategorien von Dingen ausscheiden, so bleiben als Sachen mit objektivem wirthschaftlichem Werth nur solche übrig, in denen menschliche Arbeit enthalten und zwar messbar enthalten ist. Ein jedes Ding, das einen solchen Werth besitzt, muss mindestens angeeignet worden sein, bevor es in den Verkehr kam, in dem dieser Massstab angelegt wurde, mindestens die Arbeit der Aneignung muss in demselben enthalten sein. Aber die meisten Dinge, welche menschliche Bedürfnisse befriedigen, sind nicht so einfach durch blosse Aneignung zu erlangen, sie müssen meist mannigfaltige Wandlungen durchlaufen, bis sie für ihre Bestimmung tauglich sind, und eine tüchtige Portion Arbeit steckt in ihnen.

Ein Baum, der im Urwalde wächst, besitzt noch keinen Werth; er erhält einen solchen, wenn man ihn fällt, einen grösseren, wenn man ihn zur Sägemühle schafft. Der Werth des Holzes ist weiterhin gewachsen, sobald es zersägt wurde; er ist gewachsen nicht durch Zuwachs neuer Stoffe, sondern blos durch die Orts- und Formveränderungen des Stoffes, das heisst, durch die Arbeit, die an ihm vorgenommen wurde.

Die Arbeit besitzt also die Kraft, wirthschaftliche Werthe zu schaffen, ohne ihr Zuthun ist sogar die Entstehung eines wirthschaftlichen Werthes nicht möglich.

Die zur Herstellung eines Gegenstandes verausgabte menschliche Arbeitskraft ist eine **objektive Grösse**, sie bleibt für jeden Menschen dieselbe. Diese Grösse ist sogar messbar, bis jetzt freilich nur sehr unvollkommen **nach der verausgabten Arbeitszeit**, da die Intensität der Arbeit von diesem Massstab unberührt bleibt. Immerhin kann man annehmen, dass in derselben Zeiteinheit durchschnittlich dieselbe Arbeitskraft ausgegeben werde.

Fasst man die gegebenen drei Momente zusammen, dann kann man über den objektiven Werthmassstab nicht länger im Zweifel sein. **Die menschliche Arbeit ist eine objektive, messbare Grösse, ohne menschliche Arbeit können wirthschaftliche Werthe nicht geschaffen werden, die menschliche Arbeit ist das Einzige, was allen Dingen, die wirthschaftlichen, objektiven Werth besitzen, gemeinsam ist, der Stecknadel und dem Palaste, der Perle und dem Saatkorn; die menschliche Arbeit ist daher der naturgemässe und einzige objektive Werthmassstab für alle Güter, die angeeignet werden können und beliebig vermehrbar sind.**

Die Arbeitszeit ist das Mass aller Werthe.

Der objektive Werthmassstab kann nur geltend gemacht werden bei Gütern, die **regelmässig in den Verkehr** kommen. Es ist daher auch nicht die wirklich zur Herstellung eines Gutes verwendete Arbeitszeit, welche das Mass seines Werthes bildet, sondern die **in der Regel** zur Herstellung des Gegenstandes nothwendige Arbeitszeit. Zu derselben wird auch diejenige Zeit gerechnet, welche zur Erlangung der Vorbedingungen der Arbeit nothwendig ist; diejenige Zeit, welche aufgewendet wird, um sich gewisse Kenntnisse und Fähigkeiten zu verschaffen. Als natürliche Konsequenz des Gesagten ergibt sich, dass nicht etwa diejenige Arbeitszeit bestimmend ist, welche damals, als das Gut hergestellt wurde, die normale **war**, sondern diejenige, welche in jedem Augenblicke, in dem der Werth des Gegenstandes gemessen wird, die normale **ist**.

Der Werth einer Waare wird also gemessen durch die gesellschaftlich zu ihrer Wiederherstellung nothwendige Arbeitszeit.

Seitdem der Mensch arbeitet, schafft er wirthschaftliche Werthe, aber im Verkehr hat der objektive Werthmassstab jedenfalls erst dann den subjektiven verdrängt, als mit der fortschreitenden Entwicklung der Arbeitstheilung jeder weniger Güter zum eigenen Gebrauch, desto mehr aber solche Gegenstände produzirte, welche zum Gebrauche Anderer dienen sollten, das ist, als die Waarenprodukzion begann. Im regelmässigen Verkehr derselben trat das Austauschverhältniss ihrer objektiven Werthe zu Tage. **Dieses Verhältniss ist der Tauschwerth.** Der Tauschwerth eines Gutes ist natürlich mit seinem objektiven Werthe nicht identisch. Wenn alle Werthe zugleich in demselben Masse sänken, würden die Tauschwerthe doch unverändert bleiben, da im Verhältniss der Werthe zueinander sich nichts geändert hätte.

Um den Tauschwerth eines Gutes zu bestimmen, muss ich seinen objektiven Werth (oder Werth schlechtweg) mit dem anderer Güter vergleichen. Ein gewisses Gut wurde mit der Zeit in jeder Waaren produzirenden Gesellschaft als Vergleichungsmittel besonders bevorzugt, bis dasselbe endlich von der Gesellschaft das Monopol erhielt, als allgemeines Aequivalent zu dienen. Damit wurde diese so bevorzugte Waare zu Geld.

Alles Mögliche kann Geld sein. Bei viehzüchtenden Völkern dient oft das Vieh als Geld. Noch Homer schätzt die Rüstungen seiner Helden in Rindern. In Virginien war Tabak eine Zeit lang ein sehr gangbares Geld. Adam Smith erzählt uns, dass noch zu seiner Zeit in einem schottischen Dorfe „der gemeine Taglöhner Nägel anstatt Geldes zum Bäckerladen oder in's Bierhaus trug, um sein Brot oder seinen Trunk dafür zu kaufen." Gewöhnlich werden zum Gelde die Metalle und zwar besonders die edlen Metalle verwendet, ihrer grossen Theilbarkeit und Dauerhaftigkeit wegen.

Der Ausdruck des Tauschwerthes in Geld ist der Preis eines Gutes.

Kehren wir nun zur Untersuchung des Kapitalbegriffes zurück.

Adam Smith meint, der gesammelte und aufbewahrte Vorrath von Dingen, denen ein Werth innewohnt, die also menschliche Arbeit gekostet haben, sei Kapital, oder, wie Ricardo sich ausdrückt: Kapital ist aufgehäufte Arbeit.[1])

Carey dagegen belehrt uns, Kapital sei das Werkzeug, mittelst dessen die Herrschaft über die Natur erworben werde; er rechnet auch geistige und körperliche Kraft zum Kapital. Es ist bezeichnend, dass Carey erst im 3. Bande seiner „Grundlagen der Sozialwissenschaft" (p. 46) die Frage aufwirft: was ist das Kapital, nachdem er schon unzählige Male vom Kapital gesprochen. Nach seiner Definizion wäre eigentlich jeder Mensch, sobald er irgend eine Kraft besitzt, also von seiner Geburt an, ein Kapitalist; ja noch mehr, jeder Ochs und Esel, jeder Maikäfer und Regenwurm wäre ein Kapitalist, insoferne er eine gewisse geistige und körperliche Kraft besitzt und eine Herrschaft über die Natur ausübt. Was Wunder, dass Carey den Kapitalisten schon in der Steinzeit auftreten lässt. Dieser Steinzeitkapitalist war ein unverschämter Kerl, er eignete sich drei Viertel des Arbeitsertrages zu, während die modernen nur zwei Fünftel als Vergütung für die Mühe nehmen, Geld zu besitzen: ein deutlicher Beweis für Carey, dass die Lage der Arbeiter seit der Steinzeit sich gebessert hat, und dass diese daher sehr Unrecht thun, über ihre Lage zu murren.[2])

Roscher nennt Kapital jedes Produkt, welches zu fernerer Produkzion aufbewahrt wird; ebenso definirt Ricardo an anderer, als der oben angeführten Stelle, das Kapital als „denjenigen Theil des Volksvermögens, welcher auf die Hervorbringung verwendet wird, das heisst, Nahrung, Kleidung der Arbeiter, Werkzeuge, Rohstoffe,

---
[1]) Ricardo, Gr. d. V. u. B. p. 444.
[2]) Vgl. Carey, Gr. d. S. III p. 132.

Maschinen u. s. w., die nothwendig sind, um die Arbeit in's Werk zu setzen und derselben Erfolg zu geben." [1]) Auch John Stuart Mill meint, „Alles und jedes, was bestimmt ist, produktive Arbeit mit ihren verschiedenen Erfordernissen zu versorgen, ist Kapital." [2])

Bastiat hingegen, der berüchtigte Harmonicapostel und Plagiator, zählt zum Kapital nicht blos Stoffe, Vorräthe und Werkzeuge, sondern auch Dienste! [3])

Hiemit wäre die Reihe der Kapitalsdefinizionen noch lange nicht erschöpft, aber genug: schon hieraus ersieht man, dass die Nazionalökonomen durchaus nicht einig sind über das, was unter dem Worte Kapital verstanden werden soll. Eine ökonomische Kategorie wird jedoch von jedem Nazionalökonomen als Kapital anerkannt. Da diese also unzweifelhaft als Kapital betrachtet werden muss, darf ebenso unzweifelhaft keine zweite ökonomische Kategorie mit demselben Namen belegt werden, weil es ja aller Logik zuwiderläuft, zwei Begriffe mit demselben Namen zu bezeichnen. Es darf diess umsoweniger geschehen, je ähnlicher beide Begriffe sind, je leichter sie daher verwechselt werden können. Die Namensgleichheit des Hahnes am Gewehre und des Haushahnes wird niemanden irreführen, wohl ist diess aber sehr häufig geschehen durch Indentifizirung des naturwissenschaftlichen Materialismus mit dem ethischen Materialismus. Man belegt daher auch ersteren, um künftigen Verwechslungen vorzubeugen, lieber mit dem Namen „Monismus".

Wie dem Materialismus ist es auch dem Kapital ergangen. Man hat ihm die widersprechendsten Eigenschaften aufdisputirt, tröstliche und unerbittliche Gesetze an ihm entdeckt, es verflucht und gesegnet, so dass strenge Auseinanderhaltung der Begriffe hier doppelt am Platze ist.

Betrachten wir die ökonomische Kategorie, welche allen Nazionalökonomen als „Kapital" gemeinsam ist, näher, so finden wir, dass Kapitalzins und Kapital unzertrennliche Begriffe sind. Jedes Gut, welches Zins trägt, ist ein Kapital, ein Gut, welches keinen Zins trägt, ist kein Kapital, wenigstens kein lebendiges, sondern ein todtes: es erfüllt nicht die Funkzion, welche dem Kapital zukommt, Zins zu tragen.

Adam Smith hat das Zinstragen als immanente Eigenschaft des Kapitals wohl erkannt, ist aber seinem Kapitalbegriff ebensowenig treu geblieben, als der grosse Haufe seiner Nachfolger. Er beginnt das 1. Kapitel des 2. Buch des „Nazionalreichthums", welches dem Kapital gewidmet ist, mit folgender Entwicklung des Kapitalbegriffes: „Wenn der von einem Menschen gesammelte Vorrath nur eben gross genug ist, ihn wenige Tage oder Wochen zu ernähren, so denkt er nicht daran, ein Einkommen davon zu ziehen. Alles, was er thut, ist, dass er ihn so sparsam als möglich verzehrt und sich zugleich bemüht,

---

[1]) Ricardo, d. G. d. V. u. B. p. 71.
[2]) J. St. Mill, Grundsätze der politischen Oekonomie, 1869. I. 58.
[3]) Bastiat, Volkswirthschaftliche Harmonien, p. 207, 209.

während der Zeit, dass dieser Vorrath aufgezehrt wird, etwas Anderes durch seine Arbeit zu erwerben, was dessen Stelle ersetzen könnte. In diesem Falle rührt also sein Einkommen lediglich von seiner Arbeit her. Diess ist der Zustand, in welchem sich der grössere Theil der arbeitenden Klassen in allen Ländern befindet.

„Wenn aber der Vorrath, den ein Mensch besitzt, hinlänglich ist, ihn auf Monate und Jahre zu ernähren, so sucht er natürlicher Weise von dem grösseren Theile dieses Vorrathes ein Einkommen zu ziehen, und behält nur den kleineren zurück, um sich davon bis zur Zeit, da jenes Einkommen einlaufen wird, zu erhalten. Der ganze Vorrath, welcher in seinem Besitze ist, theilt sich also alsdann in zwei Theile. **Der eine ist der, von dem er ein Einkommen erwartet, und dieser heisst Kapital.**"[1]

Das Eigenthümliche des Kapitals besteht also darin, dass es dem Besitzer einen Gewinn verschafft. Der Gewinn hat einen wirthschaftlichen **Werth und zwar gelangt dieser Werth in den Besitz des Kapitalisten aus keiner anderen Ursache, als weil ihm das Kapital gehört.**

Ist das Kapital in diesem Sinne identisch mit dem, was die Nazionalökonomen sonst noch als Kapital definiren? Ist diess identisch mit aufgespeicherter Arbeit, Produkzionsmitteln u. s. w.? Aufgespeicherte Arbeit, ein Werkzeug und dergleichen können allerdings, müssen aber nicht Kapital im eigentlichen Sinne sein, sie werden es erst unter gewissen Bedingungen. Es sind das Alles Begriffe, die weiter sind, die mehr umfassen, als der eigentliche Kapitalbegriff, die gebräuchlichen Kapitaldefinizionen sind also unvollständige. Jedes Kapital ist aufgespeicherte Arbeit, aber nicht jede aufgespeicherte Arbeit ist Kapital.

Kapital nenne ich jedes wirthschaftliche Gut, welches durch die blosse Thatsache des Besitzes dem Besitzer Mehrwerth erwirbt.

Woher stammt dieser Mehrwerth? Erzeugt ihn das Kapital? Unmöglich. Nur die Arbeit schafft Werthe, sie allein erzeugt daher auch die Werthe, welche das Kapital sich aneignet.

Die apologetischen Nazionalökonomen können das natürlich nicht zugeben, sie verfechten daher hartnäckig die Meinung, das Kapital könne Werthe schaffen. In gewissem Sinne ist das Kapital allerdings produktiv, oder vielmehr, es vergrössert die Produktivität der Arbeit; dieselbe Arbeit bringt mit Hilfe des Kapitals eine grössere Menge Güter hervor als ohne dasselbe, sie erzeugt mehr **Gebrauchswerthe**, aber desswegen nicht mehr **objektive wirthschaftliche Werthe**. Die Maschinen ermöglichen es freilich, dass ein Mensch oft hundertmal mehr produzirt als früher, aber der Werth des einzelnen Produktes ist dafür auch enorm gesunken.

Der Verfechter der modernen Ordnung wendet ein, dass, wenn zwei Individuen verschiedene Kapitalien gleichzeitig anwenden, derjenige, welcher das grössere Kapital besitze, einen nicht blos absolut,

---
[1] Adam Smith, Nazionalreichthum, II. 5.

sondern auch relativ grösseren Gewinn einheimsen werde.[1] Diese Thatsache ist richtig; dass man aber aus ihr die Produktivität der Kapitalien nachweisen will, beweist nur, welche Unklarheit in manchen Köpfen steckt.

Nur die gesellschaftlich zur Reproduzirung eines Gutes nothwendige Arbeitszeit bestimmt seinen Werth. Im gegebenen Falle ist nun zweierlei möglich: entweder wendet der eine ein grösseres Kapital an, als das durchschnittlich in dem Gewerbe angewendete, oder der andere ein kleineres. Wendet der eine bessere Rohstoffe, Maschinen etc. als gebräuchlich, der andere schlechtere an, so ist es natürlich, dass der eine eine geringere, der zweite eine längere, als die gesellschaftlich nothwendige Arbeitszeit zur Herstellung eines und desselben Produktes brauchen wird. Derjenige, welcher das grössere Kapital hat, wird also allerdings in Folge dessen in derselben Zeit, mit derselben Arbeitskraft mehr Werthe produziren, als der andere, aber es wäre ein Sofisma, daraus zu schliessen, das Kapital schaffe Werthe. Das eben erwähnte Kapital vergrössert nicht die Wertherzeugung, weil es **Kapital**, sondern weil es ein **grösseres** Kapital ist, als das gesellschaftlich gebräuchliche, **weil es eine Ausnahme bildet**. Die Ausnahme bestätigt nur die Regel.

Wenn es Nazionalökonomen gibt, welche auf solche Thatsachen gestützt, behaupten, das Kapital sei produktiv, es produzire wirthschaftliche Werthe, so befolgen sie die Logik derjenigen Schlauköpfe, welche behaupten, es gebe keine Schwerkraft, weil der Luftballon in die Höhe steigt.

Das Kapital erhöht die Hervorbringung von Gebrauchswerthen, deren Werth wird aber nur durch die gesellschaftlich zu ihrer Wiederherstellung nothwendige Arbeitszeit bestimmt.

Wie kommt es nun, dass die Arbeit, welche alle Werthe schafft, nicht auch sämmtliche Werthe an sich zieht? Wie kommt es, dass das Kapital einen guten Theil derselben sich aneignet?

Diess wird bewirkt durch die Organisazion der Gesellschaft.

Mit dem Fortschreiten der Arbeitstheilung wächst auch die Kostspieligkeit der zur Beschäftigung eines Arbeiters nothwendigen Arbeitsmittel. Die Zahl der Arbeiter, die in einem Unternehmen nothwendigerweise beschäftigt werden müssen, wird immer grösser, weil bei der Arbeitstheilung ein Arbeiter dem anderen in die Hände arbeitet, und die Zahl derselben daher stets in einem gewissen Verhältniss zu einander stehen muss. Wenn z. B. in einer Fabrik ein Arbeiter genügt, um das Material für die Arbeit von zwanzig anderen herzurichten, so wird diesen einen nur der mit Vortheil beschäftigen können, der auch die Mittel besitzt, noch zwanzig andere Arbeiter anwenden zu können. Wird die Arbeit dieses einen unter zwei getheilt, so müssen natürlich wenigstens vierzig andere beschäftigt werden. Zugleich mit diesem Wachsen der Arbeiterzahl dehnen sich auch die Räumlichkeiten aus, in denen die Arbeit vor sich geht; die Menge

---
[1] Roscher, Gr. d. N., p. 425.

des von jedem einzelnen Arbeiter, von jedem Unternehmen zu verarbeitenden Rohmaterials vermehrt sich, ebenso die Anzahl der Werkzeuge. Die Maschinen werden erfunden und wachsen bald zu ungeschlachten Kolossen an: immer grösser wird mit dem Fortschreiten der Arbeitstheilung das Vermögen, das erforderlich ist, sich in den Besitz der Produkzionsmittel zu setzen.

Im Verlaufe der historischen Entwicklung kommt endlich eine Epoche — sie ist nicht scharfbegrenzt, auch ist ihr Eintreten bei jedem Gewerbe verschieden — in welcher es dem Durchschnittsarbeiter nicht mehr möglich ist, sich die zur Betreibung seines Gewerbes nothwendigen Arbeitsmittel selbst anzuschaffen: Arbeitskraft und Arbeitsmittel werden von einander getrennt, sie gehören von der Epoche an verschiedenen Individuen zu.

Damit beginnt eine neue Aera in dem wirthschaftlichen Leben der Völker. Wenn bis zum Eintreten dieser Scheidung der Arbeiter nicht den vollen Ertrag seiner Arbeit erhielt, so war dies lediglich der Gewalt zuzuschreiben. Gewalt war es und nicht das Fehlen des Arbeitswerkzeuges, was den Sklaven des Alterthums, den Leibeigenen des Mittelalters einen Theil ihres Arbeitsertrages abpresste. Seitdem es aber dem individuellen Arbeiter unmöglich geworden, sich in den Besitz des Arbeitsmittels zu setzen, seitdem ist es nicht äusserer Zwang, sondern die innere, noch unerbittlichere Logik der Thatsachen, welche einen Theil der von ihm geschaffenen Werthe dem Besitzer des Arbeitsmittels zuwendet: die blosse Thatsache des Besitzes des Produkzionsmittels erwirbt jetzt dem Besitzer Werthe, die von der Arbeit Anderer herrühren: **das Produkzionsmittel ist jetzt zu Kapital geworden, sein Besitzer zum Kapitalisten.**

Unter der Herrschaft der kapitalistischen Produkzionsweise ist der Produkzionsprozess erst möglich, nachdem die Arbeit um das Kapital oder das Kapital um die Arbeit geworben, da zur Herstellung eines Werthes das Arbeitsmittel ebenso unumgänglich nothwendig ist, als die Arbeit. Die optimistische Richtung der politischen Oekonomie nimmt an, der Arbeiter leihe sich das Kapital aus, der Kapitalist erweise ihm einen Dienst durch Darleihung des Kapitals, für welchen der Kapitalzins die rechtmässige Entschädigung bilde. In dieser Darstellung erscheint der Arbeiter als Anwender des Arbeitsmittels. So schön dieser Zustand wäre, er ist eine blosse Fikzion, die in den Köpfen der Herren Carey, Schulze etc. ihr Unwesen treibt. Der Wille des Arbeiters übt keinen Einfluss auf die Gestaltung der Produkzion, das dominirende Element ist das Kapital. Der Arbeiter nimmt nicht Kapital in seine Dienste, um es zu entlassen, wenn er es nicht mehr braucht, nur ein Verrückter oder ein Sofist kann das behaupten, **der Kapitalist kauft vielmehr die Arbeitskraft und wendet sie nach Belieben an.**

Wie hoch kauft er sie? Wenn Nachfrage und Angebot sich decken, so kauft er sie zu ihrem Werthe. Der Werth der Arbeitskraft wird aber gemessen, sobald sie eine Waare ist, wie der jeder anderen Waare durch die zu ihrer Reprodukzion nöthige Arbeitszeit:

die Arbeitszeit, die man aufwenden muss, um die Unterhaltsmittel hervorzubringen, deren ein Arbeiter sammt seiner Familie bedarf. Sammt seiner Familie: Denn der individuelle Arbeiter ist nicht unsterblich, wohl aber soll es der gesellschaftliche Arbeiter sein. Es wäre das grösste Malheur für den Kapitalisten, wenn die Arbeiter ausstürben. Die Arbeiterklasse wird daher unsterblich gemacht, indem man ihr die Mittel gibt, eine Nachkommenschaft aufzuziehen. Soll also die Arbeit nach ihrem Werthe bezahlt werden, so muss der Tageslohn nicht blos die vom Arbeiter in einem Tage verausgabte Kraft ersetzen, sondern auch noch hinreichen zur Erhaltung einer Familie. Dass das zur Reproduzion Nothwendige — nicht etwa Unentbehrliche — sehr subjektiv ist und durch die Sitten und den Kulturgrad jedes Landes bedingt wird, ist klar. In einem Lande, wo Zeitungen und Stiefel für unentbehrlich gelten, sind die Reproduktionskosten natürlich höher, als dort, wo der Arbeiter barfuss herumläuft, und nichts liest, als höchstens sein Gebetbuch.

Ebenso verschieden ist selbstverständlich die zur Reproduzion nöthige Arbeitszeit; sie wird kürzer sein in einem Lande, in welchem die Anwendung der Maschinen vorherrschend ist, als in einem solchen, in dem die nazionale Produkzion vorwiegend durch blosse Handarbeit betrieben wird.

Auf jeden Fall muss der Kapitalist, welcher die Arbeitskraft des Arbeiters für eine bestimmte Zeit gekauft hat, ihn jeden Tag wenigstens so lange arbeiten lassen, als die zur Reproduzion der Arbeitskraft nothwendige Arbeitszeit beträgt; sonst würde der Kapitalist mit Verlust produziren. Das fällt ihm jedoch gar nicht ein. Er lässt den Arbeiter vielmehr so lange als nur möglich täglich arbeiten, denn je länger die Arbeitszeit, desto grösser sein Profit. Nehmen wir an, sechs Stunden Arbeit wären täglich nothwendig, um die zur Erhaltung und Fortpflanzung des Arbeiters nothwendigen Werthe zu erzeugen, nehmen wir ferner an, der Kapitalist lasse den Arbeiter 12 Stunden täglich arbeiten, so wird der doppelte Werth der verwendeten Arbeitskraft erzeugt. Das gesammte Produkt gehört dem Kapitalisten: mit dem Werthe, der in sechs Stunden erzeugt wird, hat er die Arbeitskraft gekauft, es bleibt ihm mithin ein Mehrwerth von sechs Stunden, den er blos dadurch erlangt hat, dass er Besitzer des Arbeitsmittels ist. Je länger der Arbeitstag, desto grösser natürlich die Rate des Mehrwerthes. Dieser Mehrwerth, das heisst, die Differenz zwischen dem Werthe der Arbeitsleistung und dem Werthe der Arbeitskraft, der Unterschied zwischen Arbeitslohn und Arbeitsertrag, bildet den Kapitalgewinn, er wird erlangt durch die blosse Thatsache des Besitzes von Kapital. Der Kapitalgewinn ist also nichts, wie unbezahlte Arbeit; bekäme der Arbeiter den ganzen Werth, den er geschaffen, dann könnte es keinen Kapitalgewinn geben.

Von einem solchen Ergebniss können die Apologeten unmöglich entzückt sein. Sie drehen und winden sich auf jede mögliche Weise, um die Rechtmässigkeit des Kapitalzinses darthun zu können. Die Herren Carey, Bastiat und Konsorten haben uns weis machen wollen, dass der Kapitalist dem Arbeiter einen Dienst erweise durch die Darleihung von Kapital, kein Dienst ohne Gegendienst, daher der Kapitalzins nur die Belohnung eines Dienstes. Wir haben schon oben gesehen, auf wie schwachen Füssen die Annahme ruht, der Kapitalist leihe dem Arbeiter sein Kapital. Diese Annahme steht mit der Wirklichkeit in so krassem Widerspruch, dass es Zeitvergeudung wäre, sich an ihre Widerlegung zu machen.

Andere sehen in dem Kapitalzins eine Belohnung für die Arbeit der Aufsicht und Leitung der Produkzion. Schon Adam Smith, der ohne jede schönfärberische Tendenz nichts suchte, als die Wahrheit, hat diese Annahme zurückgewiesen. „Man könnte glauben", sagte er, „der Kapitalgewinn sei im Grunde nur eine andere Art von Arbeitslohn: er sei die Vergütung derjenigen besonderen Art von Arbeit nämlich, die in der Direkzion der Arbeiten Anderer und in der Aufsicht über sie besteht. Aber die Sache verhält sich in der That anders. Jene Gewinnste sind ihrer Natur nach von dem Erwerbe des Arbeiters gänzlich verschieden, richten sich nach anderen Gesetzen und stehen in keinem Verhältnisse, weder mit der Dauer noch mit der Schwierigkeit noch mit dem Kunstreichen jener vorgeblichen Arbeit des Kapitalisten, der Direkzion und Aufsicht. **Sie richten sich lediglich nach dem Werthe und der Grösse des aufgewendeten Kapitals**; werden grösser oder geringer, je nachdem dieses erweitert oder eingeschränkt wird." [1])

Fast jeder Nazionalökonom, der die modernen Zustände vertheidigen will, bringt eine andere Erklärung des Kapitalzinses. Zu welchen unglaublichen Naivetäten oft selbst geistreiche Männer sich versteigen, um nur ja den Kapitalzins und mit ihm das Kapital selbst, das Fundament der modernen Gesellschaft, zu retten, möge das Beispiel eines Einzigen beweisen, des bekannten Professors Roscher.

„Die Rechtmässigkeit des Kapitalzinses," fabelt derselbe uns vor, „beruht auf zwei unzweifelhaften Grundlagen: auf der wirklichen Produktivität der Kapitalien (welche, wie wir gesehen haben, gar nicht existirt), und auf dem wirklichen Opfer, das in der Enthaltung von ihrem Selbstgenusse liegt (armer Rothschild!). Denken wir uns ein Fischervolk ohne Privateigenthum und Kapital, das nackt in Höhlen wohnt und sich von Seefischen nährt, welche, bei der Ebbe in Uferlachen zurückgeblieben, mit blosser Hand gefangen werden. Alle Arbeiter mögen hier gleich sein, und jeder täglich drei Fische sowohl fangen als verzehren. Nun beschränkt ein kluger Mann 100 Tage lang seinen Konsum auf zwei Fische täglich und benutzt den auf solche Art gesammelten Vorrath von 100 Fischen dazu, 50 Tage lang seine ganze Arbeitskraft auf Herstellung eines Bootes und eines Fischernetzes zu verwenden. Mit Hilfe dieses Kapitals fängt er fortan 30 Fische täglich. Was werden seine Stammesgenossen, die nicht so planmässiger Selbstüberwindung fähig sind, um seinem Beispiele zu folgen: was werden sie ihm für die Nutzung seines Kapitals bieten? Bei einer Verhandlung hierüber achten beide

---

[1]) Adam Smith, N. I. p. 86.

Theile ganz gewiss nicht bloss auf die fünfzigtägige Arbeit, welche zur Herstellung des Bootes etc. erforderlich war, sondern zugleich auf die 150tägige Entbehrung der vollen Speiserazion. Gibt der Miether von den mit Hilfe des Kapitals zu fangenden 30 Fischen pro Tag selbst 27 ab, so leidet er wenigstens keine Verschlechterung gegenüber seinem bisherigen Zustande. Andererseits würde der Darleiher, wenn ihm nur etwa die Abnutzung des Kapitals vergütet würde, gar keinen Vortheil von seinem Darlehen haben. Zwischen diesen beiden Extremen wird nun der Zins durch das Verhältniss von Angebot und Nachfrage bestimmt werden."[1]

Solche lächerliche Robinsonaden sind nöthig, die Rechtmässigkeit des Kapitalzinses zu beweisen. Es wäre überflüssig, Roscher widerlegen zu wollen. Wem nicht von selbst die Unsinnigkeit des eben zitirten einleuchtet, der ist überhaupt nicht im Stande, selbständig zu denken, der möge, um seine geistige Nahrung verdauen zu können, dieselbe sich erst von Anderen vorkauen lassen. Ich aber erkläre, von dem Augenblicke an kein Wort mehr gegen die Rechtmässigkeit des Kapitalzinses vorzubringen, als Roscher mir nachweist, dass auch nur ein einziges Individuum auf dem von ihm bezeichneten Wege ein Kapitalist geworden ist.

Sobald man sich über die Natur des Kapitales klar geworden ist, ist man sich auch klar über die Berechtigung der beiden Vorschläge, die soziale Frage zu lösen. Die Sozialisten wollen die Scheidung zwischen Besitzern von Arbeitskraft und Arbeitsmitteln aufheben, sie wollen beide wieder in einem Individuum vereinigen, sie wollen, dass der Arbeiter das Kapital, nicht das Kapital den Arbeiter anwende.

Malthus dagegen basirt seinen Vorschlag auf die Thatsache, dass der Preis der Arbeitskraft nur dann im Durchschnitte gleich ihrem Werthe bezahlt werde, wenn diese beliebig vermehrbar sei. Ihr Preis kann dauernd über ihrem Werthe stehen, sobald sie selten ist.

Der erste Vorschlag ist der radikalere, erfordert dagegen eine lange und mühevolle Arbeit: für den Arbeiter ist diese Lösung die günstigere.

Der zweite Vorschlag wirkt nicht so durchgreifend, ist aber auch viel leichter in's Werk zu setzen und genirt den Kapitalisten viel weniger als die erste Lösung des sozialen Problems. Die Arbeiter plaidiren daher für die erstere, die Kapitalisten für die zweite, falls sie es nicht vorziehen, die Berechtigung der sozialen Frage überhaupt zu läugnen. Karl Marx ist der Eckstein des modernen wissenschaftlichen Sozialismus, indess die Bourgeoisie theils der Führung von Malthus-Ricardo, theils der von Carey-Bastiat folgt.

Die Sozialisten und die Malthusianer werfen sich gegenseitig vor, ihre Systeme seien undurchführbar. Es ist beiderseits eine Täuschung. Die meisten Kulturstaaten Europa's haben einen Grad der Entwicklung erlangt, der sie reif macht zum Uebergang von der

---
[1] Roscher, d. G. d. N. 423.

monarchischen zur republikanischen Produkzion, aber es ist ebenso richtig, dass der Malthusianismus nicht so schwer durchführbar ist, als man glaubt. Es gibt heutzutage schon nicht blos in der Theorie, sondern auch in der Praxis eine Menge Malthusianer, Frankreich ist sogar nahe daran, ganz malthusianisch zu werden. Es ist das Land des Zweikindersystem's, und ist in Folge dessen die Bevölkerung Frankreichs stazionär. In den letzten Jahren hat sie sogar abgenommen. Die Zählung von 1872 ergab nur in 14 Departements eine Bevölkerungszunahme seit 1866, und zwar von 231.697 Individuen, dagegen in 72 eine Abnahme von 600.801, so dass die Gesammtverminderung (nach Abzug der verloren gegangenen Gebietstheile 369.104 Köpfe betrug.[1] An dieser Verminderung trägt nicht der Krieg allein die Schuld, denn fast ganz Frankreich ist an derselben betheiligt, und beträgt die Verminderung an weiblichen Individuen allein 131.105 Köpfe, welche nur zum geringsten Theile dem Kriege zugeschrieben werden kann.[2] Hiezu kommt noch, dass bei der Zählung von 1866 ungefähr 125.000 Militärs, welche sich in Mexiko und Rom befanden, nicht mitgerechnet wurden.

Erklärt wird die Abnahme der Bevölkerung durch die Abnahme der ehelichen Fruchtbarkeit.

Die Zahl der Kinder auf eine Ehe betrug in Frankreich durchschnittlich:

1800—1815 3·93.   1836—1840 3·25.   1851—1855 3·10.
1820—1830 3·70.   1841—1845 3·21.   1856—1860 3·02.
1831—1835 3·48.   1846—1850 3·18.   1861—1864 3·08.[3]

Im Departement Seine betrug die Zahl der Kinder per Ehe gar nur 1853—1860 2·33, 1861—1864 2·44.[4]

Hier haben wir also das Zweikindersystem in der schönsten Blüthe.

Durchführbar sind sowohl der Sozialismus, wie der Malthusianismus; es fragt sich nur, welche Lösung der sozialen Frage eine grössere Summe menschlichen Glückes verbreiten werde. Bevor man an diese Untersuchung schreitet, muss jedoch noch entschieden werden, ob die Durchführung des einen dieser Vorschläge die soziale Frage auch wirklich lösen könne.

Es ist falsch, zu sagen, Malthus' Gewohnheiten der Menge beizubringen, sei unmöglich, aber es ist noch nicht ausgemacht, ob die Einbürgerung dieser Gewohnheiten die Arbeiterklasse auch zu heben im Stande sei.

Die Theorie, auf welche sich der Malthus'sche Vorschlag stützt, ist unanfechtbar. Verringert das Angebot einer Waare, so wird ihr Preis steigen! Aber der Vorschlag soll praktisch durchgeführt

---

[1] Kolb, Handbuch der vergleichenden Statistik, Leipzig 1875. p. 314.
[2] A. v. Oettingen, die Moralstatistik in ihrer Bedeutung für eine christliche Sozialethik, Erlangen 1874. p. 268.
[3] Legoyt, la France et l'étranger, études de statistique comparée, Paris 1870. II. Band, p. 470.
[4] Legoyt, l. F. e. l'étr. II. 490.

werden, er soll in's Leben treten, und da ist ein Zweifel an der Unfehlbarkeit des Malthus'schen Rezeptes wohl erlaubt.

Der Theoretiker muss, um ein Gesetz zu finden, die Erscheinungen, welche demselben unterliegen, frei von allen störenden Einflüssen beobachten; er muss die komplizirten Vorgänge so viel als möglich vereinfachen, um richtige Gesetze aus ihnen ableiten zu können. Diese Gesetze werden allgemein giltig sein, und dennoch wäre derjenige auf dem Holzwege, der allein auf solche Gesetze gestützt, aus ihnen frischweg Folgerungen für das praktische Leben ableiten möchte. Er vergisst auf die vielen störenden Nebenumstände, welche das Gesetz allerdings nicht aufheben, wohl aber seine Wirksamkeit hindern können.

Eine Theorie kann daher ganz richtig sein und doch eine auf sie begründete Massregel als nicht entsprechend sich erweisen.

Es ist unläugbar, dass die Seltenheit den Preis einer Waare dauernd über ihren Werth erhebt, und dennoch kann unter Umständen eine Ausnahme von dieser Regel sich bilden.

Ein Beispiel für viele: im vorigen Jahrhunderte war der Rohrzucker der einzige in Europa gebräuchliche Zucker. Da kam im Anfange unseres Jahrhundertes die berüchtigte Kontinentalsperre Napoleon I. Was war die Folge? Augenblicklich stieg allerdings der Preis des Kolonialzuckers enorm in die Höhe, zugleich aber entstand seit 1810, besonders in Frankreich, eine Anzahl Fabriken für Herstellung des Zuckers aus Runkelrüben. Schon 1745 hatte Marggraf das Vorkommen des kristallisirbaren Zuckers in den Runkelrüben entdeckt, aber erst durch die Kontinentalsperre, durch das Steigen der Zuckerpreise wurde der Anstoss gegeben zur Runkelrübenzuckerfabrikazion, welche seitdem einen enormen Aufschwung genommen, und den Rohrzucker vom Kontinent fast ganz verdrängt hat.[1]

Der Verminderung des Angebotes von Rohrzucker begegnete man mit der Verminderung der Nachfrage nach demselben.

Ist solches nicht auch bei der Arbeit möglich? Wird die Vertheuerung der menschlichen Arbeitskraft nicht das Bestreben erzeugen, dieselbe durch andere Arbeitskräfte zu ersetzen? Das Anbot von Arbeit ist eine veränderliche Grösse, ist es nicht auch die Nachfrage des Kapitals? Das ist die Frage, die uns jetzt vorliegt. Von der Elastizität der Nachfrage des Kapitals nach Arbeit hängt das Schicksal des Malthus'schen Vorschlages ab.

Das Kapital ist aufgespeicherte Arbeit, es wird gebildet aus dem Mehrwerthe, dem Reste, der übrig bleibt, wenn man von dem Werthe der Arbeitsleistung den Werth der Arbeitskraft abzieht. Der Kapitalist bestimmt, wie viel von dem Mehrwerthe zum Geniessen, wie viel zur Produkzion verwendet werden soll — der letztere Theil allein bildet neues Kapital, welches dem bisherigen Kapital zugesellt wird. Ein Genusskapital ist ein Widerspruch in sich selbst. Die

---

[1] K. Karmarsch, Geschichte der Technologie seit der Mitte des 18. Jahrhunderts, 11. Band der „Geschichte der Wissenschaften in Deutschland," München 1872. p. 829.

Grösse und Vermehrung des Kapitals wird daher verschieden sein, je nachdem in der Gesellschaft die Genusssucht oder der Ansammlungstrieb vorwalten.

Das Kapital an und für sich ist also eine variable Grösse.

Aber auch innerhalb des Kapitals können Verschiebungen in den Grössenverhältnissen seiner Arten stattfinden, welche für die Nachfrage nach Arbeit von Bedeutung sind.

Je nach den verschiedenen Gesichtspunkten ist auch die Art und Weise, das Kapital einzutheilen, verschieden. Seit Adam Smith theilt man das Kapital gewöhnlich in stehendes und umlaufendes Kapital. Das umlaufende Kapital ist derjenige Theil des Kapitals, welcher während des Produkzionsprozesses seine Form verändert, wie Rohmaterial und Arbeitslohn. Das stehende Kapital dagegen behält während des Produkzionsprozesses seine Form bei, wie z. B. Werkzeuge und Maschinen, Gebäude u. dgl. Diese Unterscheidung ist eine rein äusserliche und daher ziemlich unfruchtbare. Bei weitem wichtiger ist eine andere Eintheilung, welche auf den eigenthümlichen Wandlungen des Kapitals als solchen, ohne Rücksicht auf seine Form, während des Produkzionsprozesses beruht. Es ist die Eintheilung in **konstantes und variables Kapital**. Das konstante Kapital ist derjenige Kapitaltheil, welcher seine Werthgrösse während des Produkzionsprozesses nicht verändert, sondern dieselbe unverändert auf das Produkt überträgt. Nicht nur Maschinen und Gebäude, sondern auch Rohmaterial und Hilfsstoffe gehören zum konstanten Kapital. Jede Maschine gibt soviel Werth an das Produkt ab, als sie während der Produkzion desselben durch Abnützung von ihrem Werthe durchschnittlich zu verlieren pflegt; der Werth des verbrauchten Rohmaterials findet sich ganz in dem Werthe des Produktes wieder.

Ein anderer Theil des Kapitals verändert dagegen seine Werthgrösse während des Produkzionsprozesses: es ist einzig und allein derjenige, welcher zur Erhaltung der menschlichen Arbeitskraft dient. Nur die menschliche Arbeitskraft reproduzirt während des Produkzionsprozesses nicht nur den eigenen Werth, sondern ist im Stande, mehr zu produziren, Mehrwerth zu schaffen. Der Kapitaltheil, welcher in Arbeitskraft umgesetzt wird, verändert sich also, er wächst, er ist es einzig und allein, welcher das Wachsthum des Kapitals möglich macht.

Der Unterschied von konstantem und variablem Kapital, welcher mit dem zwischen umlaufendem und stehendem nicht zu verwechseln ist, welche Begriffe sich zwar kreuzen, aber nicht decken, ist zuerst dargelegt worden von Karl Marx.[1])

Die Unterscheidung zwischen variablem und konstantem Kapital

---

[1]) Marx, d. K., p. 187 ff. besonders p. 199. Vgl. auch p. 636. Anm.: „Ich erinnere hier den Leser, dass die Kategorien: variables und konstantes Kapital von mir zuerst gebraucht wurden. Die politische Oekonomie seit A. Smith wirft die darin enthaltenen Bestimmungen mit den aus dem Zirkulazionsprozess entspringenden Formunterschieden von fixem und zirkulirendem Kapital kunterbunt zusammen."

ist von weittragender Bedeutung. Nicht von dem Verhältniss zwischen Arbeit und Kapital überhaupt, sondern von dem Verhältniss zwischen Arbeit und variablem Kapital hängt der Preis der ersteren ab.

Ist aber schon das Kapital an und für sich eine elastische Grösse, so ist es sein variabler Theil noch mehr.

Wie es von dem Kapitalisten abhängt, welche Quote des Mehrwerthes dem Kapital zugeschlagen werden soll, so ist es auch in seiner Macht, zu bestimmen, wie viel von dem Kapital konstantes, wie viel variables sein soll.

Die Vermehrung des konstanten Kapitals, wie z. B. die Einführung neuer Maschinen, ist für den Kapitalisten meist von Vortheil, wenn auch oft nur von vorübergehendem. Da der Werth der Waaren nicht durch die in jedem einzelnen Fall, sondern die gesellschaftlich zu ihrer Wiederherstellung nothwendige Arbeitszeit bedingt ist, so muss natürlich ein Unternehmer, der schneller produzirt, als die anderen, mit weniger Arbeitskraft dieselbe Werthmenge erzeugen, wie seine Konkurrenten, die Quote des Mehrwerthes, die für ihn entfällt, ist grösser, als die ihre. Natürlich trachten diese ihm nachzukommen, hiemit sinkt die gesellschaftlich nothwendige Arbeitszeit, und schliesslich werden die noch übrigen dadurch gezwungen, auch ihr konstantes Kapital zu Ungunsten des variablen zu vermehren, wollen sie nicht ihren Mehrwerth verringert sehen. Die unablässige Hast, in Verbesserungen des Betriebes dem Nebenbuhler stets voraus zu sein, unablässig neue Maschinen einzuführen, die bestehenden durch bessere zu ersetzen, mit einem Worte das Verhältniss zwischen variablem und konstantem Kapital stets zu Gunsten des letzteren zu verschieben, diess ist eine nothwendig mit der kapitalistischen Produkzionsweise verbundene Erscheinung.

Es gibt fast kein Gewerbe, welches nicht seit der Mitte des 18. Jahrhunderts durch Einführung von Maschinen eine vollständige Umwälzung erfahren hätte.

Die Metallverarbeitung war damals noch in ihrer Kindheit, ganze Klassen von Werkzeugmaschinen, wie die Theilmaschinen, die Hobel-, Feil- und Fräsmaschinen, Kreisscheeren, Schraubenschneidmaschinen etc. waren gar nicht erfunden, andere, wie die Bohr- und Lochmaschinen sehr unausgebildet gewesen; Nägel, Steck- und Nähnadeln wurden durch Handarbeit hergestellt. Maschinen sägen und hobeln heutzutage Steine, Maschinen bohren steinerne Wasserleitungsröhren, Maschinen fabriziren Fässer, spalten und hobeln Zündhölzchen, bereiten Papier, giessen Lettern, die völligste Revoluzion aber haben sie hervorgerufen in der Verarbeitung der thierischen und vegetabilischen Faserstoffe.

Der Kraftstuhl, die Jacquard- und Bobbinetmaschine, der Zirkularstuhl und unzälige andere Maschinen ersetzen jetzt in der Bearbeitung von Wolle, Flachs und Baumwolle die menschliche Arbeitskraft.[1]

---

[1] Karmarsch, G. d. T. passim.

Und in welcher Weise! Ohnmächtig steht der Mensch der Konkurrenz dieser Ungethüme gegenüber. Eine Spinnradspindel macht höchstens 200 Umdrehungen per Minute, während die Geschwindigkeiten der Spindeln der Spinnmaschine bis zu 5000 Umdrehungen per Minute wachsen. Während vordem eine geübte Tüllarbeiterin per Minute ungefähr 5 Maschen herstellen konnte, macht die Bobbinetmaschine in derselben Zeit 25.000 Maschen! Ein Tuchscheerer schor mit der Handscheere per Stunde höchstens 5 Ellen Tuch; die Longitudinal-Scheermaschine bringt deren in gleicher Zeit 500 zu Stande.[1]) Mit einer Pferdekraft kann so viel gesponnen werden, als 1.066 Personen im Stande wären, mit dem Handrade zu spinnen.[2])

Von dem raschen Anwachsen des konstanten Kapitals mögen folgende Notizen ein Bild geben. In England, dem Vaterland der Dampfmaschine, hat ihre Verbreitung eine Höhe, wie noch in keinem anderen Lande erreicht. Schon 1810 wurde die Zahl der in den drei vereinigten Königreichen arbeitenden Dampfmaschinen auf 5000 geschätzt, 1860 aber auf 70.000 mit 1,800.000 Pferdekräften; Lokomotiven und Schiffsmaschinen nicht mitgerechnet.

In Frankreich zählte man 1810 erst an 200 Dampfmaschinen; dagegen

im Jahre	Maschinen	mit Pferdekräften	
1833	947	14.746	ohne Schiffsmaschinen.
1842	2 807	111.880	
1850	5.930	87.285	ohne Schiffsmaschinen.
1852	7.779	216.456	
1863	22.516	617.890	

In Belgien betrug die Zahl der Dampfmaschinen
1842 1500 mit 33.100 Pferdekräften
1844 1604 „ 46,217 „
1859 4681 „ 155.553 „ darunter 564 Lokomotiven und Schiffsmaschinen mit 61.378 Pferdekräften.

In Preussen befanden sich
1837 423 Dampfmaschinen mit 9.639 Pferdekräften
1849 1963 „ „ 66.858 „
1852 2832 „ „ 92.496 „
1861 8669 „ „ 365.631 „

Das Königreich Sachsen hatte zu Ende des Jahres 1856 708 Dampfmaschinen mit 16.709 Pferdekräften; im Jahre 1861 dagegen 1234 Maschinen von 46.416 Pferdekräften, und im Jahre 1870 an 3500 Dampfmaschinen.

In Oesterreich endlich zählte man
1851 1.334 Maschinen mit 52.953 Pferdekräften
1863 5.414 „ „ 363.847 „ [3])

---

[1]) Hermann Grothe, Bilder und Studien zur Geschichte der Industrie und des Maschinenwesens. Berlin 1870. p. 35.
[2]) G. Eccarius, eines Arbeiters Widerlegung der national-ökonomischen Lehren von J. St. Mill. Berlin 1869. p. 32.
[3]) Karmarsch, Geschichte der Technologie. p. 209 ff.

Aber nicht nur die Zahl der Maschinen, auch ihre Produkzionsfähigkeit ist gestiegen. In Grossbritannien spann eine Spindel durchschnittlich 1817 6·8 Kilogramm Garn, 1850 11·2 Kilogramm.[1]) Ein Grobstuhl (stretcher), den ein Mann führt, verspann in einer gegebenen Zeit

1810 400 Pfund Baumwolle
1811 600 „ „
1813 850 „ „
1823 1000 „ „ [2])

Natürlich stieg damit zugleich das Quantum der verarbeiteten Rohstoffe in's Riesenhafte. Von 1735—1749 verbrauchte man in Grossbritannien jährlich nur eine Million Pfund Baumwolle, schon 1860 wenigstens 1.000 Millionen, **sonach mehr an einem Arbeitstage, als zu jener Zeit in drei Jahren**![3])

Diese natürliche Tendenz der kapitalistischen Produkzionsweise zur Vermehrung des konstanten Kapitals wird vergrössert durch hohe, verringert durch niedrige Löhne. Man wird Maschinen nur dann einführen, wenn ihr Werth bedeutend geringer ist als der Werth der durch sie beseitigten Arbeitskräfte. Die menschliche Trägheit ist ja bekanntermassen gross und nur die Hoffnung auf einen bedeutenden Gewinn vermag sie zu überwinden. Dieser Gewinn wird aber umso höher sein, je höher die Löhne sind: **mit den Arbeitslöhnen wächst also die Neigung, den Arbeiter durch Maschinen zu ersetzen.**

Man sieht jetzt deutlich, wohin der Malthus'sche Vorschlag führen wird.

Wenn die Arbeiter wirklich Malthusianer werden und „kluge Gewohnheiten in Bezug auf das Heirathen" annehmen, so wird ihre Anzahl sich gleich bleiben, vielleicht sogar — aber sehr langsam sich vermindern. Mithin werden der Theorie gemäss die Löhne steigen. So oft aber die Löhne eine gewisse Höhe erreicht haben, werden sie wieder sinken, weil der Kapitalist durch Einführung von Maschinen so und so viele Arbeiter überflüssig macht und die Nachfrage nach Arbeitskraft vermindert, vielleicht sogar in solchem Grade, dass sie unter das Angebot sinkt und hiemit der Preis der Arbeitskraft unter ihren Werth. Diess ist jedoch ein Zustand, der auf die Dauer im Allgemeinen nicht bestehen kann. Ich sage im Allgemeinen, denn bei dem Vorherrschen der Arbeitstheilung ist es dem Arbeiter meist unmöglich gemacht, aus einem Gewerbe in's Andere überzutreten. Ist das Gewerbe, bei dem er sich befindet, im Sinken, nimmt also die Nachfrage nach Arbeitern stetig ab, so kann dieselbe dauernd unter dem Angebot stehen, der Preis der Arbeit dauernd unter ihrem Werthe. Solche Zustände sind jedoch Ausnahmen; das Kapital ist in

---

[1]) Karmarsch, G. d. T. p. 616.
[2]) Schmidt, über die Lage der Gewerbe in Deutschland und über den Einfluss des Fabrik- und Maschinenwesens auf den wirthschaftlichen, politischen, fysischen und sittlichen Zustand der gewerbtreibenden Klassen. Berlin 1838. p. 157.
[3]) Kolb, H. d. v. St. p. 801.

beständigem Wachsthum begriffen, damit aber auch die Ausdehnung der Produkzion. Sollte also einmal der Preis der Arbeit unter ihrem Werthe sein, so wird sich dieser Zustand bald beheben. Die Zunahme des konstanten Kapitals wird sich verringern, weil der Anreiz dazu sich verkleinert hat, die Nachfrage nach Arbeit also wachsen. Zugleich wird das Angebot von Arbeit viel zu schnell sich vermindern, als dass es durch Einführung von Maschinen wett gemacht werden könnte. Die kräftigen Männer werden auswandern, die Kinder und schwächeren Arbeiter erliegen den Entbehrungen und bald werden — unter sonst normalen Umständen natürlich — Angebot und Nachfrage sich wieder decken: die Arbeit wird wieder zu ihrem Werthe bezahlt werden und die Arbeiter werden auf demselben Standpunkte stehen, auf dem sie waren, bevor sie sich zur Malthus'schen Lehre bekehrten: ihre Entlohnung wird dieselbe sein; der einzige Unterschied zwischen früher wird darin bestehen, dass ihre Zahl sich verringert hat. Die nächste Generazion mag das Spiel noch einmal fortsetzen, schliesslich wird sie doch wieder, nachdem sie den ganzen Kreis zuerst aufsteigend, dann absteigend durchlaufen hat, wieder am alten Flecke anlangen. Ihr Lohn wird nach wie vor gleich sein dem zum Leben und zur Fortpflanzung Nothwendigen.

Das Steigen des Lohnes veranlasst die Verschiebung des Verhältnisses zwischen konstantem und variablem Kapital zu Ungunsten des letzteren, mithin Verminderung der Nachfrage nach Arbeit und ein Sinken des Lohnes.

Die Thatsachen stimmen mit der Theorie. Es ist bekannt, dass in der amerikanischen Landwirthschaft die Geldlöhne in Folge des Mangels an „Händen" sehr hoch sind. Was ist die Folge? Die Einführung von Maschinen. „Die umfassendste Verbreitung und die vielseitigste Anwendung," sagt Perels, „haben sicherlich die landwirthschaftlichen Maschinen in den Vereinigten Staaten Nordamerikas gefunden; nirgends sind wohl die allgemeinen landwirthschaftlichen Verhältnisse den Maschinen so günstig, wie dort. **Der Mangel an ländlichen Arbeitern hat daselbst eine so bedenkliche Höhe erreicht, dass der amerikanische Farmer nach jedem Hilfsmittel greifen muss, welches ihm einigermassen Ersatz für die menschlichen Arbeiter sichert.**"[1])

In ganz Amerika, nicht nur in den Nordstaaten der Union spielt die Bodenbearbeitung mittelst Maschinen eine hervorragende Rolle. In Louisiana und anderen Zucker und Baumwolle bauenden Staaten der Union sind die Arbeitskräfte in Folge der Aufhebung der Sklaverei theuer geworden. Lebhaftes Bedürfniss nach Maschinen gibt sich in Folge dessen kund und versucht man in den letzten Jahren die Einführung von Dampfpflügen. Aber auch in Südamerika, wo gleichfalls ein Mangel an Händen für das Säen und Ernten herrscht, bedient man sich der Dampfpflüge, namentlich in Buenos-Ayres und Peru.

---

[1]) E. Perels, die Bedeutung des Maschinenwesens in der Landwirthschaft. p. 29.

Der Dampfpflug zeigt uns aber auch, dass niedrige Löhne ein Präservativ gegen die Einführung von Maschinen sind. In Aegypten wurden während des nordamerikanischen Bürgerkrieges 500 Dampfpflüge eingeführt. Ihre Benützung rentirt sich jedoch nicht Angesichts des grossen Ueberflusses an billigen menschlichen Arbeitskräften, und zwei Drittel derselben sind wieder ausser Betrieb gesetzt worden.[1]) Auch in Ostindien hat man in Folge der niederen Löhne erst vor Kurzem es gewagt, Maschinen anzuwenden.

Sehr bezeichnend ist eine Thatsache, welche Marx vorbringt. „Zwischen 1849 und 1859 trat, zugleich mit fallenden Getreidepreisen, eine praktisch betrachtet nur nominelle Lohnerhöhung in den englischen Agrikulturdistrikten ein, z. B. in Wiltshire stieg der Wochenlohn von 7 auf 8 sh., in Deretshire von 7 oder 8 auf 9 sh. u. s. w. Es war diess Folge des ungewöhnlichen Abflusses der agrikolen Surpluspopulazion, verursacht durch Kriegsnachfrage, massenhafte Ausdehnung der Eisenbahnbauten, Fabriken, Bergwerke etc. Je niedriger der Arbeitslohn, desto höher drückt sich jedes noch so unbedeutende Steigen desselben in Prozentzahlen aus. Ist der Wochenlohn z. B. 20 sh. und steigt er auf 22, so um 10 Perzent; ist er dagegen nur 7 sh. und steigt er auf 9, so um $28^{4}/_{7}$ Perzent, was sehr erkleklich klingt. Jedenfalls heulten die Pächter und schwatzte sogar der „London Economist" ganz ernsthaft von „a general and substantial advance", mit Bezug auf diese Hungerlöhne. Was thaten nun die Pächter? Warteten sie, bis die Landarbeiter sich in Folge dieser brillanten Zahlung so vermehrt hatten, dass ihr Lohn wieder fallen musste, wie die Sache sich im dogmatisch-ökonomischen Hirn zuträgt? Sie führten mehr Maschinerie ein, und im Umsehen waren die Arbeiter wieder „überzählig" in einem selbst den Pächtern genügenden Verhältniss. Es war jetzt „mehr Kapital" in der Agrikultur angelegt, als vorher und in einer produktiveren Form. Damit fiel die Nachfrage nach Arbeit nicht nur relativ, sondern absolut."[2])

Bezeichnend für die Wirkung „hoher" Löhne unter den englischen Landarbeitern ist auch folgende, neuerdings konstatirte Thatsache, welche der Wiener „Neuen Freien Presse" entnommen ist:

„Nach den Mittheilungen der englischen statistischen Tabellen betrug die dauernd als Weide benützte Fläche im Jahre 1873 12,915.929 Acres, 1874: 13,178.012 Acres, 1875: 13,312.621 Acres, 1876: 13,515.944 Acres; es ist also jährlich mehr Fläche, und zwar seit 1873 600.015 Acres, dem Getreidebau entzogen und als dauerndes Grasland niedergelegt worden, **wodurch gering gerechnet 18.000 ländliche Arbeiter entbehrlich**, d. h. für industrielle Zwecke disponibel werden. Jedenfalls beweist diese Thatsache, dass es dem rechnenden englischen Farmer bei den jetzigen Getreidepreisen nicht rentabel scheint, den Getreidebau besonders zu forciren, er viel-

---

[1]) Emil Perels, die Anwendung der Dampfkraft in der Landwirthschaft, Halle 1872, p. 327.
[2]) Marx, d. K. p. 663.

mehr durch die hohen Arbeitslöhne veranlasst wird, möglichst an Arbeitskraft zu sparen."

Den deutlichsten Beweis, wie wenig die Abnahme des Angebotes von Arbeit im Stande ist, die Lage der Arbeiterklasse zu heben, liefert Irland. In diesem Lande, das an Uebervölkerung gelitten haben soll, fiel in Folge massenhafter Auswanderung die Bevölkerung innerhalb weniger Jahre von acht auf fünf Millionen. Und der Erfolg? Ende 1866 und Anfang 1867 verlangte Lord Dufferin in der „Times" noch eine Verringerung der Bevölkerung um ein Drittel Million Arbeiter. [1])

Momentan hob sich allerdings die Lage des Volkes in Folge des plötzlichen Eintretens der Verminderung der Arbeitskraft — eine Verminderung, wie sie durch Enthaltung von der Ehe nie auch im Entferntesten so schnell vor sich gehen kann — so lange besserte sich die Lage der irischen Arbeiter, als nothwendig war, um die Verhältnisszahl zwischen konstantem und variablem Kapital zu ändern. Seitdem füllen sich die Armenhäuser wieder. Seit Beginn der 1850er Jahre war die Zahl der unterstützten Armen in Irland in raschem und stetem Abnehmen. Ihren niedrigsten Stand erreichte diese Zahl im Jahre 1859, wo in der ersten Woche des Jahres 44.806 Arme unterstützt wurden. Seitdem ist ihre Zahl wieder im Zunehmen begriffen und betrug in derselben Periode (der ersten Woche des Jahres)

1860	44.929	1867	68.650
1861	50.683	1868	72.925
1862	59.541	1869	74.745
1863	66.228	1870	73.921
1864	68.135	1871	74.692
1865	69.217	1872	75.343
1866	65.057	1873	79.649 [2])

Da Irland kein industrielles Land ist, sondern vorwiegend durch den Ackerbau seine Bewohner ernährt, so that die Zunahme des konstanten Kapitals sich nicht so sehr kund in der Entwicklung des Maschinenwesens als durch Ersetzung des Ackerbaues durch eine andere Art des landwirthschaftlichen Betriebes, welche auf eine gleiche Strecke weniger Arbeiter als dieser erfordert, das ist die Viehzucht. Sollte durch fortdauernde Auswanderung die Bevölkerung Irlands nicht mehr ausreichen zur Betreibung der Viehzucht, dann wird man das unglückliche Land einfach in ein Wildgehege verwandeln.

In der Periode von 1855, 56, 57 betrug nach Legoyt die mit Ackerland bedeckte Bodenfläche Irlands 2,180.783 Hektaren, die mit Wiesen und Weiden bedeckte 2,725.954 Hektaren. [3])

Nach der neuesten Auflage von Brachelli's „die Staaten Europas" (Brünn 1876 p. 134) lauten diese Ziffern heutzutage dagegen 263·3 Quadratmeilen Ackerland und 884·4 Quadratmeilen Wiesen und Weiden.

---

[1]) Marx, d. K. p. 739.
[2]) Kolb, H. d. v. St. p. 430.
[3]) Legoyt, l. Fr. et l'étr. I. Paris, Strassbourg 1865. p. 153.

Eine Vergleichung der absoluten Zahlen ist nicht gut thunlich, da Legoyt eine andere Ziffer als Gesammtfläche Irlands nennt, wie Brachelli, der eine 7,867.571 Hektaren, der andere, auf den neueren Messungen fussend 1530·1 Quadratmeilen (8,425.173 Hektaren). Die relativen Zahlen dagegen sind entscheidend. Es betrugen in Prozenten der Gesammtfläche

	1856	1876	Differenz
Ackerland	27·7 Perzent	17·2 Perzent	— 10·5 Perzent
Wiesen und Weiden	34·6 „	57·8 „	+ 23·2 „

Das Ackerland, das Land, welches Früchte zur Ernährung der Bevölkerung hervorbringt, hat sich also binnen 20 Jahren um 37·9 Perzent des ursprünglichen Bestandes verringert; das Land, welches zur Ernährung des Viehes benützt wird, hat sich in demselben Zeitraum um 67 Perzent der früher dazu benützten Bodenfläche vermehrt! Diese Zahlen sprechen deutlicher als Alles das Todesurtheil über den Malthus'schen Vorschlag.

Entsprechend der Verwandlung Irlands aus einem Agrikulturland in ein Viehzucht treibendes Land nimmt die Zahl der Rinder und Schafe, als Weidevieh zu, die der Pferde dagegen, als Arbeitsthieren, ab. Auch in der Zahl der Schweine ist eine kleine Abnahme in letzter Zeit zu konstatiren. Das Schwein ist eben das vornehmste Hausthier des kleinen Pächters und tritt mit dem allmähligen Verschwinden desselben mehr in den Hintergrund.

Man zählte:

	1847	1851	1860	1865	1873
Pferde .	557.917	543.312[1])	620.938	547.867	531.708
Rindvieh	2,591.415	2,967.461	3,599.235	3,493.414	4,151.561
Schafe .	2,186.177	2,122.128	3,537.846	3,688.742	4,486.453
Schweine	622.459	1,084.857	1,268.590	1,299.893	1,044.218 [2])

Auf der irischen Insel Arran, die noch vor nicht langer Zeit von 1500 Menschen bewohnt wurde, findet man heute nur mehr einen Hirten und sehr viel Vieh. [3]) Das gleiche Schicksal erwartet ganz Irland; zugleich mit der Abnahme der Arbeitskraft nimmt auch die Nachfrage nach derselben ab, indem das Verhältniss des konstanten zum variablen Kapital zu Ungunsten des letzteren sich ändert.

In der Industrie äussern diese Wandlungen sich oft sprungweise, beschleunigt durch die steigenden Ansprüche der Arbeiter.

Der sogenannte „eiserne Mann", durch welchen ein Arbeiter 1500—2000 Spindeln zugleich bewegt, war eines dieser Kriegsmittel des Kapitals gegen eine Arbeiteremeute. Dessgleichen eine verbesserte Schlichtmaschine, die Maschine zum Vernieten der Dampfkessel, und die Maschine zum Farbendruck in den Kattundruckereien. [4]) Von der

---

[1]) Pferde und Maulthiere.
[2]) Vgl. Meidinger, das britische Reich in Europa, p. 329. Stein-Hörschelmann, Handbuch der Geografie und Statistik, III. Bd. 1. Abth., p. 556. Marx, d. K., p. 731. Kolb, H. d. v. St., p. 436.
[3]) Roscher, Nazionalökonomik des Ackerbaues, p. 225.
[4]) Roscher, Gr. d. N., p. 392.

Erfindung zum Kettenschlichten, welche direkt durch einen Strike veranlasst wurde, sagt Ure: „Die Horde der Unzufriedenen, die sich hinter den alten Linien der Theilung der Arbeit unbesiegbar verschanzt wähnte, sah sich so in die Flanke genommen und ihre Vertheidigungsmittel vernichtet durch die moderne Technik der Maschinisten. Sie mussten sich auf Gnade und Ungnade ergeben."[1])

Mit Recht entnimmt Ure sein Bild, um einen Vorgang innerhalb der industriellen Gesellschaft zu schildern, dem Kriegswesen, denn ein wahrer Krieg, ein erbitterter Krieg ist es, den, trotz aller harmonischen Schönfärbereien, Kapital und Arbeit unaufhörlich mit einander führen, führen müssen. Malthus wollte durch seinen Vorschlag die Posizion des Arbeiters stärken, aber was nützen alle Verstärkungen, wenn der Feind auch seine Kriegsmittel dem entsprechend vermehrt und vergrössert? Schlägt der Arbeiter den ihm von Malthus gezeigten Weg ein, dann erwartet ihn dasselbe Schicksal, welches die modernen Staaten bedrängt, nämlich das stete Anwachsen der Anforderungen an seine Entsagungskraft.

Wir haben klare Beispiele vor uns, welche uns handgreiflich zeigen, wohin die Steigerung der Ansprüche der Arbeit, wohin die Verminderung des Angebotes von Arbeitskraft führt: zur Verminderung der Nachfrage nach derselben. Die Tendenz zur Vermehrung des **konstanten** Kapitals steht in **geradem** Verhältniss zur Lohnhöhe; sie steigt und fällt zugleich mit dem Arbeitslohn. Die Tendenz zur Vermehrung des **variablen** Kapitals steht dagegen in **umgekehrtem** Verhältniss zur Lohnhöhe; sie ist um so geringer, je höher der Preis der Arbeitskraft. Ja es kann sogar so weit kommen, wie in Irland, wo die Zunahme des Gesammtkapitals eine unbedeutende ist, dass das variable Kapital sich nicht nur nicht vermehrt, sondern sogar verringert, dass das variable Kapital sich nicht nur relativ, sondern auch absolut verringert. Sinkt das Angebot von Arbeit, so sinkt auch die Nachfrage nach derselben. **Die Nachfrage nach Arbeit kann also unter der kapitalistischen Produkzionsweise nie dauernd ihr Angebot überragen, der Preis der Arbeit nie dauernd ihren Werth.**

Wir sehen, das sogenannte eherne Lohngesetz ist richtig. Falsch ist jedoch dessen Motivirung. **Der Arbeitslohn wird und muss allerdings unter der Herrschaft von Angebot und Nachfrage stets auf dem Niveau des gewohnheitsmässig zur Erhaltung und Vermehrung des Arbeiters Nothwendigen beharren. Er kann sich nicht dauernd über dasselbe erheben noch unter dasselbe sinken — diess Gesetz ist jedoch unabhängig von den Veränderungen im Angebot von Arbeit.**

Das Malthus'sche Rezept kann also den Arbeitern nichts helfen.

Was haben die Harmoniker auf ein so disharmonisches Lohngesetz zu erwiedern?

---

[1]) Zitirt bei Marx, d. K., p. 458.

Sie können auf zwei Thatsachen hinweisen, welche scheinbar mit dem bisher Gesagten nicht stimmen. Das ist erstens die Thatsache, dass in den Gewerben, in denen Maschinen eingeführt wurden, die Zahl der Arbeiter fast durchgehends gestiegen ist. Zweitens weisen sie hin, dass der Kapitalzins in stetem Fallen begriffen sei. Aus der ersten Thatsache folgern sie, dass der Maschinerie nicht die Tendenz innewohne, Arbeiter überflüssig zu machen; aus der zweiten folgern sie, dass der Antheil des Kapitalisten am Produkte sich stetig verringere und daher der des Arbeiters in gleichem Masse sich vermehre.

Die Zunahme des konstanten Kapitals können die Apologeten nicht leugnen; sie leugnen aber, dass diese Zunahme dem Arbeiter schädlich sei. Dem Arbeiter im Grossen und Ganzen, dem abstrakten Arbeiter; denn dass einzelne Arbeiterklassen furchtbar durch die Einführung der Maschinen leiden, das wagt keiner der Apologeten zu bestreiten.

Selbst ein so eifriger Lobredner des Industrialismus, wie Lord Henry Brougham gab diesen Nachtheil des Maschinenwesens zu. „Nach der Einführung einer neuen Maschine finden sich gewöhnlich grosse, aber vorübergehende Uebelstände ein. Wer könnte hieran zweifeln? Wer kann es leugnen, dass es ein sehr grosses Unglück für einen Handwerksmann ist, wenn er sieht, dass seine Gewerbthätigkeit plötzlich einer mächtigen Kraft, gegen die er nicht ankämpfen kann, zum Opfer gefallen ist: ein so arbeitsamer, einsichtsvoller und nachdenkender Mann wie Josef Foster, der bei dem Ausdruck seiner Meinungen niemals die Wohlanständigkeit ausser Augen liess, sagte selbst, dass seine Lage seit der Einführung der Maschinenwebstühle sich nach und nach verschlimmert habe; er hege durchaus keine Hoffnung, dass irgend eine Verbesserung im Handel mit Wolle für die Zukunft den geschäftslosen Handwebern einen Vortheil gewähren könnte; die aufgeklärteren Handweber wären im Allgemeinen der Ansicht, dass die Handweberei als erloschen angesehen werden müsste; ein aus solchen Veränderungen hervorgegangener Zustand ist ohne Widerrede ein Zustand des Elendes. Sobald die Mechanik mit menschlicher Arbeitskraft in die Schranken tritt, so richten sich die Löhne nach den durch die Maschinen verminderten Produkzionskosten. Der ehrwürdige Turner (der gelehrte und edelmüthige Bischof von Kalkutta) war noch im Jahre 1827 Pfarrer von Wilmslowe, einer Fabriksgemeinde in der Grafschaft Chashire. Die von dem nämlichen Komité, welches Foster verhörte, an Turner gerichteten Fragen und die von demselben ertheilten Antworten zeigen, dass der Wetteifer der Menschen mit den Maschinen fortbesteht, bis der Arbeiter neue Beschäftigungsmittel gefunden hat — Beschäftigungsmittel, welche gewöhnlich von den Maschinen selbst hervorgebracht werden." [1]

---

[1] Lord Henry Brougham, die Resultate des Maschinenwesens in Bezug auf dessen Einfluss auf die Wohlfeilheit der Natur- und Kunsterzeugnisse sowie auf die Vermehrung der Arbeit; deutsch v. Ricken, Leipzig 1833. p. 233.

Also die Uebelstände des Maschinenwesens sind gross, aber vorübergehend, die Maschinen selbst schaffen neue Beschäftigungsmittel.
Das ist die Ansicht der Apologeten.

Die Thatsache, dass mit den Maschinen die Zahl der bei den Maschinen beschäftigten Personen wächst, ist allerdings bis dato unleugbar. Die Zahl der unter dem Reglement über die Arbeitszeit stehenden Fabriken in Grossbritannien betrug 1850 4.600, 1856 5.117, 1861 6.378, 1868 6.417. Die Zahl der in diesen Etablissements beschäftigten Personen war in denselben Perioden 596.082, 682.497, 775.534 und 857.964.[1])

Diese Zahlen nehmen sich anscheinend sehr imposant aus und beweisen dem äusseren Anscheine nach wirklich, wie sehr mit dem Umsichgreifen des Maschinenbetriebes die Nachfrage nach Arbeit wächst. Aber auch nur dem Anscheine nach.

Die so rasche Vermehrung der Produkzion Grossbritanniens wurde allerdings ermöglicht durch eine Zunahme des Konsums von durch Maschinen erzeugten Artikeln. Aber diese Zunahme des Konsums ist nicht zu danken einer Zunahme des Volkswohlstandes, sondern zum bei weitem grössten Theil der Vernichtung derjenigen Konkurrenten, welche den Konsum bisher befriedigten. Durch die Maschinenindustrie hat Grossbritannien einestheils das eigene Kleingewerbe erdrückt, anderntheils die Industrie der anderen Staaten in ihrer Entwicklung gehemmt, wo nicht vernichtet. Die englische Produkzion ist bis zu einer schwindelhaften Höhe gesteigert worden, auf welcher sie sich nur erhalten kann durch stetige Verdrängung der Konkurrenten vom inneren und äusseren Markte. Die fortschreitende Vernichtung des eigenen Kleingewerbes genügte nicht, den Markt für englische Produkte so auszudehnen, wie es die sich steigernde Massenproduktion verlangte. Es musste die Industrie Ostindiens, die Industrie Irlands, die Industrie Portugals geopfert werden und noch immer sucht die englische Grossindustrie nach neuen Absatzmärkten. Sie proklamirt die Gewerbefreiheit und den Freihandel, um ungestört die Vernichtung der Konkurrenten fortsetzen zu können, welche für sie eine Lebensbedingung ist. Ihre Todtfeinde sind die Staaten, welche sich durch Schutzzölle vor der Ueberfluthung des Marktes durch englisches Fabrikat sichern: daher die Feindschaft gegen die nordamerikanische Union und gegen Russland, eine Feindschaft, welche mit höheren Prinzipien absolut nichts zu thun hat. Die englische Industrie weiss nur zu gut, dass die Steigerung des Wohlstandes im eigenen Lande viel zu langsam vor sich geht, als dass sie nur im geringsten Schritt halten könnte mit der durch die Einführung von Maschinen riesenhaft gesteigerten Produkzion. Ist England der Weltmarkt einmal verschlossen, sind die Völker einmal wirthschaftlich selbständig geworden, kann einmal nur das Steigen des Wohlstandes im eigenen Lande eine Ausdehnung der Produkzion ermöglichen, dann wird jede neue Erfindung, jede Verbesserung einer Maschine

[1]) Kolb, H. d. v. St. p. 439.

von einer Verminderung der Arbeiterzahl begleitet sein. Das variable Kapital Grossbritanniens vermindert sich heute zwar relativ, aber nicht absolut: dann aber wird es auch absolut sinken. Diese Zeit ist nicht so fern, als man glaubt, das Monopol Grossbritanniens und Frankreichs, die Welt mit Waaren zu versorgen, ist gebrochen.

Von der gesammten Baumwollkonsumzion Europas entfielen auf:

	1821—25	1831—35	1841—45	1846—50
Grossbritannien	62.20%	66·25%	65·23%	65·26%
Frankreich	23·17%	20·39%	19·79%	15·84%
Uebriges Europa	14 62%	13·35%	14·77%	18·84%
	1851—55	1856—60	1861—65	1866
Grossbritannien	62·43%	60·30%	58·25%	58 08%
Frankreich	14·56%	14·03%	15·35%	14·62%
Uebriges Europa	22.99%	25 60%	26·38%	27·31% [1]

Nach der 1879 erschienenen Ergänzung des Statist „Financial and commercial History" gestalten sich diese Verhätnisszahlen für die jüngste Zeit folgendermassen.

Vom Baumwollenkonsum Europas entfielen auf:

	1872—73	1873—74	1874—75	1875—76	1876—77	1877—78
England	61·5%	58·1%	57·25%	55·3%	58.1%	54·0%
Uebriges Europa	38·5%	41·9%	42·75%	44·7%	41·9%	46·0%

Man sieht deutlich, wie der Antheil Grossbritanniens und Frankreichs an der Verarbeitung der Baumwolle in Europa immer mehr sinkt.

In einer Menge Industriezweigen Englands ist sogar schon jetzt die Zahl der Arbeiter im Sinken. Es waren beschäftigt

	1851	1861
in der Worsted Manufaktur	102.714	79.242
„ „ Seidenfabrikazion	111.940	101.678
als Hutmacher	15.957	13.814
„ Strohhut- und Bonnetmacher	20.393	18.176
„ Lichtgiesser	4.949	4.686
„ Kammmacher	2.038	1.478
„ Nagelmacher	26.940	26.130 [2]

Aber selbst in den Industriezweigen, welche scheinbar an Arbeiterzahl zugenommen haben, ist diese Zunahme in Wirklichkeit eine Abnahme zu nennen. 1868 waren allerdings in den Fabriken unter Staatsaufsicht 857.964 Personen beschäftigt und 1861 blos 775.534; aber von diesen 775.534 waren 467.261 männliche und 308.273 weibliche Arbeiter, 1868 hingegen von ersteren nur mehr 332.810, von letzteren 525.154 beschäftigt.[3] Die Zahl der beschäftigten männlichen Arbeiter hat also um 134.451 abgenommen.

Deutlich spricht sich hier die Tendenz des Kapitals aus, die Arbeit der Männer durch die billigere der Frauen und Kinder zu ersetzen.

---

[1] H. Grothe, B. u. St. z. Gesch. d. Ind. u. d. Masch., p. 159.
[2] K. Marx, d. K. p. 654.
[3] Kolb, H. d. v. St., p. 439.

Schon 1835 waren nach Porter in England, Schottland und Irland beschäftigt in den

	Baumwollfabriken	Wollfabriken	Leinenfabriken	Seidenfabriken
Personen von 8—12	3·7%	6·7%	3·7%	20·9%
„ „ 12—13	9·3%	12·0%	12·2%	8·7%
„ „ 13—18	29·8%	29·8%	36·1%	30·8%
über 18 Jahren	57·2%	51·5%	48·0%	39·6%
männlich	45·7%	52·5%	31·2%	33·2%
weiblich	54·3%	47·5%	68·8%	66·8% [1]

Wohin das führen muss, lehrt eine einfache Berechnung.

Nach Schmidt waren in den Spinnereien zu Glasgow zu gleicher Zeit beschäftigt

im Alter von	männliche	weibliche Arbeiter
unter 11 Jahren	283	256
11—16	1519	2156
16—21	881	2452
21—26	541	1252
26—31	388	674
31—36	331	255
36—41	279	218
41—46	159	92
46—56	186	59
56—66	62	23
über 66	32	2

Nach den Berechnungen von Quetelet leben von 1000 neugeborenen Knaben nach zurückgelegtem zehnten Lebensjahre noch 684, nach vollendetem zwanzigsten noch 640, und am Ende ihres dreissigsten Lebensjahres 566.

In den Spinnereien zu Glasgow waren beschäftigt im Alter von 11—21 Jahren 2400 männliche Individuen.

Selbst wenn wir annähmen, dass alle derselben erst 11 Jahre alt waren, so lebten von denselben doch noch in ihrem 20. Lebensjahre 2246, in ihrem Dreissigsten 1986. Von den 2400 männlichen Arbeitern, welche 11—21 Jahre alt in den Spinnereien Glasgows beschäftigt waren, lebten also in einem Alter von 21—31 Jahren wenigstens noch 2000. Beschäftigt waren aber in einem Alter von 21—31 Jahren in den Spinnereien zu Glasgow blos 929 männliche Arbeiter. **Von den heranwachsenden 2400 wird daher seinerzeit wenigstens die Hälfte, über 1000 Mann „überflüssig" werden.** [2] So erzeugt die kapitalistische Produkzionsweise aus sich selbst eine künstliche Uebervölkerung.

Was geschieht mit den „überzähligen" tausend Mann? Darüber gibt uns am besten Aufklärung die Statistik.

Von 1861—1868 hat die Zahl der beschäftigten männlichen Arbeiter in den unter Staatsaufsicht stehenden Fabriken Grossbritanniens um 134.451 abgenommen.

---

[1]) Meidinger, d. br. R. in Eur., p. 27.
[2]) Vgl. Fr. Schmidt, Fabr. u. Masch.-Wesen, p. 263 ff.

In derselben Periode betrug die Zahl der unterstützten Armen

	1861	1868	Zunahme
in England	890.423	1,034.823	144.400
„ Schottland	78.433	80.032	1.599
„ Irland	50.683	72.925	22.242
„ Grossbritannien	1.019.539	1,187.780	168.241 [1])

In derselben Periode, in der die Zahl der beschäftigten männlichen Arbeiter um 134.451 abnahm, wuchs die Zahl der unterstützten Armen um 168.241! Wir wissen jetzt, wo die freigesetzten Arbeiter hingekommen sind.

Auch sonst gibt uns die Statistik Aufschlüsse über die segensreiche Wirkung der Maschinen. Nach Villeneuve économie politique, (II p. 165, 166) betrug 1830 die Grösse der industriellen Bevölkerung in Frankreich 6,400.000, in England 14,040.000 Personen.

Die Maschinen verrichteten eine Arbeit
in Frankreich von 3,000.000, in England von 200,000.000 Mann.
Die Zahl der Dürftigen betrug
in Frankreich 1,600.000, in England 3,903.631 Menschen.
Ein Dürftiger kam
in Frankreich auf 20, in England schon auf 6 Menschen!
Denn die Gesammtbevölkerung betrug
in Frankreich 32,000.000, in England 23.400.000 Menschen.

Zu demselben Resultat gelangt man, wenn man Theile eines und desselben Landes mit einander vergleicht.

Villeneuve theilt Frankreich in 3 Zonen

	Einwohner	Arme	Verhältniss der Armen zur Bevölkerung
1. Fabriktreibende mit	10,062.769	770.626	1:13
2. Ackerbau und Fabriken im Gleichgewicht	13,043.513	550.235	1:23
3. Ackerbau vorherrschend	8,774.391	265.480	1:33

Aber auch die Agrikultur ist nicht gefeit gegen den Pauperismus. Auch für sie kommt, wie für die Industrie in jedem Lande, früher oder später die Periode, in welcher der Kleinbetrieb vom Grossbetrieb, der kleine Grundbesitzer vom grossen Grundbesitzer verdrängt wird. Langsam aber unaufhaltsam können wir diesen Prozess in jedem zivilisirten Staate sich entwickeln sehen: die Zunahme des Grossbetriebes bedeutet aber auch Zunahme des konstanten Kapitals auf Kosten des variablen, und da eine Ausdehnung der Produkzion in der Landwirthschaft nur innerhalb enger Grenzen möglich ist, da man den Grund und Boden nicht so beliebig vermehren kann, als die Fabriken, bedeutet das Wachsthum des konstanten Kapitals in der Landwirthschaft nicht blos relative, sondern auch absolute Abnahme des variablen Kapitals. Die Statistik zeigt uns denn auch eine Abnahme der Zahl der von der Landwirtschaft lebenden Individuen in fast allen vorgeschritteneren Staaten Europas.

England ist natürlich, als das entwickeltste Land der kapitali-

---

[1]) Kolb, H. d. v. St., p. 430.

stischen Produkzionsweise, auch in dieser Beziehung allen andern Staaten voran. Die Agrikulturbevölkerung zählte

   1851   1861   1871
 2,084.153 2,010.454 1,657.138 Personen. [1])

In Frankreich bestand die landbauende Bevölkerung aus

   1851   1856   1872
 20,351.628 19,064.071 18,513.325 Menschen. [2])

In den anderen Staaten ist die Abnahme nicht so auffallend, in den meisten aber bemerkenswerth.

Das Schicksal der Landbevölkerung erwartet auch die industriellen Arbeiter, sobald erst einmal der Konsum der Industrieprodukte sich nicht mehr weiter ausdehnen lässt. Bisher ist allerdings die Zahl der in den industriellen Unternehmungen beschäftigten Personen im Wachsen; aber daraus schliessen zu wollen, die Maschinen verschafften mehr Menschen Brot, als sie freisetzten, ist ein Trugschluss. Die Zahl der beschäftigten P e r s o n e n ist im Zunehmen, die Zahl der beschäftigten M ä n n e r ist in Abnahme begriffen, und wenn den Arbeitern Englands der schädliche Einfluss der englischen Maschinen noch nicht in auffallender Weise fühlbar geworden ist, so ist er desto fühlbarer den Arbeitern anderer Länder geworden. Wenn auch die englischen Maschinen in England noch sehr wenig Arbeiter überflüssig gemacht haben, so haben sie desto mehr Arbeiter überflüssig gemacht in Irland, in Portugal, in Ostindien.

Die Behauptung der Harmoniker, durch die Einführung von Maschinen werde die Nachfrage nach Arbeit vermehrt, nicht vermindert, ist ein Sofisma. Die Einführung von Maschinen muss nicht unbedingt dem Arbeiter schaden, sie thut es aber in den meisten Fällen. Wenn die Produktivität der Arbeit rascher wächst, als der Konsum in Folge der Vermehrung des Wohlstandes und der Bevölkerung zunimmt, dann muss diese Zunahme der Produktivität der Arbeit unbedingt eine Verminderung der Nachfrage nach Arbeitskräften nach sich ziehen, entweder im eigenen oder im fremden Lande. Letzteres haben die englischen Maschinen bereits gethan, zu Ersterem ist der Anfang bereits gemacht.

Ausser den Sozialisten haben sehr wenige Nazionalökonomen den Muth gehabt, es einzugestehen, mit welchen Gefahren die Maschinen unter der Herrschaft der kapitalistischen Produkzionsweise den Arbeiter bedrohen. Unter diesen wenigen der Bedeutendste ist Sismondi, der bekanntlich manchmal sozialistischen Anwandlungen zugänglich war. Die Stelle, in der er sich über den Nutzen der Maschinen für den Arbeiter ausspricht, ist so trefflich, dass sie wiedergegeben zu werden verdient.

„Es gibt heutzutage," sagt er, „noch eine Art der Zerstörung, welche auf das Innigste mit der politischen Oekonomie zusammenhängt. Die Fortschritte in den Künsten und der Industrie, durch den Fortschritt des Reichthums unterstützt, führen zu Erfindungen, deren

---

[1]) Kolb, H. d. v. St., p. 421.
[2]) Legoyt, la Fr. et l'étr. I., p. 192. Kolb, H. d. v. St., p. 366.

Zweck ist, alle Erzeugnisse der Arbeit mittelst einer geringeren Anzahl von Arbeitern herzustellen. Die Thiere vertreten bei dem Landbau überall die Stelle der Menschen, und die Maschinen ersetzen sie in fast allen Gewerbszweigen. So lange der Markt einer Nazion weit genug ist, um allen ihren Produkten einen schnellen und sicheren Absatz zu verschaffen, ist jede dieser Entdeckungen eine Wohlthat, weil sie, anstatt die Zahl der Arbeiter zu vermindern, die Summe der Arbeit und ihrer Erzeugnisse vermehrt. Eine Nazion, welche die Iniziative der Erfindungen hat, kann eine lange Zeit hindurch ihren Markt im Verhältniss zu der Zahl der Hände ausdehnen, welche eine neue Erfindung erspart,[1]) und sie zu einer Vermehrung der Produkte verwenden, welche sie vermöge dieser Erfindung zu billigeren Preisen liefern kann. Aber endlich kommt der Zeitpunkt, wo die gesammte zivilisirte Welt den Markt bildet, und wo es unmöglich ist, bei neuen Nazionen sich neue Kunden zu suchen. Die Nachfrage des allgemeinen Marktes ist dann eine bestimmte, um welche sich die industriellen Völker streiten. Wenn das eine einen grösseren Absatz hat, so geschieht es auf Kosten der anderen. Der allgemeine Absatz kann nur durch die Fortschritte des allgemeinen Reichthums oder dadurch zunehmen, dass die früher zu dem alleinigen Gebrauche der Reichen bestimmten Güter auch den ärmeren Klassen zugänglich werden.

„Die Erfindung des Strumpfwirkerstuhles, mittelst dessen ein einziger Mensch die Arbeit, die früher von 100 Menschen verrichtet worden war, verrichten kann, war eine Wohlthat für die Menschheit; aber nur darum, weil die Fortschritte der Zivilisazion, die Zunahme der Bevölkerung und des Reichthums die Zahl der Konsumenten sehr vermehrten. Neue Länder nahmen europäische Sitten an, und diese Fussbekleidung, sonst eine Auszeichnung der Reichen, ist bis in die untersten Klassen der Gesellschaft verbreitet. Aber wenn heutzutage ein Strumpfwirkerstuhl erfunden würde, welcher die Arbeit von 100 der bisherigen Stühle verrichtete, so würde diese Erfindung ein Nazionalunglück sein; denn die Zahl der Konsumenten kann unmöglich mehr sehr zunehmen, wesshalb sich die der Produzenten vermindern müsste.

„Ueberdiess richtet sich der Preis der Güter nicht allein nach der direkt auf ihre Produkzion gerichteten Arbeit, sondern es muss ausser dieser noch die primitive Arbeit, die sich nicht mehr wiederholt, darin bezahlt werden; nämlich die zur Errichtung der Gebäude und Verfertigung und Aufstellung der Maschinen u. s. w. erfordert wird. Wenn man daher auch 100 Arbeiter erspart und dieselbe Arbeit durch einen einzigen Mann mit Hilfe einer Maschine verrichten lässt, so sinkt der Preis der Waare noch nicht auf $^1/_{100}$ herab. Der Strumpfwirkerstuhl erspart die Arbeit ungefähr in diesem Verhältniss, aber er liefert die Strümpfe höchstens um 10 Perzent billiger, als sie mittelst der Strickhadel gefertigt werden können. Trotz der Erfindung der grossen Wollen- und Baumwollenspinnereien

---

[1]) Freisetzung von Arbeitern fremder Länder ist auch eine Verminderung der Arbeiterzahl. D. V.

werden noch immer Spinnerinnen auf dem Rade oder mit der Spindel beschäftigt,¹) zum sicheren Beweise, dass die Ersparungen, die man gemacht hat, indem man Luft und Feuer an die Stelle der Menschen setzte, kaum 10 Perzent übersteigen. Die nämliche Erfahrung zeigt sich fast in allen andern fortgeschrittenen Gewerben: der Preis ihrer Erzeugnisse sinkt nur in arithmetischer Proporzion, während die Zahl der ersparten Arbeiter sich in geometrischer Proporzion bewegt.

„Die Erfindungen in den mechanischen Künsten haben überdiess stets zur Folge, dass die Industrie in den Händen weniger Reichen sich konzentrirt. Sie lehren mittelst einer kostspieligen Maschine, das heisst, mit einem grossen Kapital das hervorbringen, was sonst mit einer grossen Summe von Arbeit hervorgebracht wurde. Sie führen auf Ersparnisse im Grossen, durch Theilung der Beschäftigungen, durch Anwendung einer Menge von Arbeitern zu gemeinschaftlichen Anstrengungen und durch die Anwendung der Naturkräfte. Die kleinen Kaufleute und Gewerbtreibenden verschwinden und der grosse Geschäftsmann tritt an die Stelle von hunderten von kleinen, die vielleicht alle zusammen nicht so reich waren, als er. Alle zusammen waren aber nützlichere Konsumenten als er. Sein verschwenderischer Luxus gibt der Industrie viel weniger Aufmunterung als die anständige Wohlhabenheit der hundert Wirthschaften, die er ersetzt hat.

„Kein Schauspiel ist staunenswerther, als das, welches England in dieser Beziehung darbietet, mitten unter seinen Reichthümern, welche die Augen blenden. Wenn man sich nicht begnügt, nach den kolossalen Reichthümern der Vornehmen des Königreiches zu urtheilen, für welche eine halbe Million Franken an Renten nur ein mittelmässiges Einkommen ist, wenn man den empörenden Luxus betrachtet, den sie in ihren prächtigen Wagen und mit ihren zahlreichen Dienern, in ihren Pferden, Jagden und Hunden entfalten, die sie vielleicht 100.000 Francs jährlich kosten, so empfindet man Unwillen und Zorn, wenn man diese Verschwendung mit den Leiden der Armen vergleicht. Ueberall in der Hauptstadt, im Hyde-Park selbst, wo die prächtigsten Wagen in unabsehbaren Reihen hinziehen, sitzen Gruppen von 10—20 Fabrikarbeitern, unbeweglich, die Verzweiflung in ihren Blicken und ein verzehrendes Fieber in ihren Gliedern, ohne dass man ihnen die geringste Aufmerksamkeit schenkt. Ein Drittheil der Werkstätten ist schon geschlossen, ein zweites Drittheil wird bald geschlossen werden und alle Magazine sind von Waaren vollgepfropft; von allen Seiten bietet man Waaren zu den niedrigsten Preisen aus, die kaum die Hälfte der Erzeugungskosten decken; und dennoch, trotzdem, dass der Arbeiter verdrängt ist und die englische Nazion seine Stelle den Maschinen überlassen hat, werden dem Erfinder neuer Maschinen, welche die Arbeiter, die etwa noch ihr Brot haben, vollends überflüssig machen, noch Belohnungen bewilligt!"²)

---

¹) Das galt vor 40 Jahren. D. V.
²) Zitirt bei Fr. Schmidt, Fabr. u. Masch.-Wesen, p. 202 ff. Obgleich Sismondi diese Worte vor fast einem halben Jahrhunderte schrieb, gelten sie heute mehr als

Das sind die Segnungen, welche unter der Herrschaft der kapitalistischen Produkzionsweise die Maschinen dem Arbeiter gewähren.

Der Harmonieapostel kann also nur noch an das Sinken des Kapitalzinses als an den letzten Rettungsanker seines Optimismus sich klammern. Aus dieser Thatsache schliesst er „das grosse, wunderbare, tröstende, nothwendige, unbeugsame Gesetz des Kapitals. Durch den Nachweis desselben schlägt man jene hohlen Deklamazionen gegen die Habgier und die Tyrannei des mächtigsten Hilfsmittels der Zivilisazion und Gleichheit, mit denen uns die Ohren seit so langer Zeit angefüllt wurden." [1])

Dieses grosse und tröstende Gesetz lautet nach Carey: „Die Quote des Arbeiters steigt mit jeder Zunahme der Produktivität der Arbeit, die Quote des Kapitalisten nimmt ebenso regelmässig ab, unter beständiger Zunahme der Quantität und ebenso beständiger Tendenz zur Gleichheit unter den verschiedenen Theilen, aus welchen die Gesellschaft besteht. Je rascher der Fortschritt ist, desto grösser ist die Tendenz des Geistes, Macht über den Stoff zu erlangen, indem der Werth des Menschen im Vergleich zum Kapital steigt und der Werth des Kapitals im Vergleich zum Menschen sinkt." [2])

Bastiat, Carey's Affe und Plagiator, hat dasselbe Gesetz als sein Gesetz vorgebracht, nur in etwas kürzerer Formulirung: „In dem Masse, als die Kapitalien wachsen, vermehrt sich der **absolute** Antheil der Kapitalisten an den Gesammterzeugnissen und vermindert sich ihr **relativer** Antheil. Der Antheil der Arbeiter dagegen nimmt in beiden Beziehungen zu."

Carey stellt zur Erläuterung seines Satzes eine Tabelle auf:

	Gesammt-ertrag	Antheil des Arbeiters,	Kapitalisten	
1. Vertheilung (die Werkzeuge von Stein)	4	1	3	(in der Steinzeit!)
2. Vertheilung (die Werkzeuge von Erz)	8	2·66	5·33	
3. Vertheilung (die Werkzeuge von Eisen)	16	8	8	
4. Vertheilung (die Werkzeuge von Stahl)	32	19·20	12·80 [3])	

je. Diess lehren wieder die neuesten statistischen Erhebungen in England, welche zeigen, dass daselbst während und trotz der wirthschaftlichen Krise die Zahl der Maschinen in steter und rascher Zunahme begriffen ist. Greifen wir nun eine Branche, z. B. die Baumwollenindustrie heraus, so finden wir das in derselben thätig waren

	1871	1875	1878
Fabriken	2.483	2.655	2.674
Spindeln	34,695.221	37,515.772	39,527.920
Maschinenstühle	440.676	463.118	514.911
Arbeiter	450.087	479.515	482.903

1871 waren also noch 9.411 Arbeiter mehr als Maschinenstühle in Thätigkeit; 1878 dagegen gab es in der englischen Baumwollenindustrie bereits 32.008 Maschinenstühle mehr als Arbeiter!

[1]) Bastiat, v. H., p. 225.
[2]) Carey, Gr. d. S., III., p. 133.
[3]) Carey, Gr. d. S., III., p. 132.

1. Kapitel. Das eherne Lohngesetz.

Bastiat muss natürlich auch eine Tabelle bringen, und da die vorgebrachten Ziffern ganz willkürlich gewählt sind, sieht er nicht ein, warum er nicht schon den Steinzeitkapitalisten als einen Mann hinstellen soll, der sich mit einem bescheidenen Gewinne begnügt. Der Antheil des Kapitals am Gesammterzeugniss ist daher bei Bastiat viel geringer, als bei Carey. Er beträgt:

	Gesammt-erzeugniss	Antheil des Kapitals	Antheil der Arbeit	
1. Periode	1000	500	500	(so viel, wie bei Carey in der 3. Periode)
2. "	2000	800	1200	
3. "	3000	1050	1950	
4. "	4000	1200	2800	

Der Beweis für die Richtigkeit des in der Tabelle veranschaulichten Prinzipes zerfällt in zwei Theile: „Zunächst ist zu beweisen, dass der relative Antheil des Kapitals unaufhörlich sich verringert. Dies ist leicht, denn es kommt darauf hinaus: je mehr Kapitalien vorhanden sind, desto mehr sinkt der Zinsfuss, eine unbestreitbare und unbestrittene Thatsache, welche nicht nur die Wissenschaft, sondern auch der Augenschein lehrt . . . . . Die Thatsache hat die Autorität des Menschengeschlechtes und die vielleicht unfreiwillige Unterwerfung aller Kapitalisten der Welt für sich. Es steht fest, dass der Zinsfuss von Kapitalien in Spanien niedriger ist als in Mexiko, in Frankreich niedriger als in Spanien, in England als in Frankreich, und in Holland als in England. Wenn der Zinsfuss von 20% auf 15, dann auf 10, 8, 6, 5, 4$^{1}/_{2}$, 4, 3$^{1}/_{4}$, 3% herabgeht — was bedeutet dies für die vorliegende Frage? Es bedeutet, dass das Kapital sich für seine Mitwirkung bei dem industriellen Werke, bei der Verwirklichung des Wohlstandes mit einem im Verhältniss zu seinem Wachsthum allmählig verringerten Antheile begnügt, oder wenn man will, begnügen muss. Kam es früher bei dem Werth des Getreides, der Häuser, des Hanfes, der Schiffe und Kanäle mit einem Drittel in Anschlag, — mit anderen Worten, kam beim Verkauf dieser Dinge ein Drittel auf die Kapitalisten und zwei Drittel auf die Arbeiter, so erhalten die Kapitalisten nach und nach nur noch ein Viertheil, ein Fünftheil, ein Sechstheil; ihr relativer Antheil verringert sich; der der Arbeiter wächst in demselben Verhältnisse, und der erste Theil meines Beweises ist geführt." [1])

Noch nicht! Bastiat nimmt es als selbstverständlich an, dass das Sinken des Zinsfusses eine Steigerung des Antheils des Arbeiters am Gesammterzeugniss bedinge: das muss erst bewiesen werden! Dem Anscheine nach bedingt allerdings ein Fallen des Kapitalzinses auch ein Fallen des Antheiles des Kapitalisten am Arbeitsertrag, und selbst die den Optimisten so verhasste englische Schule ist daher der Meinung, dass das Sinken des Kapitalzinses eine Erhöhung des Arbeitslohnes bedeute.

Kapitalzins und Kapitalgewinn sind allerdings nicht gleich-

---
[1]) Bastiat, v. II., p. 225 ff.
[2]) A. Smith, Nazionalr., I., 161.

bedeutend, aber schon Adam Smith meint, man dürfe es als einen Grundsatz annehmen, „dass allenthalben, wo man sein Geld sehr vortheilhaft in Gewerben anlegen kann, man auch für die Erlaubniss, fremdes Geld zu nutzen, viel zahlen muss; und dass man hingegen wenig dafür gibt, wenn man wenig damit gewinnen kann. Wir können also mit Sicherheit annehmen, dass, wenn der gewöhnliche Zinsfuss in einem Lande sich verändert hat, auch die Gewinnste, die sich mit Anlegung von Kapitalien machen lassen, verändert worden sein müssen. Beide steigen und fallen zugleich." [2])

Wenn es auch keine ausgemachte Thatsache ist, dass die Geschichte des Zinsfusses die Geschichte des Kapitalgewinnes sei, so kann man es doch als höchst wahrscheinlich gelten lassen.

Adam Smith nimmt also nicht nur das Sinken des Kapitalzinses, sondern auch das Sinken des Kapitalgewinnes als eine wirklich bestehende Thatsache an. Er erklärt jedoch dieses Sinken nicht als eine Folge des Steigens der Arbeitslöhne, sondern als eine Folge der wachsenden Konkurrenz der Kapitalien. „Die Zunahme der Kapitalien erhöht den Arbeitslohn, aber den Gewinnst von diesen Kapitalien macht sie geringer. Wenn die Kapitalien vieler Kaufleute in demselben Handelszweige angelegt werden: so muss nothwendig die daraus entstehende Konkurrenz den Erfolg haben, ihre Gewinnste kleiner zu machen; und wenn diese Zunahme der Kapitalien, sich über alle Zweige der Gewerbe und des Handels erstreckt, die in der bürgerlichen Gesellschaft getrieben werden: so muss auch der Gewinn aller Kapitalien sich vermindern." [1])

Und an anderer Stelle sagt er: „So wie die Anzahl der Kapitalien, die zum Ausleihen auf Zinsen bestimmt sind, wächst: so nehmen die Zinsen, oder der Preis, welcher für den Gebrauch dieser Kapitalien gezahlt wird, nothwendiger Weise ab: nicht nur, um der allgemeinen Ursachen willen, welche machen, dass der Marktpreis der Dinge sich gemeiniglich vermindert, wenn ihre Quantität sich vermehrt, sondern auch aus anderen Ursachen, welche diesem Falle eigenthümlich sind. So wie die Kapitalien in einem Lande sich vermehren: so vermindern sich nothwendig die Gewinnste, welche durch die Anwendung derselben gemacht werden können. Es wird stufenweise immer schwerer und schwerer, innerhalb des Landes irgend einen Weg zu finden, auf welchem man ein neues Kapital nützlich anwenden könnte. Daraus entsteht also eine Konkurrenz zwischen den verschiedenen Kapitalien, indem der Eigenthümer des einen sich bemüht, sich derjenigen Gelegenheit zur Nutzung eines Kapitals zu bemächtigen, von welcher der Andere schon Gebrauch gemacht hat. In den meisten Fällen aber kann er nicht hoffen, diesen Anderen aus seinem Besitze zu vertreiben, als wenn er den Personen, mit welchen er dabei zu thun hat, bessere Bedingungen macht. Er muss nicht nur das, was er verkauft, etwas wohlfeiler verkaufen, sondern er muss es auch zuweilen, um es verkaufen zu können, etwas theurer einkaufen. Durch die Vermehrung der Fonds, die dazu

---
[1]) A. Smith, N., I., 160.

bestimmt sind, hervorbringende Arbeiter in Thätigkeit zu setzen, wird die Nachfrage nach solchen alle Tage grösser und grösser. Den Arbeitern wird es immer leichter, Beschäftigung zu finden; aber den Kapitalsbesitzern wird es immer schwerer, Arbeiter zu finden, die sie beschäftigen könnten. Diese treiben also durch ihre Konkurrenz ebenso den Arbeitslohn in die Höhe, als sie die Preise der Waaren beim Verkaufe herunterbringen. Wenn aber auf diese Weise die Gewinnste, welche man mit einem Kapitale machen kann, gleichsam an beiden Enden vermindert werden: so muss auch der Preis, welcher für den Gebrauch desselben bezahlt werden kann, nothwendig sich zugleich vermindern."[1])

Die steigende Konkurrenz der Kapitalisten ist also nach Adam Smith die Ursache des Sinkens der Kapitalgewinne und zugleich des Steigens der Arbeitslöhne. Beide sind jedoch nicht nothwendig miteinander verbunden, denn es können nach Smith Arbeitslohn und Kapitalzins zugleich hoch oder niedrig sein. Da jedoch Smith solche Fälle nur als Ausnahme betrachtet, so ist das Ergebniss seiner Untersuchung Bastiat günstig.

Ricardo berichtigt Smith's Vorstellung, dass die Konkurrenz der Kapitalien den Zinsfuss erniedrigen könne. Mit dem Steigen der Vermögensmittel steigt nicht nur die Produktion, sondern auch die Nachfrage. Der Markt kann mit bestimmten Gütern überfüllt werden, aber das kann nicht mit Bezug auf alle Güter der Fall sein. Die Ueberproduktion ist nicht die Folge eines Ueberflusses von Kapitalien sondern die Folge einer falschen Richtung der Produktion. Ein überflüssiges Kapital gibt es nicht. Die Vermehrung des Kapitals hat also blos eine Vermehrung der Produktion zur Folge. „Ob diese Vermehrung der Erzeugnisse und die daraus erfolgende Nachfrage, welche sie veranlasst, die Gewinnste herabsetzen wird oder nicht, **hängt ganz allein vom Steigen des Arbeitslohnes ab**, und das Steigen des Arbeitslohnes, ausgenommen für kurze Zeit, wieder von der Leichtigkeit, womit die Nahrungs- und anderen Bedürfnissmittel des Arbeiters hervorgebracht werden."[2])

„Das natürliche Streben des Gewinnstes ist demnach, zu sinken; denn bei der Zunahme der bürgerlichen Gesellschaft und des Volkswohlstandes erlangt man den erforderlichen Mehrbedarf an Nahrungsmitteln durch Aufopferung von mehr und mehr Arbeit."[3])

„Die Wirkungen der Kapitalansammlung werden daher in verschiedenen Ländern verschieden sein und hauptsächlich von der Fruchtbarkeit des Bodens abhängen.". . . . . . . „In dem Hauptstücke vom Arbeitslohne haben wir zu zeigen uns bemüht, dass der Geldpreis der Güter durch ein Steigen des Arbeitslohnes nicht in die Höhe getrieben werden könne, gleichgiltig, ob man annehme, das Gold, der Geldstoff, sei das Erzeugniss des Landes selbst, oder es werde vom Auslande eingeführt. Allein wenn auch dem anders

---
[1]) Smith, N., II. p. 147.
[2]) Ricardo, Gr. d. V. u. B., p. 313.
[3]) Ricardo, Gr. d. V. u. B., p. 105.

wäre, wenn die Preise der Güter durch hohen Arbeitslohn bleibend in die Höhe getrieben würden, so würde der aufgestellte Satz dennoch nicht weniger wahr sein, nämlich dass hoher Arbeitslohn unausweichlich die Lohnherren trifft, indem er sie um einen Theil ihres wirklichen Gewinnes beraubt." [1])

„Könnte man die Bedürfnissmittel des Arbeiters beständig mit derselben Leichtigkeit vermehren, so könnte es keine dauerhafte Veränderung im Gewinnst- oder Lohnsatze geben, zu was für einem Betrage auch immer Kapital angesammelt werden möchte." [2])

Ricardo ist also nicht blos der Ansicht, dass ein Steigen des Arbeitslohnes Hand in Hand gehe mit einem Sinken des Kapitalgewinnes, sondern Ersteres bedingt sogar das Letztere unumgänglich. Die Thatsachen stimmen jedoch nicht vollständig mit Ricardo's Theorie. Es gibt eine grosse Anzahl Länder, in denen Zinsfuss und Arbeitslohn zugleich hoch stehen. So verlangte man in Australien 1850 bei voller Sicherheit 15—20 Perzent, zugleich aber standen die Löhne so hoch, dass noch 1872, obgleich bis dahin das Angebot von Händen sich sehr vermehrt hat, in und um Melbourne ein Feldarbeiter mit Kost und Logis 15—20 Schilling wöchentlich erhielt, ein Schneider sogar 60—75 Schilling. In Brasilien beträgt der niedrigste Zinsfuss 9 Perzent, 12—18 Perzent sind nichts Ungewöhnliches; dennoch beläuft sich der Tageslohn eines europäischen Handwerkers in Rio de Janeiro auf 1—2 spanische Piaster. [3]) Auch in den neueren Staaten der Union, in Kalifornien, Louisiana etc. steht der Arbeitslohn hoch zugleich mit dem Zinsfuss. Dasselbe war der Fall Anfangs dieses Jahrhunderts in Russland. [4])

Wie reimt sich das mit der Theorie? Es ist doch unläugbar, dass, wenn der Antheil des Kapitalisten sinkt, der des Arbeiters am Arbeitsertrage steigen muss?

Ganz richtig. **Aber der Antheil des Kapitalisten am Arbeitsertrage ist nicht gleichbedeutend mit dem Kapitalgewinn!**

Dass man in der politischen Oekonomie diesen Unterschied noch nicht erkannt hat, ist dadurch zu erklären, dass sie bis jetzt die Marx'sche Eintheilung von konstantem und variablem Kapital unberücksichtigt liess. Der Kapitalgewinn wird berechnet nach seinem Verhältniss zum **gesammten verwendeten Kapital**; der Antheil des Kapitalisten am Arbeitsertrag darf aber nur gemessen werden nach seinem Verhältniss zum **variablen Kapital**: mit dem Auftreten des konstanten Kapitals werden also der Kapitalgewinn und der Antheil des Kapitalisten zwei verschiedene Grössen; **ihre Verschiedenheit wächst mit der Zunahme des konstanten Kapitals**. Das konstante Kapital kann keinen neuen Werth schaffen, sein Werth wird blos unverändert auf das aus ihm

---

[1]) Ricardo, Gr. d. V. u. d. B., p. 112.
[2]) Ricardo, Gr. d. V. u. d. B., p. 308.
[3]) 1 Piaster = 1 Thlr. 13 Sgr. 4 Pf.
[4]) Die meisten dieser Daten sind Roschers Handbuch entnommen.

und mit ihm bereitete Produkt übertragen. Der Mehrwerth kann also blos geschaffen werden aus dem variablen Kapital, er kann also auch nur gemessen werden nach seinem Verhältniss zum variablen, nicht zum Gesammtkapital. Wenn der Arbeiter bei zwölfstündigem Arbeitstage sechs Stunden lang arbeitet, den Werth der eigenen Arbeitskraft wieder hervorzubringen, und sechs Stunden lang Mehrwerth schafft, so wird der Antheil des Kapitalisten am Arbeitsertrag jedenfalls $1/2$ betragen. Wenn er also 1000 fl. täglich an Lohn ausgibt, so wird sein Profit unter diesen Umständen täglich auch auf 1000 fl, also 50 Perzent des Arbeitsertrages oder 100 Perzent des verwendeten variablen Kapitals sich belaufen. Wenn aber in demselben Produkzionsprozess konstantes Kapital im Werthe von 9000 fl. seine Form geändert und seinen Werth den Produkten einverleibt hat, so beträgt das gesammte Kapital, welches der Kapitalist aufgewendet hat, 10.000 fl, der Kapitalgewinn also blos 10 Perzent. Das Sinken des Kapitalgewinnes bedeutet also durchaus nicht ein gleichzeitiges Sinken der Quote des Mehrwerthes; im Gegentheil; diese kann in entgegengesetzter Richtung sich bewegen.

Ein Beispiel wird das deutlich machen. Nehmen wir vier Perioden an, sowie Carey, aber nicht etwa Steinzeit, Bronzezeit, Eisen- und Stahlzeitalter. Wir nehmen an, dass das Verhältniss des konstanten zum variablen Kapital sich stetig zu Gunsten des Ersteren ändere, wie diess auch in Wirklichkeit vor sich geht. Wir nehmen zugleich den günstigen Fall an, dass das variable Kapital sich nur relativ vermindere, absolut aber vermehre. Zugleich setzen wir voraus, dass in Folge der Verbesserungen der Produkzion der Werth der Arbeit sinke, d. h. dass in immer weniger Arbeitszeit das zur Reproduktion der Arbeit nöthig Erachtete hervorgebracht werde, dass also die Lage des Arbeiters als Produzenten sich verschlechtere. Zugleich will ich zugeben, dass seine Lage als Konsument sich verbessere und der Werth der unentbehrlichsten (welches ein anderer Begriff ist, als der „nothwendigen") Lebensmittel in noch stärkerem Sinken begriffen sei, als der Werth der Arbeit.

Wenn wir nach diesen Voraussetzungen die Quote des Mehrwerthes und den Kapitalgewinn für jede einzelne Periode berechnen, erhalten wir folgende Tabelle:

Periode	Gesammtkapital	Variables Kapital		In Perzenten des Arbeitstages		Rate des Mehrwerthes im Verhältniss zum	
		als dato Zahl	in Perz. des Gesammtkapitals	Werth der Arbeit	Werth der Lebensmittel	variablen Kapital	Gesammtkapital
1.	1.000	900	90%	50%	40%	100·0%	90·0%
2.	2.000	1.400	70%	45%	34%	122·2%	85·5%
3.	4.000	2.000	50%	40%	27%	150·0%	75·0%
4.	8.000	2.400	30%	35%	20%	185·7%	55·7%

Nehmen wir nach Smith das Verhältniss des Zinsfusses zum Kapitalgewinn als etwas Feststehendes an, etwas wie 1:10, so hätte der Kapitalzins betragen in der 1. Periode 9 Perzent, in der 2. 8·6 Perzent, in der 3. 7·5 Perzent, in der 4. 5·6 Perzent; zugleich aber wäre die Rate des Mehrwerthes, welchen der Kapitalist annektirt, gestiegen von 100 Perzent auf 122·2 in der 2., 150 Perzent in der 3., 185·7 Perzent in der 4. Periode.

Man sieht aus dieser Tabelle, **dass der Kapitalgewinn zugleich mit dem Antheil des Arbeiters am Arbeitsertrage fallen kann.** Man sieht ferner, dass seine Lage als Konsument sich verbessern kann, während zugleich seine Ausbeutung zunimmt.

Ich besitze nicht die Kühnheit Carey's, Bastiat's und Konsorten, um zu behaupten, dass meine Tabelle der Wirklichkeit entspreche, obgleich ihre Voraussetzungen realerer Natur sind, als die eines Steinzeitkapitalisten u. dergl. Analog der Formel Bastiat's könnte man dann behaupten: „In dem Masse, als die Kapitalien wachsen, vermehrt sich der absolute Antheil des Arbeiters an den Gesammterzeugnissen und vermindert sich sein relativer Antheil. Der Antheil des Kapitalisten hingegen nimmt in beiden Beziehungen zu. Dieses Steigen wird aber verdeckt und in ein scheinbares Sinken umgewandelt dadurch, dass man den erzielten Mehrwerth nicht mit dem aufgewendeten variablen, sondern Gesammtkapital vergleicht." Diess Gesetz ist mindestens ebenso „gross, wunderbar, nothwendig und unbeugsam," wie das Bastiat's; nur so „tröstend" ist es nicht und wird desshalb auch von den Oekonomen der Bourgeoisie verworfen werden. Leider kann die Frage, in welchem Masse der Werth der Arbeit und das Verhältniss des konstanten zum variablen Kapital zugleich mit dem Sinken des Kapitalzinses sich thatsächlich geändert haben, bei dem heutigen Stande der Statistik nicht beantwortet werden, und muss ihre Lösung späteren eingehenderen Untersuchungen vorbehalten bleiben.

Eines geht jedoch mit Gewissheit aus der oben angeführten Tabelle hervor: Der Kapitalgewinn kann unabhängig von dem Arbeitslohne sinken: Diess Sinken kann ebensogut durch eine Vermehrung des konstanten Kapitals, wie durch ein Steigen des Arbeitslohnes bewirkt werden. Das Sinken des Zinsfusses ist daher durchaus kein Beweis für das von Carey-Bastiat so pomphaft als unerschütterlich angekündigte Gesetz, dass mit dem Wachsen des Kapitals der Antheil des Arbeiters am Arbeitsertrage absolut und relativ zunehme. Dieses tröstliche, nothwendige und unbeugsame Gesetz ist vorläufig nichts als ein frommer Wunsch derjenigen, welche überall und um jeden Preis eine Harmonie herausfinden wollen.

So lange also die Optimisten nicht bessere Gründe vorbringen, und das dürfte ihnen kaum gelingen, bleibt der Satz unangefochten, **dass der Arbeitslohn unter der Herrschaft von Angebot und Nachfrage stets auf dem Niveau des gewohnheitsmässig zur Erhaltung und Vermehrung des Arbeiters**

Nothwendigen beharren wird und muss. Er kann sich nicht dauernd über dasselbe erheben, noch unter dasselbe senken: diess Gesetz ist unabhängig von der Vermehrung oder Verminderung im Angebot von Arbeit.

Wäre Letzteres nicht der Fall, dann könnte allerdings durch die Annahme des Malthus'schen Vorschlages die Lage des Arbeiters gebessert werden; es wäre aber dann noch eine andere Lösung möglich, eine andere Art, das Angebot von Arbeit zu verringern: die Fabriksgesetze.

Der Kapitalist hält keine Nachfrage nach Menschen, sondern nach menschlicher Arbeitskraft. Die menschliche Arbeitskraft wird aber nicht nach den Individuen gemessen, in denen sie verkörpert ist, sondern nach der Zeit, in welcher sie ihre Thätigkeit entwickeln. Nicht der Mensch, sondern die Arbeitsstunde ist die Einheit der menschlichen Arbeitskraft. Nehmen wir nun an, ein Kapitalist benöthige täglich 3000 Arbeitsstunden, so wird er 200 Arbeiter anwenden bei 15stündigem, 300 bei 10stündigem Arbeitstag. Die Nachfrage nach Arbeitern ist also unter übrigens gleichen Umständen im zweiten Falle viel grösser, als im ersteren, ohne dass der Bedarf von Arbeitskraft sich gesteigert hätte. Wenn die Nachfrage nach Arbeit steigt, muss natürlich ihr Lohn steigen. Durch die Einführung eines kurzen Normalarbeitstages könnte daher der vorhandenen Uebervölkerung von Arbeitern ein Ende gemacht werden ohne Zauberei und Malthusianismus. Dieses Resultat würde verstärkt werden durch Einschränkung der Kinder- und Frauenarbeit.

Die Fabriksgesetze haben viele segensreiche Folgen für den Arbeiterstand mit sich gebracht und sind es werth, dass der Arbeiter unaufhörlich kämpfe um ihre Verbesserung und Erweiterung; aber eine dauernde Lohnerhöhung haben sie nicht bewirkt. Sie hatten dieselbe Folge, welche der Malthusianismus, welche jedes Mittel, den Arbeitslohn zu heben, in der modernen Gesellschaft haben muss: die Vermehrung des konstanten Kapitals und die beschleunigte Entwicklung der kapitalistischen Produktionsweise. Die Fabriksgesetze sind ebenso wie der Malthusianismus nur Palliativmittel, welche niemals die Lage der Arbeiterklasse dauernd werden verbessern können.

Wenn die modernen Malthusianer nicht Malthus'scher wären, wie Malthus selbst, dann hätten wir viel leichter und schneller zu diesem Urtheil über den Malthusianismus kommen können. Malthus selbst ist nämlich durchaus nicht fest davon überzeugt, dass sein Vorschlag die Wirkungen haben werde, welche die Malthusianer versprechen. Durch Malthus sind die Malthusianer zu widerlegen.

„Wenn die niederen Volksklassen lernten," meint Malthus, „ihr Angebot von Arbeit je nach der sich gleichbleibenden oder abnehmenden Nachfrage nach Arbeitern zu ordnen, ohne das Elend und die Sterblichkeit zu mehren, wie es jetzt der Fall ist, so dürften wir uns vielleicht mit der Hoffnung schmeicheln, dass in der Zukunft die

Vervollkommnung der Werkzeuge und Methoden, mittelst welcher die Arbeiten abgekürzt werden, die in den letzten Jahren so rasche Fortschritte gemacht hat, dahin gelangen werde, dass alle Bedürfnisse der reichsten Gesellschaft mit weniger Aufwand von körperlicher Anstrengung beschafft würden, als jetzt, wodurch, wenn auch **gleiche Mühsamkeit der Arbeit, wie heutzutage, den einzelnen Arbeitern obläge, doch die Zahl der im Schweisse ihres Angesichtes Arbeitenden verringert werden dürfte.**"[1])

Also nicht Verringerung der Arbeitslast, sondern Verringerung der Arbeiter, Vermehrung derjenigen, welche von anderer Leute Arbeit leben — das würde die Durchführung des Malthus'schen Vorschlages zur Folge haben!

Eine solche Aussicht mag der Bourgeoisie behagen, die Arbeiter werden es aber für gerathener finden, sich nach einer anderen Lösung der sozialen Frage umzusehen. Auf dem Boden der kapitalistischen Produkzionsweise wird dieselbe kaum zu finden sein.

So lange das Kapital den Arbeiter anwendet und nicht der Arbeiter das Kapital — welches dann wahrscheinlich aufhörte Kapital zu sein und blosses Arbeitsmittel würde — so lange von der Nachfrage des Kapitals nach Arbeit das Schicksal des Arbeiters abhängt, so lange kann der Arbeitslohn nicht dauernd über dem zur Wiederherstellung der Arbeitskraft gewohnheitsmässig Nöthigen stehen. Eine jede Verminderung des Angebotes von Arbeit zieht naturnothwendig eine Verminderung der Nachfrage nach Arbeit nach sich, so dass eine dauernde Erhöhung des Lohnes durch dieses Mittel nicht möglich ist. Es ist nicht nur das Gesammtkapital eine sehr veränderliche Grösse, sondern es zerfällt überdiess das Gesammtkapital in zwei Theile, konstantes und variables Kapital, deren Grössenverhältnisse zu Ungunsten des variablen Theiles sehr leicht verschiebbar sind. Eine solche Verschiebung findet unter der Herrschaft der modernen Produkzionsweise unaufhörlich statt: die Tendenz zu derselben wird verstärkt durch ein Steigen des Lohnes, indess ein niederer Lohn sie schwächt.

Die Verminderung des Angebotes menschlicher Arbeitskraft, wie sie die Malthusianer oder wie sie die Gewerkvereinler wollen, wird daher durchaus nicht den gewünschten Erfolg haben. Die Arbeiter mögen in dieser Hinsicht thun, was sie wollen; sie mögen den achtstündigen Normalarbeitstag einführen, sie mögen auswandern, sich der Ehe enthalten, gar keine Kinder mehr zeugen: das Kapital wird stets Mittel finden, sich vor Lohnerhöhungen zu schützen. Man wird Maschinen auf Maschinen erfinden, man wird halb Europa in eine Schafweide und die andere Hälfte in ein Wildgehez verwandeln — und sollte selbst der undenkbare Fall eintreten, dass eine Vermehrung des konstanten Kapitals nicht mehr möglich wäre, auch

---

[1]) Malthus, E. s. l. p. d. p., p. 570. ed. St., p. 760.

dann wird der erfindungsreiche Kapitalist vor einer Lohnerhöhung sich zu bewahren wissen. Er wird Kulis aus China und Indien einführen, darauf vielleicht Neger, und erst, bis diese im Laufe der Jahrhunderte auch Malthusianer geworden und dem Aussterben nahe sind, bis der Kapitalist keine menschlichen Arbeitskräfte mehr in irgend einem Erdenwinkel wird aufstöbern können, dann wird der Arbeitslohn vielleicht in die Höhe gehen, sollte es bis dahin nicht gelungen sein, Affen zur Arbeit abzurichten.

Diese tröstliche Aussicht bietet dem Arbeiter der Malthusianismus!

II. Kapitel.
Laster und Elend.

Es ist, wie ich glaube, mit Evidenz nachgewiesen, dass der Malthusianismus die Klassenlage des Arbeiters nicht heben kann. Den Anhängern der positiven Vorschläge von Malthus bleibt also nur mehr eine Posizion zu vertheidigen: kann die Enthaltung von der Ehe auch der Arbeiterklasse als solcher nichts nützen, so ist sie vielleicht anzuempfehlen, um die Lage des Einzelnen in privatökonomischer Beziehung angenehmer zu gestalten. So wie das Sparen und die Betheiligung an Konsumvereinen in nazionalökonomischer Beziehung wirkungslos für den Arbeiter bleiben müssen, und in privatökonomischer Beziehung Beides doch recht wohl empfohlen werden kann, so ist diess vielleicht auch hier der Fall.

Der Arbeiter soll nicht eher heirathen, sagen die Malthusianer, bevor er nicht die Gewissheit hat, eine Familie bequem erhalten zu können. Nicht nur, dass er sich selbst dadurch eine schwere Last von Kummer und Sorgen erspart, sondern er begeht sogar ein Verbrechen, wenn er leichtsinnigerweise menschliche Wesen in's Dasein ruft, welche zu Noth und Entbehrungen schon im Mutterleibe verdammt sind.

„Wie sonderbar," ruft Roscher, „ein Kind zu erzeugen (sehr sonderbar) mit zahllosen Bedürfnissen, mit einer unsterblichen Seele, das ist gewiss die folgenschwerste Handlung, die ein gewöhnlicher (!) Mensch in seinem Leben verrichten kann; und doch wird sie von den Meisten so ganz leichtsinnig verrichtet!"[1])

Die Interessen der Kinder sind es also in erster Linie, welche der Malthusianismus vertritt: in ihrem Interesse soll der Mann so spät als möglich heirathen; jedenfalls nicht früher, als bis er eine Familie erhalten kann.

---

[1]) Roscher, d. Gr. d. N., p. 552. Interessant ist's, diesem Zitate einen Ausspruch Schopenhauer's gegenüber zu stellen: „Ohne alle subjektive Leidenschaft, ohne Gelüste und fysischen Drang, blos aus reiner Ueberlegung und kaltblütiger Absicht einen Menschen in die Welt zu setzen, damit er darin sei — das wäre eine moralisch sehr bedenkliche Handlung, welche wohl nur Wenige auf sich nehmen würden, ja, der vielleicht gar Einer nachsagen könnte, dass sie zur Zeugung aus blossem Geschlechtstrieb sich verhielte, wie der kaltblütig überlegte Mord zum Todtschlag im Zorn." A. Schopenhauer, Parerga und Paralipomena, 2. Aufl. Berlin 1862. II. p. 339.

Wann aber tritt dieser Zeitpunkt ein? Soll der Mann erst dann heirathen, bis er ein Vermögen gesammelt hat, welches seiner Familie nach seinem Ableben erlaubt, von ihren Renten zu leben? Das hiesse die bestehende Bevölkerung Europas auf den Aussterbeetat setzen.

Soll also der Mann wenigstens nicht früher heirathen, als bis er von seinem Einkommen sich und seine Familie bequem erhalten kann? Untersuchen wir die Folgen, die solche „kluge" Gewohnheiten mit sich bringen würden.

Der Mann muss jedenfalls noch in einem Alter heirathen, wo Hoffnung vorhanden ist, dass er noch lange genug leben werde, um die Kinder, welche er aus seiner Ehe erwartet, bis zu ihrer Grossjährigkeit, selbst erziehen und erhalten zu können. Frühzeitig verwaiste Kinder pflegen in der Regel in höherem oder geringerem Grade zu verwahrlosen und viel unglücklicher zu sein, als die Kinder noch so armer lebender Eltern: einen solchen Zustand werden wohl die Malthusianer nicht herbeiwünschen. Als Minimum des Alters, bis zu welchem Söhne sowohl wie Töchter einer leitenden Hand bedürfen, kann das 20. Lebensjahr betrachtet werden. Im Durchschnitt entfallen auf eine Ehe vier Kinder, welche in einem Zeitraume von 10 bis 12 Jahren in's Leben zu treten pflegen. Folglich wird jede Ehe, wenn sie nicht die Zahl der unglücklichen Kinder vermehren soll, im Durchschnitt 30 Jahre lang währen müssen.[1]) Eine solche Lebensdauer hat nach Casper's Untersuchungen der Wohlhabende nur mehr im 30. Lebensjahre, der Arme gar nur bis zum 20. Jahre vor sich.[2]) **Zwischen dem 20. und 30. Jahre soll also der Mann heirathen, wenn er die Wahrscheinlichkeit vor sich haben will, eine glückliche Familie zu gründen.** In diese Zeit fallen aber schon heutzutage die meisten Eheschliessungen. Wenn also die Malthusianer ein weiteres Hinausschieben des Heirathens verlangen, so wollen sie die Zahl der Witwen und Waisen vermehren. Im 40. Jahre beträgt die wahrscheinliche Lebensdauer des Wohlhabenden 20—25, des Armen nur mehr 15—20 Jahre. Das Ueberhandnehmen „kluger Gewohnheiten in Bezug auf das Heirathen" hätte also zur Folge, dass bald die Hälfte aller Kinder aus Waisen bestünde. Der Malthusianismus stellt uns daher die Alternative: Aussterben der zivilisirten Menschheit oder Verwandlung der Hälfte aller Kinder in Waisen, die sich selbst eine Last, für die Gesellschaft eine Quelle von Laster und Elend sind.

Auf diese Weise schützt der Malthusianismus die Interessen der Kinder.

Diess sind jedoch nicht die einzigen Unzukömmlichkeiten, welche das verspätete Heirathen in Bezug auf das Schicksal des Nachwuchses mit sich bringt.

Deutlich sehen wir die Folgen desselben hervortreten in den

---

[1]) Vgl. Horn, Bevölkerungswissenschaftliche Studien aus Belgien. Leipzig 1854. I. p. 187.
[2]) Kolb, H. d. v. St., p. 833.

Staaten, in welchen die Staatsgewalt ihre Unterthanen zwingen wollte, Malthusianer zu sein.

Bis zum 1. Oktober 1868 war die Eheschliessung in Baiern ungemein erschwert. Dasselbe war der Fall in Württemberg und Baden. In Mecklenburg, dessen Feudalismus noch unangetastet dasteht, können sich die Bauern nicht verheirathen ohne Erlaubniss ihrer Herren. Was sind die Folgen?

Die Zahl der unehelichen Geburten betrug in Prozentzahlen aller Geburten in Baiern

vom Jahre 1826/27 bis 1830/31 . . . . 19·48%
„   „   1831/32 „ 1835/36 . . . . 20·72%
„   „   1836/37 „ 1840/41 . . . . 20·86%
„   „   1841/42 „ 1845/46 . . . . 20·51%
„   „   1846/47 „ 1850/51 . . . . 20·73% [1])
„   „   1851   „ 1855   . . . . 20·86%
„   „   1856   „ 1860   . . . . 22·83% [2])
„   „   1861   „ 1868   . . . . 22·2 %

Dagegen von 1868 angefangen:
1868/69 . . . 17·9%   1871 . . . 15·2%
1869/70 . . . 16·4%   1872 . . . 14·4% [3])

In Württemberg betrug die Zahl der unehelichen Geburten in Prozenten aller Geburten:
1836—40 . . 11·45%   1851—55 . . 12·74%
1841—45 . . 11·32%   1856—60 . . 15·53%
1846—50 . . 11·79%   1861—65 . . 16·42% [4])

In Baden zählte man uneheliche Geburten in Prozenten aller Geburten:
1833—42 . . 14·9% 1843—53 . . 15·08% 1853—55 . . 18%.

Seit der Aufhebung der die Ansässigmachung beengenden Gesetze ist jedoch eine erfreuliche Besserung zu bezeichnen. Die unehelichen Geburten, noch 1868 12·76%, sanken 1872 auf 9·4% und 1873 auf 9 2% herab. [5])

In Mecklenburg war das Verhältniss der unehelichen Geburten zu den ehelichen:

1795 . . 1 : 17·6   1852 . . 1 : 4·7
1820 . . 1 : 10·8   1859 . . 1 : 4·8
1830 . . 1 : 9·0   1861 . . 1 : 3·8
1840 . . 1 : 7·0   1862 . . 1 : 3 9
1845 . . 1 : 5·7   1864 . . 1 : 3·8 ehelichen.

Im Jahre 1851 war in 260 Ortschaften ein Drittel der Geburten unehelich, in 209 Orten die Hälfte und mehr, und in 79 sollen **nur** uneheliche Geburten vorgekommen sein in Folge der Heirathserschwerung.[6])

---

[1]) Wappäus, allgemeine Bevölkerungsstatistik, c. VIII.
[2]) Legoyt, l. Fr. et l'étr., II. p. 431.
[3]) Kolb, H. d. vgl. St., p. 198.
[4]) Oettingen, Moralstatistik, p. 295.
[5]) Kolb, H. d. vgl. St., p. 227.
[6]) Kolb, H. d. vgl. St., p. 153.

In ganz Europa betragen die unehelichen Geburten 7 Perzent aller Geburten, sie verhalten sich zu den ehelichen, wie 1:13·5.[1] Man sieht, wie sehr die Länder, in denen Heirathserschwerungen sich geltend machen, den Durchschnitt überragen.

Am auffallendsten werden jedoch die Folgen der Heirathserschwerung illustrirt an zwei Schweizer Kantonen, Glarus und Luzern.

In Luzern kommt eine Trauung auf 242 Einwohner,
„ Glarus dagegen auf . . . . . 95 „ [2])
Die Zahl der unehelichen Geburten betrug dafür in Luzern 15·15%,
„ Glarus 1·21% [3])
aller Geburten!

Diese Sprache lässt wohl an Deutlichkeit nichts zu wünschen übrig.

Mit der Abnahme der Trauungen nimmt die Zahl der unehelichen Geburten zu. Eine grosse Zahl unehelicher Kinder ist aber ein Unglück für die Gesellschaft. Ich will nicht behaupten, sie sei ein Beweis von Unsittlichkeit; im Gegentheil kann eine hohe uneheliche Geburtenziffer unter Umständen als ein Beweis von Sittlichkeit angesehen werden, denn die Unsittlichkeit fördert gewöhnlich gar keine Kinder zur Welt. Aber die unehelichen Kinder sind eine Quelle von Laster und Elend, in noch viel höherem Masse als die Waisenkinder. Die Mutter eines unehelichen Kindes ist in der modernen Gesellschaft fast nie in Stand gesetzt, ihr Kind gut aufzuziehen und zu erziehen. Gehört sie den unteren Ständen an, dann fehlen ihr die Mittel hiezu, und ist sie ein Mitglied der „guten" Gesellschaft, dann muss sie, um „tugendhaft" zu bleiben und ihren „Fehltritt" nicht merken zu lassen, ihr Kind fremden Leuten übergeben, welche sich wenig um den kleinen Wurm kümmern. Die unehelich Gebornen sind denn auch „in jeder Hinsicht, nach Körper, Geist und Sitten im Ganzen ein schwächliches, mehr oder weniger verkommenes Geschlecht. Die einfache Thatsache, dass sie aus unehelichen, illegalen Geburten hervorgingen, wird für sie eine mächtige Ursache von Krankheit und Tod, schon vor wie nach der Geburt und durch's ganze Leben. Für die ganze Erkrankungssumme oder Morbilität, wie für die Todesfälle jeden Landes liefern sie Jahr aus Jahr ein ein sehr bedeutendes und dazu beständig im Steigen begriffenes Kontingent, für gewöhnliche Erkrankungen, wie für Geisteskrankheiten, Blödsinn, für Selbstmord wie für Verbrechen aller Art. Im Verhältniss zu ihrer Zahl ungleich häufiger denn Andere füllen sie unsere öffentlichen Anstalten, vom Gebär- und Waisenhaus bis zum Spital und Kerker — zugleich die Last wie die Opfer öffentlicher Wohlthätigkeit. Denn ein gut Theil derselben, so gut als ihre Mutter, geht darin zu Grunde."[4])

Heirathserschwerungen vermindern also nicht nur nicht das Elend, sie vermehren es sogar.

---

[1]) Oettingen, Moralst., p. 290.
[2]) Hausner, vergleichende Statistik von Europa, Lemberg 1865, I. p. 187 ff.
[3]) Legoyt, l. Fr. et l'étr., II. p. 434.
[4]) Oesterlen, medizinische Statistik, p. 200 bei Oettingen, M., p. 286.

Aber gibt es denn nicht ein einfaches Mittel, die Zahl der unehelichen Geburten zu verringern, ohne die Heirathsfrequenz zu vermehren? Haben wir nicht die Prostituzion?

Die Prostituzion —. Auch sie bildet eine soziale Frage.

Malthus selbst ist schlau genug, sich weder entschieden für noch gegen die Prostituzion auszusprechen.

„Mr. Young behauptet," sagt er, „ich fordere vollkommene Keuschheit während der chelosen Periode als schlechthin nothwendig zum Gelingen meines Planes. Dem ist nicht so. Die vollkommenste Tugend ist ohne Zweifel nothwendig, um den Menschen in Stand zu setzen, alle moralischen und fysischen Uebel, welche von seiner eigenen Lebensweise abhängen, zu vermeiden. Aber wer hat jemals gehofft, dass auf der Erde vollkommene Tugend herrschen werde? Ich habe gesagt, und ich halte es entschieden für richtig, dass es unsere Pflicht ist, uns nicht eher zu verehelichen, als bis wir im Stande sind, unsere Kinder zu ernähren und dass es gleichermassen unsere Pflicht ist, uns nicht lasterhaften Leidenschaften hinzugeben. Aber ich habe nirgends gesagt, dass ich erwarte, die eine oder die andere dieser Pflichten werde vollständig erfüllt werden; **noch weniger beide zugleich. Vielleicht kann hier, wie es oft der Fall ist, die Verletzung von einer der zwei Pflichten in Stand setzen, die andere mit grösserer Leichtigkeit auszuüben.** Wenn aber beide Pflichten uns wirklich vorgeschrieben sind und beide zugleich beobachtet werden können, dann vermag kein irdischer Richter diejenigen freizusprechen, welche sie verletzt haben. Gott allein hat diess Recht, welcher in seiner Weisheit die Sünde und die Versuchung gegenseitig abwägen und seinen gerechten Richterspruch durch seine unendliche Barmherzigkeit mildern wird."[1])

Malthus macht sich also die Sache sehr bequem. Er sagt einfach: „mich geht die Geschichte nichts an, das soll Gott entscheiden."

Weniger vorsichtig gehen neuere Schriftsteller zu Werke, welche ungescheut gegen „das Gespenst der Moral" zu Felde ziehen. „Die Prostituzion," sagt J. Kühn, „ist nicht blos ein zu duldendes, sondern ein **nothwendiges** Uebel," sie muss existiren, „denn sie schützt die Weiber vor Untreue und die Tugend vor Angriffen und somit vor dem Falle."[2]) Und Hügel meint: „Die Prostituzion erweist sich als ein **unentbehrliches Element** der Gesellschaft. — Da durch die Prostituzion den Individuen, die auf den ausserehelichen Beischlaf angewiesen sind, die Befriedigung eines ihrer lebhaftesten Naturtriebe ermöglicht wird, wodurch zahlreiche, die Menschenwürde schändende und die Lebenskräfte zerrüttende unnatürliche geschlechliche Befriedigungen verhindert, das Ehebett vor dem Ehebruche

---

[1]) Malthus, Essai s. l. p., p. 600.
[2]) Dr. J. Kühn, die Prostituzion im 19. Jahrhundert, vom sanitätspolizeilichen Standpunkt. Leipzig 1871. p. 29.

bewahrt, und Tausende von Mädchen vor Verführung und Schande geschützt werden, kann man ihre Unentbehrlichkeit nicht bestreiten."[1]
Die Sittenlosigkeit befördert also die Sittlichkeit, das Laster die Tugend!

Wenn man auf dem beschränkten Standpunkte des Filisters steht, nach welchem man nur in der That und nicht im Wollen unsittlich sein kann, dann freilich ist die Prostituzion ein vortreffliches Mittel die Tugend zu schützen, denn diejenigen jungen Männer, denen das Eingehen einer Ehe in Folge „kluger Gewohnheiten" nicht erlaubt ist, wenden sich natürlich lieber den Prostituirten als den anständigen Mädchen zu, um ihren Geschlechtstrieb zu befriedigen. Ob aber dadurch die Sittlichkeit erheblich gefördert wird, ist sehr die Frage. Die oftmalige Berührung mit Prostituirten und die Erschwerung des Verkehrs mit anständigen Mädchen muss im Manne jede Achtung vor dem Weibe untergraben und ihn daran gewöhnen, im Weibe nur das Objekt seiner sinnlichen Begierden zu sehen: er gewöhnt sich an eine frivole, leichtfertige Denkweise und schliesslich an Charakterlosigkeit. Wer Gelegenheit hat, die Jugend der grossen Städte kennen zu lernen, muss, wenn er von ihrer Gesinnung nicht auch schon angesteckt ist, erschrecken über die Brutalität und Gemeinheit ihrer Denk- und Sprechweise. Der einzige Gesprächsstoff unserer jeunesse dorée besteht in unflüthigen Zoten und in der Erzählung von Obszönitäten; man prahlt mit Thaten, deren beschuldigt zu werden, einem anständigen Menschen das Blut in's Gesicht treiben müsste. Der Umgang mit der Prostituzion demoralisirt und verwildert die Jugend, deren Sittlichkeit er bewahren soll, er erstickt in ihr jedes edlere Gefühl. Aber weil diese Unsittlichkeit nicht offen zu Tage tritt, weil sie ohne äussere Folgen bleibt, darum preisen sie die beschränkten Köpfe als eine Förderin der Tugend.

Die Herren täuschen sich jedoch, wenn sie glauben, dass durch den Ableitungskanal der Prostituzion alle bösen Lüste von ihren Frauen und Töchtern abgehalten werden. Wo keine Prostituzion vorhanden ist, treibt allerdings der Geschlechtstrieb diejenigen Männer, die ausser Stand sind, zu heirathen, zur ausserehelichen Gemeinschaft mit dem Weibe ihrer Liebe — hier sind die unehelichen Kinder die Folgen einer mächtigen Leidenschaft, die alle Schranken durchbricht, einer reinen Liebe. Diese Leidenschaft wird durch die Prostituzion in andere, natürlich „bessere" Bahnen geleitet und „unschädlich" gemacht.

Aber die Prostituzion erzeugt aus sich selbst eine für die Tugend der Mädchen viel grössere Gefahr als leidenschaftliche Liebe: das ist das Rouéwesen. Dem blasirten und charakterlosen Roué genügt die Prostituzion nicht mehr zur Befriedigung seines Geschlechtstriebes und er sucht demselben auf anderen Wegen zu genügen. Die „Treue der Frauen" und die „Tugend der Mädchen" sind vor ihm nicht sicher, gerade sie locken ihn vielmehr an. Nicht ungebän-

---

[1] Hügel, zur Geschichte, Statistik u. Regelung der Prostituzion. Wien 1865. p. 78.

digte Leidenschaft, sondern frivoler Sinnenkitzel, oft nur Eitelkeit treiben ihn dazu, das Mädchen durch alle Künste der Verführung zu bestricken und zu „Falle zu bringen". In diesem Falle ist sie wirklich gefallen, denn ihr Fehltritt ist nicht die Folge reiner, sondern unsittlicher Liebe. Und die Folgen? Im ersten Falle wurde das Mädchen von seinem Verführer, der vielleicht so unschuldig war, wie es selbst, nicht verlassen, wohl aber im zweiten. Sobald der Roué sein Ziel erreicht hat, fesselt ihn nichts mehr, er wendet sich neuen Opfern zu.

Auf diese Weise wird durch die Prostituzion die Tugend der Mädchen, die Treue der Frauen bewahrt.

Hätte die Prostituzion wirklich die Wirksamkeit, welche ihr zugeschrieben wird, dann müsste in den grossen Städten, in denen doch die Prostituzion einzig ihr Wesen treibt, die Zahl der unehelichen Geburten viel geringer sein, als auf dem flachen Lande, wo dieser Ableitungskanal nicht vorhanden ist.

Es betrugen aber von der Gesammtzahl der Gebornen die Unehelichen in

	in den Städten	auf dem Lande
Frankreich	15·13%	4·24%
den Niederlanden	7·71%	2·84%
Belgien	14·49%	5·88%
Schweden	27·44%	7·50%
Dänemark	16·05%	10·06%
Schleswig	8·38%	6·37%
Holstein	15·50%	8·74%
Preussen	9·80%	6·60%
Hannover	17·42%	9·06%
Sachsen	15·39%	14·64% [1]

In Frankreich wächst mit der Prostitution die Zahl der unehelichen Kinder. Am üppigsten wuchert dieselbe in Paris, am geringsten auf dem flachen Lande.

Es kamen aber auf 100 Geburten uneheliche

im Jahre:	1861	1862	1863	1864
im Departement Seine	26·53	26·08	26·38	25·76
in den übrigen Städten	12·00	11·18	11·47	11·42
auf dem flachen Lande	4·32	4·38	4·39	4·42 [2]

Die Statistik der Prostituzion hat mit mannigfaltigen Schwierigkeiten zu kämpfen, meist entspringend aus der Heimlichkeit, mit der dies Gewerbe betrieben wird. Eine Vergleichung der verschiedenen Städte in dieser Beziehung ist schon wegen der Verschiedenheiten der administrativen Kontrole unthunlich. So viel ist aus den wenigen bekannten Ziffern aber doch zu ersehen, dass die Ausdehnung der Prostituzion durchaus nicht eine Verminderung der unehelichen Geburten bedingt.

---

[1] Wappäus, Allg. Bev., II. p. 484.
[2] Legoyt, la Fr. et l'étr., II. p. 437.

Man zählte in

	1 uneheliche Geburt auf eheliche		Prostituirte		1 Prostituirte auf Einwohner
London	1866	24·64	1860	30.801	91
Hamburg . . .	1861	7·26	1860	3.750	48 (!)
Berlin	1864	5·70	1863	9.653	62
Madrid	1862	4·81	1861	1.280	240
Dresden . . .	1861	4·55	1858	500	236
Paris	1869	2·49	1861	6.846	247
Wien	1869	1·00	1862	3.310	159
München . . .	1861	0·95 (!)	1858	616	220 [1])

Im Mittel kommen in Europa 13·5 eheliche auf 1 uneheliches Kind. Jede der genannten Städte übersteigt dieses Mittel, ausser London. Sollte dort wirklich die Prostituzion die Tugend befördern?

Die Richtigkeit der englischen Statistik über uneheliche Geburten ist sehr problematisch, da die Anzeige der Geburt nicht obligatorisch ist, da ferner gerade in England die Gewohnheit vor oder nach der Geburt die Folgen eines „Fehltrittes" zu beseitigen, sehr verbreitet ist. Die wenigsten dieser Fälle gelangen zur Kenntniss der Behörden. Diese Ursachen reichen jedoch nicht hin, die unerhört kleine Ziffer der unehelichen Geburten zu erklären, und es muss also doch auch die Prostituzion im Spiele sein. Zugegeben; aber in welcher Weise! Die oben gegebenen Ziffern der Prostituirten beziehen sich nur auf die polizeilich registrirten, es sind offizielle Zahlen. Die Zahl der wirklich Prostituirten wird wohl nie genau festgestellt werden können. So gab man für Paris 1872 142 Bordelle mit etwa 3600 „Filles inscrites" an; die Zahl der „Filles insoumises" wurde aber auf 30—100.000 geschätzt. [2])

So ist es auch in London. An 80.000 Frauenspersonen sollen dort in der Prostituzion ihren Haupt- oder Nebenerwerb suchen, und es entfällt nach Ryan und Talbot im Ganzen auf 7 weibliche Einwohner eine öffentliche Dirne, in den unteren Ständen auf 3 anständige Mädchen eine Prostituirte. [3]) Bei Prostituirten sind aber Empfängnisse selten; auf diese Weise wird in London die Ziffer der unehelichen Kinder niedrig gehalten!

Aehnlich ist die Wirkung in Hamburg, wo 1860 jede neunte Frau zwischen dem 15. und 40. Jahre eine Prostituirte war! [4])

Wäre in London die ganze weibliche Bevölkerung der Prostituzion ergeben, dann wäre die Ziffer der unehelichen Geburten fast gleich Null, es wäre also nach der Logik von Kühn, Hügel und Konsorten nirgends die „Tugend der Mädchen und Treue der Frauen" so gut gewahrt, wie in London.

Diejenigen, welche die Prostituzion als Schutzwehr der Tugend hinstellen, gehen von der Ansicht aus, sie sei die Folge des unbefriedigten Geschlechtstriebes. Das ist falsch. Der unbefriedigte Ge-

---

[1]) Vgl. Hausner, vgl. St., I. p. 179, p. 222.
[2]) Oettingen, M., p. 179.
[3]) Hügel, z. G. St. u. R. d. Pr., p 81. Oettingen, M., p. 178.
[4]) Oettingen, M., p. 178.

schlechtstrieb erzeugt nur in geringem Grade eine Nachfrage nach Prostituirten, in noch Geringerem ihr Angebot. Zum überwiegend grössten Theil wird dies Angebot erzeugt durch Noth und Elend.

Parent-Duchatelet fand unter 5183 Prostituirten:
1425 von ihren Liebhabern verlassene Konkubinen,
404 von Militärs Verführte nach Paris Geflüchtete,
289 von ihren Herren geschändete Dienstmädchen,
280 von ihren Liebhabern verlassene Geschwängerte,
1441, die überhaupt aus Mangel und Elend,
1255, die elternlos, in gänzlicher Hilflosigkeit,
37, um alte Eltern zu ernähren,
29, um jüngere Geschwister zu erhalten,
23, um eigene Kinder erziehen zu können, sich der Prostituzion Preis gegeben hatten.

Dasselbe lehrt eine andere Tabelle Parent-Duchatelet's, nach welcher die Frauenarbeit besonders demoralisirend zu wirken scheint. Unter 3084 Mädchen, deren Berufsstellung er untersuchte, fanden sich
1559 Nätherinnen und Putzmacherinnen,
859 öffentliche Verkäuferinnen,
285 Posamentier-Arbeiterinnen und Haarflechterinnen,
284 Wäscherinnen und Flickerinnen,
98 Fabrikarbeiterinnen,
16 Schauspielerinnen, und nur
3 etwas Bemittelte, welche eine Rente von 300—1000 Francs bezogen.

Fast dieselbe Berufsvertheilung fanden Trébuchet und Poirat-Duval.[1])

Die Nachfrage nach Prostituirten wird zum grössten Theile hervorgerufen durch den Ueberfluss und Luxus, durch Müssiggang und Reichthum, welcher jedes Vergnügen, auch die Liebe, für käuflich hält.

Hügel führt als die vorzüglichsten Ursachen der Prostituzion an:
1. Die schlechte Erziehung der Mädchen überhaupt, besonders jener aus den unteren Volksklassen.
2. Die Verführung der Mädchen durch ihre Eltern, durch Liebhaber, welche sie später verlassen, durch reiche Wollüstlinge oder Kupplerinnen.
3. Die materielle Noth, besonders in Folge von Arbeitslosigkeit, ungenügenden Löhnen für die weiblichen Arbeiten und schwächlicher Körperkonstituzion bei Mangel an technischen Fertigkeiten, so dass die Verwendung der Mädchen weder zu schwereren, noch zu leichteren Dienstleistungen möglich ist.
4. Die Koketterie der Frauen, welche jedoch nur selten in die Kategorie der feilen Prostituzion sinken lässt.
5. Die Unzuchtswerber und Korrespondenten der Kupplerinnen.
6. Die Betreibung mancher Gewerbe, sowie die Leistungen gewisser Dienste durch Frauenspersonen, wie es bei Hausirerinnen, Kellnerinnen etc. der Fall ist.

---
[1]) Oettingen, M., p. 191.

7. Die Vermischung der Kinder mit den Erwachsenen in den Werkstätten und Fabrikslokalen.
8. Die Schwierigkeit der Eingehung von Ehebündnissen.
9. Die politischen Ehekonsense.
10. Die geschlechtlichen Ausschweifungen der vermöglichen Klassen spielen bei den verschiedenen unsittlichen Attentaten, welche die Gesellschaft mit Schmerz und Verachtung erfüllen, eine bedeutende Rolle.
11. Die Vergnügungssucht, die Arbeitscheu, der Hang zum Luxus und zur Ostentazion, die Putzsucht, die Trunksucht, die Geldgierde, die Liederlichkeit u. s. w.
12. Das schlechte Beispiel der Prostituirten.
13. Die Kuppelei.
14. Die Ehescheidungen; da viele geschiedene Frauen von ihren Männern keine oder nur höchst unbedeutende Unterhaltsbeiträge erhalten, so ergeben sich viele von ihnen, besonders wenn sie noch mehrere Kinder erhalten sollen, aus Noth der Prostituzion.
15. Die uneheliche Abstammung. Nach Dr. Lippert sind unter den Prostituirten 30% unehelicher Abstammung.
16. Die Maitressenwirthschaft und das Konkubinat.
17. Der längere Aufenthalt von Frauenspersonen in den Gefängnissen und Spitälern.
18. Die auf den Wohlstand folgende Verarmung.
19. Die Heiratslust. Es gibt Mädchen, welche sich der Prostituzion hingeben, um sich dadurch ein kleines Kapital zu ersparen, mit dessen Hilfe sie sich einen Mann zu erobern gedenken.
20. Der heftige Geschlechtstrieb allzu sinnlicher Naturen (nymphomania)."[1]

Ausser den Punkten 20, 9, 8 und 4, worunter 4 und 20 nur in verschwindend kleinem Masse vorkommen, lassen alle anderen Ursachen sich zurückführen auf Elend und Unwissenheit auf der einen und Ueberfluss und Korrupzion auf der anderen Seite.

Indem die kapitalistische Produkzionsweise die Kinder- und Frauenarbeit befördert und den Mittelstand immer mehr beseitigt, indem sie also die Summe der Proletarier auf der einen und die Summe der Genussmittel auf der anderen Seite immer mehr steigert, befördert sie auch die Entwicklung der Prostituzion.

Am auffallendsten ist das Wachsthum der öffentlichen Prostituzion in Berlin. Man zählte dort im Jahre

1859	6.380 Prostituirte	1866	11.755 Prostituirte
1860	7.035 „	1867	12.491 „
1861	7.866 „	1868	13.610 „
1862	8.732 „	1869	14.362 „
1863	9.724 „	1870	11.382 „
1864	10.450 „	1871	15.064 „ [2]
1865	10.919 „		

[1] Hügel, z. G. St. u. R. d. P., p. 206 ff.
[2] Oettingen, M, p. 189. Die Abnahme von 1870 eine Folge des Krieges.

In Paris betrug die Zahl der monatlichen Einregistrirungen solcher Mädchen, die bei der Polizei um die Konzession für die öffentliche Preisgebung nachsuchten

im Jahre	Monatsdurchschnitt	im Jahre	Monatsdurchschnitt
1827	2.471·91	1839	3.969·16
1828	2.663·00	1840	3 927·75
1829	2.843·16	1841	3.886·25
1830	3.028·08	1842	3.840·75
1831	3.260.66	1843	3.820·50
1832	3.558·25	1844	3.861·66
1833	3.723·00	1845	3.966·58
1834	3.781·83	1846	4.159·58
1835	3.813.25	1847	4.285·16
1836	3.817·58	1848	4.274·83
1837	3.875·33	1849	4.167.91
1838	3.990.08		

Seit dem Beginn der bonapartistischen Wirthschaft hat die Prostituzion anscheinend abgenommen, was sehr Wunder nehmen sollte, Angesichts der gerade in dieser Periode raschen Entwicklung des Industrialismus und des Umsichgreifens der Ueppigkeit und Korrupzion. Das Sinken der Prostituzion ist auch nur ein scheinbares, leicht zu erklären durch die geringere Strenge des bonapartistischen Regimes, welches in Folge einer gewissen Wahlverwandschaft die Prostituzion mit väterlichen Blicken betrachtete. Die Zahl der polizeilich registrirten Mädchen hat zwar abgenommen, aber desto üppiger schoss die geheime Prostituzion in die Höhe. Statistisch ist deren Ausdehnung nicht zu bestimmen, aber man kann sie schätzen nach der Zahl der arretirten „filles insoumises".

Seit 1855 stellten sich die Ziffern für Paris folgendermassen heraus:

Jahre	Anzahl der filles inscrites (monatlich)	Anzahl der arretirten filles insoumises (monatlich)	Zusammen
1855	4.360	1.323	5.683
1860	4.199	1.650	5.849
1865	4.249	2.255	6.504
1866	4.225	1.980	6.213
1867	4.003	2.018	6.021
1868	3.861	2.077	5.938
1869	3.769	1.999	5.768
1870	3.731 (?)	2.641 (?)	6.372(?)
1871	3.656 (?)	(?)	—
1872	3.072 (?)	2.935	6.007 [1]

Die Ziffern für 1870—71 sind natürlich nicht zuverlässig.

Deutlich sieht man aus diesen Zahlen das Anwachsen der geheimen Prostituzion, von der freilich nur ein Bruchtheil konstatirt werden kann.

---

[1] Oettingen, M., p. 183, 184.

Wäre wirklich unbefriedigter Geschlechtstrieb die Ursache der Prostituzion, dann müsste auf dem flachen Lande Frankreichs die Prostituzion verbreiteter sein, wie in Paris.

Man zählte

	Einwohner auf 1 Ehe		uneheliche Geburten von 100 aller Geburten	
	1860	1861	1860	1861
im Departement. Seine	101	108	26·00	26·53
auf dem flachen Lande	129	123	4·04	4·32 [1])

In Paris ist die Zahl der Eheschliessungen wie der unehelichen Kinder viel grösser, wie auf dem flachen Lande, die Gelegenheit zur Befriedigung des Geschlechtstriebes viel ausgedehnter: und dennoch in Paris ein Ueberwuchern der Prostituzion, auf dem flachen Lande fast keine Spur derselben.

Da unbefriedigter Geschlechtstrieb zwar der Prostituzion sich bedient, sie aber nicht hervorruft, kann eine Erleichterung und Beförderung des Heirathens dieselbe auch nicht beseitigen. Ebensowenig erreicht man diess Ziel durch die Verfolgung der Prostituzion, wodurch man das Uebel nur zu einem geheimen und um so gefährlicher macht. Nur **einen Weg** gibt es, die Prostituzion aus der Welt zu schaffen: das ist Beseitigung der Unwissenheit und des Elendes auf der einen, der Korrupzion und des Ueberflusses auf der anderen Seite. Erst dann wird die Prostituzion verschwinden, bis niemand gezwungen ist, sich zu verkaufen, bis niemand die Macht hat, einen Nebenmenschen zu kaufen. Die meiste Aussicht auf Erfolg unter allen bisherigen Versuchen zur Unterdrückung der Prostituzion bot daher derjenige der Pariser Kommune im Jahre 1871. Ihr Beschluss einer „suppression du trafic odieux des marchands d'hommes" blieb jedoch auf dem Papiere, da die heilige Ordnung über die Barbaren des neunzehnten Jahrhunderts siegte. Mit den Rettern der Ehe, der Familie und des Eigenthums zog auch die Prostituzion wieder triumfirend in Paris ein.

Für die Bourgeoisie ist die Prostituzion, wenn sie konsequent sein will, ein Gewerbe, das sie nicht nur nicht ausrotten **kann**, sondern auch nicht einmal ausrotten **wollen darf**. Die moderne Gewerbefreiheit und das moderne Eigenthumsrecht geben ein **Recht** auf die Ausübung des Prostituzionsgewerbes, sie geben ein **Recht**, das Eigenthum — wozu der eigene Körper jedenfalls auch gehört — zu gebrauchen und zu missbrauchen. Hügel zieht nur die nothwendige Konsequenz der modernen Gesellschaft, wenn er meint: „Es ist überhaupt schwer einzusehen, warum die gewerbsmässige und **gehörig geregelte** Prostituzion nicht geduldet werden soll? Die Menschen verwerthen je nach der pekuniären Lage Alles, was sie an körperlichen, technischen, geistigen oder sonstigen, ja selbst unmoralischen Eigenschaften als ihr Eigen nennen. Sie verwerthen ihre **Muskelkraft**, wie die Arbeiter, Herkulesdarsteller, Sesselträger; — ihre

---

[1]) Legoyt, l. Fr. et l'étr., II. p. 39, p. 42.

körperliche Schwere, wie die Orgeltreter; — ihren Schlaf, wie die Krankenwärter; — ihre Stimme, wie die Sänger und Schauspieler; — ihre **Gelenkigkeit der Gliedmassen**, wie die Tänzer; — ihre künstlerischen Aus-, und Einathmungen der Kehle und Lunge; — ihre technische Fertigkeit der Finger u. s. w. wie die Musiker; — ihre erlernten **mechanischen Fertigkeiten**, wie die verschiedenen Handwerker; — ihre **Figur** nebst einem Agio, genannt Geduld, wie die Portiere; — ihre **körperlichen oder gesellschaftlichen Reize**, wie junge Männer, welche reiche alte Weiber heirathen; — ihren **Einfluss**, unter dem Namen Protekzion; — ihre **geistigen Fähigkeiten**, wie die Jünger aller Fakultäten; — ja sogar ihr **Leben**, wie die Aerzte und Soldaten; — warum sollte es nicht auch gestattet sein, die **sinnlichen Genüsse** verwerthen zu dürfen, wenn durch ihr Angebot gewisse unabweisbare menschliche Bedürfnisse eine naturgemässe, die sittlichen Familienkreise vor Verführung schützende Befriedigung finden?"¹)

Unter diesen sittlichen Familienkreisen sind keine andern verstanden, als die der Bourgeoisie.

Die Logik der Bourgeoisie ist eben überall dieselbe. Das Laster befördert die Tugend und das Elend befördert den Nazionalwohlstand. „Ohne Prostituzion ist die Tugend unhaltbar," „der Fonds von menschlichem Glück wird durch die Armuth sehr befördert," so rufen unisono die Vertheidiger der modernen Gesellschaft. Ihr Glück ist ihnen gleichbedeutend mit dem Glücke des Volkes. Sie machen den Proletarier zum Lastthier, damit er ihren Beutel fülle; sie machen die Töchter des Proletariats zu feilen Dirnen, weil sie hoffen, dadurch ihre eigenen Weiber ungestört geniessen zu können, und wenn ihre Beutel gefüllt, wenn ihre Weiber tugendhaft sind, dann preisen sie das Glück und die Sittlichkeit des Volkes.

Wir haben gesehen, dass die Prostituzion keine Abhilfe gegen das Uebel der unehelichen Kinder gewährt; selbst wenn man so bornirt ist, den Teufel durch Beelzebub vertreiben zu wollen, so ist diess Bestreben doch ein vergebliches: der Erfolg besteht darin, dass Satan und Beelzebub nun vereint ihr Unwesen treiben. Die Prostituzion vermindert die unehelichen Kinder der Liebe, sie vermehrt die unehelichen Kinder der Wollust. Für den oberflächlichen Beobachter ist das Uebel mit oder ohne Prostituzion dasselbe, dem tiefer blickenden Auge erscheinen die unehelichen Geburten in den Stätten der Prostituzion ein viel grösseres Uebel als in prostituzionsfreien Gegenden.

In ackerbautreibenden Regionen ist die Verringerung der unehelichen Geburten nur möglich durch Beseitigung der Hindernisse, die vom Heirathen abschrecken; in industriellen Gegenden muss neben dieser Massregel noch eine Beseitigung der Prostituzion erfolgen.

Eine Erleichterung der Eheschliessungen allein vermindert nicht

---
¹) Hügel, z. G. St. u. R. d. Pr., p. 105.

immer die Zahl der unehelichen Geburten, regelmässig aber wird sie vermehrt durch eine Erschwerung der Eheschliessungen.

Wir sehen also, wie wohlthätig für die Kinderwelt die Malthus'schen Gewohnheiten wirken.

Es erübrigt uns blos noch, um mit unserem Urtheil über den positiven Theil der Malthus'schen Theorie in's Klare zu kommen, zu untersuchen, ob die Enthaltung vom Heirathen wirklich die günstigen Folgen für die Erwachsenen hat, welche Malthus und seine Nachfolger profezeien.

Zwei Standpunkte stehen sich da streng gegenüber: der des Nazionalökonomen und der des Fysiologen. Die Malthusianer bedienen sich meist der Argumente des Ersteren, die Gegner der des Letzteren. Mit gutem Grunde. Die Malthusianer haben meist keinen Dunst von Fysiologie, und dieselbe ist einstimmig in ihrem Urtheil, dass die Enthaltung vom geschlechtlichen Verkehr für den vollkommen geschlechtsreifen Menschen schädlich ist. Selbst Hegewisch, der Malthus Werk in's Deutsche übersetzt hat, und ein begeisterter Verfechter seiner Bevölkerungstheorie ist, kann nicht umhin in einer Anmerkung zu Malthus Lobpreisungen der Enthaltsamkeit hinzuzufügen. „Den Werth der tugendhaften Enthaltsamkeit mit Malthus vollkommen anerkennend, muss ich als Arzt doch die traurige Bemerkung machen, dass die moralische Enthaltsamkeit der Weiber, welche in unseren Staaten allerdings eine Tugend höherer Art, der Natur aber darum nichtsdestoweniger ein Vergehen ist, nicht selten durch die scheusslichsten Krankheiten gerächt wird. So gewiss es Gespensterfurcht (?) ist, sich vor schlimmen Folgen der männlichen Enthaltsamkeit und einer gewissen nahegelegenen Befriedigungsweise des männlichen Geschlechtstriebes zu fürchten, so gewiss ist, das tugendhafte Enthaltsamkeit der Weiber kein geringes ursachliches Moment zur Erzeugung der furchtbaren Metamorfosen der Brüste, der Eierstöcke und der Gebärmutter abgibt. Diese Uebel sind beinahe unter allen die quälendsten, da sie von Systemen, die den Zentralpunkten des individuellen Lebens weniger verwandt sind, ausgehend, die Kranken schier von unten auf rädern. Die unglücklichen Opfer dieser Uebel, meist ausgezeichnete Frauenzimmer, die trotz des schwierigsten Kampfes mit einem glühenden Temperament obsiegten, mögen leicht unter allen empörenden Schauspielen das empörendste darbieten. Auf einsamem Lager härmt sich das verlassene Mädchen, die frühzeitige Witwe, und statt der geziemenden Lilie schiesst aus dem keuschen Busen ein giftiger, scheusslicher Pilz hervor, dass sie, sich selbst und anderen ein Gräuel, unter empörenden Martern, während anklagenden Zweifels der Umstehenden den besseren Geist aushauchen muss.

„In den, soll ich sagen, besseren oder schlechteren Nonnenklöstern waren solche krebsartige Uebel um die vierziger Jahre herum gar nicht selten." [1])

---

[1]) Malthus, über d. B. Dtsch. v. Hegewisch, III. p. 367.

Und ein anderer Arzt, der ebenfalls ein entschiedener Malthusianer ist, spricht sich folgendermassen aus: „Ein fysiologisches Gesetz von höchster Bedeutung und allgemeiner Geltung in unserer Konstituzion ist, dass jedes einzelne Glied, um kräftig und gesund zu sein, ein gehöriges Mass von Thätigkeit, und zwar Thätigkeit normaler Art, haben muss. So muss das Auge Licht haben, die Glieder Bewegung, der Verstand Nachdenken und unsere Begierden und Leidenschaften ihre normale Befriedigung; sonst werden sie unfehlbar ermatten und erkranken. Sowohl übermässige, als mangelhafte Thätigkeit ist schädlich, und um eine harmonische, körperliche Konstituzion zu besitzen (was ebensowohl unsere Ehre und unsere Pflicht ist, als ein harmonischer Geist), müssen wir diesem Gesetz gehorchen. Die Zeugungsorgane sind demselben so gut unterworfen, als jedes andere Organ; daher die Pflicht und die Nothwendigkeit ihnen die gehörige Pflege zu verschaffen, von der Zeit ihrer Reife an, welche mit der Pubertät beginnt, bis zu der Zeit ihres Verfalls. Wenn diess vernachlässigt wird, so werden sie geschwächt, und obgleich in einigen Fällen, wo, nach einem andern bewunderungswürdigen fysiologischen Gesetz, andere Theile des Organismus eine stellvertretende Thätigkeit für die nicht geübten Geschlechtsorgane übernehmen, in andern Worten, obgleich durch die Richtung des Geistes auf andere Gedanken und Zwecke, und durch die Stärkung des Körpers mittelst tüchtiger Bewegung (ein Rath, welcher von den Aerzten so oft der Jugend beider Geschlechter ertheilt wird, deren Gesundheit durch unbefriedigten Geschlechtstrieb leidet) obgleich so in einigen Fällen Gesundheit und Kraft anscheinend erhalten bleiben, geschieht diess doch verhältnissmässig selten und nur unter sehr günstigen Umständen, und selbst dann ist meiner Meinung nach die Gesundheit nicht vollkommen, wenn ein Organ oder eine Leidenschaft stellvertretend für eine andere wirkt und daher doppelte Arbeit thun muss. Ich bin überzeugt, dass, wenn wir einen höhern Massstab der Gesundheit anlegen, als denjenigen, welcher in dem gegenwärtigen krankhaften Zustand der Gesellschaft giltig ist, solche Abweichungen nicht zulässig sein werden.

„Wenn andererseits die Geschlechtsorgane unmässig geübt werden, so werden sie ebenfalls erkranken, gerade wie das unmässige Schwelgen in dem Gefühl der Liebe der Schönheit des moralischen Charakters Abbruch thut.

„Als Beispiele dieser Entartung kann man einige erotische Dichter und die ausschweifenden Vergnügungsjäger anführen, die ihre ganze übrige Natur dieser einen Leidenschaft opfern.

„Wenn ferner die Art ihrer Thätigkeit nicht die normale ist, werden die Folgen noch schlimmer sein, denn die Natur erlaubt kein Abweichen von ihren Gesetzen mit Straflosigkeit. Durch die schönste und zarteste Anordnung hat sie unsere Gesundheit und unser Glück so mit der natürlichen und normalen Art geschlechtlicher Befriedigung verbunden, dass wir nicht im Geringsten davon abweichen können, ohne Schaden zu erleiden. Jedermann wird einsehen, dass diess der

Fall ist bei der schädlichen Gewohnheit der Selbstbefleckung; aber es wird nicht so allgemein erkannt, dass selbst bei dem geschlechtlichen Verkehr der anregende und erhebende Einfluss um so grösser ist, eine je intensivere und wahrhaftere Leidenschaft man empfindet. Die Liebe muss wahrhaft und tief sein, frei von aller Furcht und allem Argwohn, um ihre beste Wirkung auf den Menschen hervorzubringen. Wenn sie käuflich oder verstohlen ist, in welchem Fall der Geist argwöhnisch, besorgt, oder, besonders von Seiten der Frau, apathisch ist, kann sie nicht auf normale Weise befriedigt werden."

„Die Armuth und die gegenwärtig herrschenden sozialen Uebel sind ein von der Menschheit in unserer und in allen vorhergehenden Zeiten gemachter Kompromiss zwischen zwei furchtbaren Mängeln — dem Mangel an Nahrung und an Liebe. Eher als der Liebe entsagen, eher als vermehrte geschlechtliche Enthaltsamkeit üben und so die Bevölkerung beschränken, wollten sie sich mit dem geringsten Mass von Nahrung und Musse begnügen, das die menschliche Natur eine Zeitlang aushalten kann. Der Mangel an Liebe ist ein so kläglicher Zustand des Zwanges und wirkt überdiess so zerstörend auf die Gesundheit des Körpers und des Geistes, dass fast Alle, die eine Wahl haben, lieber jedes andere Uebel auf sich nehmen, als denselben ertragen wollen. Hieraus entsprang der tiefe Widerwille gegen die Lehre von der Bevölkerung, und diess war der Grund, wesshalb man sich standhaft weigerte, ihr in's Gesicht zu sehen und lieber blind an jeder trügerischen Hoffnung festhielt, die irgendwo auftauchen mochte, an dem Sozialismus, der Auswanderung, der Erziehung etc. Wie? man sollte der Liebe noch mehr entsagen, wenn schon ohnehin unser gegenwärtiges Leben nichts ist, als beständige, mühevolle, einförmige Arbeit, wenn wir schon nicht den dritten Theil der geschlechtlichen Freuden geniessen, die nothwendig wären, um unsere Gesellschaft gesund und glücklich zu machen — dem schönsten Trost des Lebens entsagen, der einzigen Freude des Armen und dem glänzendsten Traum des Dichters? Der Gedanke führt zum Wahnsinn. Statt weniger Liebe bedürfen wir unendlich viel mehr Liebe, um diese Welt zu etwas Anderem zu machen, als zu einer öden Wüste, was sie jetzt für die zahllosen geschlechtlichen Dulder ist.

„Wir sehen daher, dass das von Malthus gegen die Uebel der Uebervölkerung vorgeschlagene Heilmittel selbst ein so furchtbares Uebel war, dass Alle davor zurückschreckten und den Mann, den einzigen Mann, der ihnen die wahren Schwierigkeiten ihres Lebens gezeigt hatte, mit Schmähungen überhäuften. Lieber, als sein Heilmittel annehmen, lieber, als, wie er rieth, jedem geschlechtlichen Verkehr bis zu einem verhältnissmässig späten Lebensalter zu entsagen, wollten sie in den Schmutz der Armuth versunken bleiben und ihr Elend durch die alte Routine der Prostituzion, der Masturbazion und anderer krankhafter geschlechtlicher Auskunftsmittel lindern. Der grosse Irrthum in Malthus Raisonnement lag darin, dass er, wie die meisten Moralisten seiner und unserer Zeit, die ungeheuren Uebel und die grosse natürliche Sünde der geschlechtlichen Enthaltsamkeit nicht kannte.

„Die Unkenntniss der Nothwendigkeit des geschlechtlichen Verkehrs für die Gesundheit und Tugend der Männer wie der Frauen, ist ein Grundirrthum der Fylosofie, der Medizin und der Moral. So klar Malthus auch das Gesetz der Bevölkerung erkannte, so erkannte er es doch nicht in seiner ganzen Furchtbarkeit, denn er erkannte nicht genug das Uebel einer seiner drei nothwendigen Beschränkungen: der geschlechtlichen Enthaltsamkeit. Der Mangel an medizinischen Kenntnissen sowie seine irrthümliche Strenge in Bezug auf geschlechtliche Dinge, hinderten ihn daran, diess zu erkennen, machten ihn zu dem rücksichtslosen Vertreter vermehrter geschlechtlicher Enthaltsamkeit, einer der schrecklichsten Ursachen der Krankheiten und Leiden unserer Zeit und brachten ihn so in schroffen Antagonismus mit allen denjenigen, welche diess tief erkannt und gefühlt hatten. Er erkannte die Thatsache nicht, dass diese Uebel gross genug sind, um die von ihm vorgeschlagenen Heilmittel völlig unanwendbar und unmöglich zu machen. Sie sind unanwendbar, weil sie, wie ich fest glaube, schlimmer sind, als die Uebel, deren Heilung sie bezwecken. Eine Gesellschaft, in der alle Männer und Frauen ihre geschlechtlichen Begierden bis zu einem Alter von dreissig Jahren und später zurückdrängten, würde der Schauplatz eines so entsetzlichen Zwanges, einer solchen Abwesenheit von Männlichkeit und Natur, so weit verbreiteter Geschlechtskrankheiten, des Samenflusses, der Bleichsucht, der Hysterie und aller damit verbundenen Symptome geschlechtlicher Schwächung und Krankhaftigkeit sein, dass kaum ein einziges gesundes oder natürliches Individuum übrig bleiben würde. Wenn man einmal von Utopien träumen muss, so sollten dieselben wenigstens von begehrenswertherer Art sein.

„Der Unterschied zwischen einem solchen Zustand der Gesellschaft und dem gegenwärtigen würde darin bestehen, dass das Elend gleichmässiger vertheilt sein und Niemand ein Leben haben würde, dessen Besitz sich der Mühe verlohnte.

„Nein; wenn es kein anderes Mittel gibt, das Verhältniss der Nahrung und der Musse in der Menschheit zu steigern, als dass man die Liebe opfert, so sind die menschlichen Zustände hoffnungslos. Es wird nicht, es kann nicht geschehen."[1])

So der Malthusianer, welcher die Natur des Menschen kennt. Nur solche, welche von Fysiologie gar nichts verstehen, können die Liebe für ein Laster und für einen Luxus erklären und Diejenigen als verachtungswürdig hinstellen, welche ihr nicht zu entsagen vermögen. Ebenso wie Nahrung und Musse ist auch die Liebe ein nothwendiges Lebensbedürfniss, alle drei müssen befriedigt werden, wenn Gesundheit und Zufriedenheit nicht eine blosse Ausnahme statt der

---

[1]) Die Grundzüge der Gesellschaftswissenschaft, p. 366 ff.

Regel unter den Menschen bilden sollen. Gesundheit und Zufriedenheit können unmöglich sich ausbreiten in einer Gesellschaft, in der die „tugendhafte Enthaltsamkeit" vorherrscht, ohne Liebe ist eine glückliche Gesellschaft unmöglich.

Allein wenn diess auch die Malthusianer zugeben müssen, so ist ihre Posizion dadurch noch nicht erschüttert. Es gibt unter den Malthusianern Leute genug, die so vernünftig sind, zu sagen, die Enthaltsamkeit sei ein Uebel, aber sie behaupten, ein noch grösseres Uebel sei der Hunger. Die Leiden, welche die Ehelosigkeit nach sich zieht, sind gross, aber noch grösser seien die Leiden, welche die Ehe heutzutage mit sich führt. Durch die gegenwärtige Organisazion der Gesellschaft ist der Verehelichte in einer nachtheiligen Lage dem Unverehelichten gegenüber: dem Unverehelichten bietet die Gesellschaft dieselben Möglichkeiten des Erwerbes wie dem Verehelichten. Die Lasten, welche die Erhaltung einer Familie mit sich bringt, sie ruhen dagegen ganz allein auf dem Familienvater, die moderne Gesellschaft thut nicht das Mindeste, sie ihm zu erleichtern. Zu diesen meist materiellen Bedrängnissen kommen noch alle die moralischen Nachtheile, welche das Institut der modernen Ehe mit sich führt dadurch, dass sie eine Zwangsanstalt ist. Der Mensch, welcher einen Ehebund schliesst, geht ihn ein aus Neigung oder aus Konvenienz. Dass die Ehe in letzterem Falle eine unglückliche sein muss, ist klar. Aber auch im ersteren Falle ist man davor nicht sicher, denn gewöhnlich ist der Mensch niemals unzurechnungsfähiger, als in dem Moment, wo er aus Liebe zur Ehe sich entschliesst. Kommt er zur Besinnung, sieht er ein, dass er sich getäuscht hat, so kann er nicht mehr zurück. In einer Angelegenheit, die mehr als jede andere das Schicksal des ganzen Lebens entscheidet, in der mehr als in jeder andern eine Enttäuschung möglich ist, verbietet es die Gesellschaft, einen Irrthum zu verbessern.

Der häusliche Unfriede und die Sorgen und Kümmernisse, welche die Erhaltung einer Familie mit sich bringt, machen allerdings in unzähligen Fällen aus der Ehe eine Hölle.

Die fysiologischen Nachtheile der Ehelosigkeit sind gross; gross sind aber dafür ihre sozialen Vortheile.

Wenn also auch an und für sich die Uebel der Ehelosigkeit so entsetzlich sind, dass man nicht daran denken kann, durch sie einen glücklichen Gesellschaftszustand zu schaffen, so können die sozialen Vortheile, welche die Organisazion der modernen Gesellschaft den Ehelosen bietet, doch noch viel grösser sein. Es ist eben nicht nur die Ehelosigkeit, sondern auch die moderne Form der Ehe ein Uebel, und wenn daher auch unser Bestreben dahin gehen sollte, beide zu beseitigen, so kann man doch auch die Frage aufwerfen: welches von beiden Uebeln soll man wählen, so lange sie bestehen? Welches von ihnen ist das kleinere Uebel? Sind die sozialen Nachtheile, welche die heutige Ehe mit sich führt, grösser, als die fysiologischen Nachtheile der Ehelosigkeit? Ist der Hunger mächtiger, als die Liebe?

Die Malthusianer bejahen die Frage. Sie berufen sich auf die

Nazionalökonomie. Ihre Gegner verneinen sie; sie berufen sich auf die Fysiologie. Entschieden kann das Problem weder durch die eine noch durch die andere werden, sondern nur durch die Statistik. Sie allein kann entscheiden, ob die Summe der Nachtheile grösser ist als die der Vortheile in der Ehe oder in der Ehelosigkeit; sie allein kann entscheiden, ob der Malthus'sche Vorschlag, welcher die Klassenlage des Proletariats nicht heben kann, im Stande ist, die Lage des Individuums zu verbessern.

Werfen wir zunächst einen Blick in die Verbrecherstatistik.

Der Familienvater ist Nahrungssorgen viel mehr unterworfen, als der unverheirathete Mensch, für ihn sind die Verführungen zum Verbrechen grösser, als für den Ledigen. Dennoch sind es gerade die Unverehelichten, aus deren Mitte sich die meisten Verbrecher rekrutiren.

Die Zahl der Verheiratheten beträgt unter den Erwachsenen in fast allen Staaten Europas mehr als die Hälfte.

In Belgien betrug das Verhältniss der verheiratheten zu den verheirathbaren Individuen 520 : 1000 (im Jahre 1846).

In Preussen zählte man 1849 auf 1000 heirathsfähige, das heisst über 21 Jahre alte Individuen, 614 Verheirathete. Holland ergab 1840 ein Verhältniss von 562 : 1000. Auch in Schweden war 1835 mehr als die Hälfte der erwachsenen Bevölkerung verheirathet, nämlich 615 von je 1000 Verheirathbaren [1])

Die Betheiligung der nicht heirathsfähigen Bevölkerung an der Kriminalität ist ferner gering.

Es betrug der Antheil der unter 21 Jahre alten Bevölkerung in Frankreich von 1826—58 im Mittel 16·8 Perzent aller angeklagten Verbrecher, wovon auf die Altersklassen unter 16 Jahren blos 1·2 Perzent entfielen.

In Sachsen waren 1855—59 von den verurtheilten Verbrechern 0·19 Perzent im Alter von unter 16 Jahren, 9·75 Perzent im Alter von 16—21 Jahren.

In Preussen ist der Antheil der nicht heirathsfähigen Bevölkerung nicht genau zu erkennen, da die Eintheilung der Altersklassen es nicht zulässt. Man zählte von den Angeklagten solche im Alter von

	1859	1869
unter 16 Jahren	0·7 %	0·7 %
von 16—24 Jahren	23·0 %	22·7 % [2])

Trotzdem also die Unverheiratheten nicht die Majorität in den Altersklassen bilden, aus denen die Verbrecherwelt sich rekrutirt, bilden sie die Mehrzahl der Verbrecher selbst.

Für Preussen gibt Legoyt, der die Periode von 1854—59 hiebei im Auge hat, an, dass von
100 männlichen Angeklagten 52 unverheirathet, 48 verheirathet waren,
100 weiblichen „ 57 „ 43 „ „

---

[1]) Horn, Bev. St. a. B., I. p. 141.
[2]) Oettingen, M. Tabelle 34, Tab. 37 d. Anhanges. Legoyt, l. Fr. et l'étr., I. p. 411, 418.

Nach Oettingen war das Verhältniss

im Jahre	Männer		Weiber	
	unverheirathete	verheirathete	unverheirathete	verheirathete
1862 . .	52°/₀	48°/₀	54°/₀	46°/₀
1863 . .	52°/₀	48°/₀	58°/₀	42°/₀
1864 . .	52°/₀	48°/₀	58°/₀	42°/₀
1865 . .	52°/₀	48°/₀	53°/₀	47°/₀
1866 . .	52°/₀	48°/₀	50°/₀	50°/₀
1867 . .	51°/₀	49°/₀	52°/₀	48°/₀
1868 . .	49°/₀	51°/₀	51°/₀	49°/₀
1869 . . .	50°/₀	50°/₀	50°/₀	50°/₀ [1])

Bemerkenswerther sind die Unterschiede in den anderen Ländern. In Sachsen befanden sich 1858 am 3. Dezember unter den Gefangenen in den Zuchthäusern (établissements pénitentiaires bei Legoyt)

	ledige	verheirathet	verwitwet	geschieden	Total
Männer .	872	669	89	73	1.703
Weiber . .	236	111	37	25	409
Summe . .	1.108	780	126	98	2.112

in den Gerichtsgebäuden (maisons de justice et de dépôt bei Legoyt)

	ledig	verheirathet	verwitwet	geschieden	Total
Männer .	231	212	26	12	481
Weiber . .	73	51	15	7	146
Summe . .	304	263	41	19	627 [2])

In Frankreich betrug der Prozentsatz der

	Unverheiratheten	Verheiratheten	Verwitweten
1847 . .	53·6°/₀	—	—
1865 . .	54·7°/₀	—	—
1866—67 .	55·3°/₀	37·6°/₀	} 7—8°/₀
1868—69 . .	55·5°/₀	37·9°/₀	

In Belgien waren 1856—60 unter den schweren Verbrechern 58·6 Perzent Einzelnstehende, in Italien im Jahre 1863 unter den wegen Vergehen Bestraften 60·7 Perzent Célibataires.

Die Zahlen sprechen noch deutlicher, wenn man das Verhältniss der Verbrecher jeden Zivilstandes mit der Gesammtzahl der entsprechenden Bevölkerung vergleicht. In Preussen z. B. wurden von je 1000 unverheiratheten Männern über 16 Jahren 1·18 in die Zuchthäuser eingeliefert, von je 1000 Verheiratheten nur 0·59, also im Verhältniss nur halb so viele, von je 1000 geschiedenen 13·71. In Oesterreich kam 1858—59 ein Verurtheilter auf je 203 Unverheirathete, 669 Verheirathete und 1053 Verwitwete. Ueberdiess war unter den Verheiratheten der Prozentsatz der Kinderlosen stärker als der mit Kindern: 49·8 gegen 42·6 Perzent.

Charakteristisch ist auch die Thatsache, dass in Baiern die

---

[1]) Oettingen. M. Anhang, Tab. 37. Oett. hat eine grosse Zahl Prozentziffern falsch berechnet. Merkwürdig sind die Veränderungen seit dem Kriegsjahre 1866, vielleicht durch die Annexionen hervorgebracht.
[2]) Legoyt, l. Fr., I. p. 419.

wenigsten Verbrechen dort vorkommen, wo die grösste Zahl der Verheiratheten sich findet, nämlich in Ober- und Mittelfranken.[1])

Es ist unbestreitbar und geht aus den gegebenen Ziffern klar hervor, dass die Unverheiratheten ein grösseres Kontingent Verbrecher stellen, als die Verheiratheten. Diese Thatsache ist jedoch allein nicht entscheidend in der Frage über die Vorzüge des ehelichen und des ledigen Standes.

Der Ehestand bringt Sorgen und Unzukömmlichkeiten mit sich, welche in der Verbrechensstatistik ihren Ausdruck nicht finden können. Wir werden auch in der Wahnsinns- und Selbstmordstatistik nach Andeutungen suchen müssen, ob der Ehestand nachtheiliger wirke, als der Zölibat, oder nicht.

Ueber den Wahnsinn hat eine sehr umfassende Arbeit Legoyt geleistet in der IX. étude seines Werkes „la France et l'étranger", welche handelt „du mouvement de l'aliénation mentale en Europe", und welche hier besonders benützt wurde.

Eine merkwürdige Thatsache drängt sich vor Allem jedem auf, der mit der Statistik des Wahnsinnes sich beschäftigt; die Thatsache nämlich, dass der Wahnsinn erst mit dem Eintreten der Pubertät sich entwickelt, während der Blödsinn angeboren sein kann. Aber auch unter den Idioten finden sich die meisten im Alter der Reife. Wenn trotzdem die Zahl der unverehelichten Geisteskranken grösser ist, als die der Verehelichten, so werden wir das als Beweis dafür annehmen müssen, dass das eheliche Leben weniger zum Wahnsinne neige, als der Zölibat.

In Baiern fand Legoyt nach der Zählung von 1858 2.631 oder 53·7 Perzent Irrsinnige und 2.243 oder 45·8 Perzent Kretins. Unbekannter Natur war die Krankheit bei 25 oder 0·5 Perzent. Von diesen waren
2.576 Männer oder 53%. Es kam 1 Geisteskranker auf 884 Männer,
2.323 Frauen „ 47%. „ „ 1 Geisteskranke „ 1.007 Frauen.

Dem Alter nach waren per Mille
von Jahren 0—5 5—10 10—20 20—30 30—40 40—50 50—60
              2   18   84   188   253   214   151
von Jahren 60—70 70 und darüber Alter unbekannt Total
              63   6   21   1000

Von diesen 4.899 waren 3.996 oder 81 Perzent Unverheirathete, und blos 821 oder 17 Perzent Verheirathete oder Verwitwete. Von 82 oder 2 Perzent war der Zivilstand unbekannt.

Drei Thatsachen treten uns hier entgegen: erstens: dass in Baiern die Männer mehr Geisteskrankheiten zuneigen, als die Frauen. Zweitens: dass die Geisteskrankheiten im Alter der Reife vorherrschen, und drittens: dass die unverheiratheten Geisteskranken eine bedeutend grössere Zahl umfassen, als

---

[1]) Vgl. Oettingen, M., p. 509 und 394. Roscher, Gr. d. N., p. 616.

die verehelichten, selbst wenn man zu diesen die verwitweten rechnet.

In Hannover waren nach der Zählung von 1856 geisteskrank 1.591 Männer oder 51·99%. Es kam 1 Geisteskranker auf 570 männliche Bewohner; 1.493 Frauen oder 48·01%. Es kam 1 Geisteskranke auf 611 weibliche Bewohner.

Ein Kranker unter 20 Jahren kam auf 1.796 Bewohner unter 20 Jahren,
„ „ von 20—60 „ „ „ 392 „ von 20—60 „
„ „ über 60 „ „ „ 405 „ über 60 „

Von den 3084 Irrsinnigen kamen 2.432 oder 78·86%, auf die „Célibataires", nur 454 oder 14·72% auf die Verheiratheten und 198 oder 6.42% auf die Verwitweten. Auf 457 Unverheirathete kam ein unverheiratheter Kranker, dagegen ein Verheiratheter erst auf 1.316 Verheirathete, ein Verwitweter auf 564 des gleichen Zivilstandes.

Wir finden dieselben drei Thatsachen in Hannover, wie in Baiern: das Ueberwiegen der männlichen Irrsinnigen, die späte Entwicklung des Irrsinnes und die unverhältnissmässig grosse Zahl unvermählter Geisteskranker.

In Preussisch-Schlesien (für ganz Preussen lagen mir keine Daten vor) zählte man
1832 1 Irrsinnigen auf 1.107 Männer, 1 Irrsinnige auf 1.389 Weiber
1852 1 „ „ 1.356 „ 1 „ „ 1.586 „
1856 1 „ „ 1.650 „ 1 „ „ 1.653 „

Nach dem Zivilstande waren

	Ledige	Verheirathete	Verwitwete	Total
1852 . . .	1.685 78·48%	340 15·84%	122 5·68%	2.147
1856 . . .	1.583 77·07%	344 16.75%	127 6·18%	2.054
1858 . . .	1.669 75·98%	396 18·02%	132 6·00%	2.197

1856 kam eine irrsinnige unverehelichte oder verwitwete Person auf 1.016, eine verheirathete auf 3.261 verheirathete Einwohner. Der Wahnsinn war also unter den Unverheiratheten mehr als dreimal so stark vertreten, wie unter den Verheiratheten.

In Württemberg stellten sich die Ergebnisse der Zählung folgendermassen:

männlich   Männer der Bevölkerung
1853 1.917 Irrsinnige   872 oder 45·49%   1 auf 1.019
        weiblich   Weiber der Bevölkerung
„ „ „, 1.045 oder 54·51%   1 auf 880

Es betrugen, verglichen nach dem Zivilstand, in Prozenten

	unter der ganzen Bevölkerung (1846)	unter den Irrsinnigen (1853)
die Ledigen (mit den Kindern)	62·77%	64·48%
die Verheiratheten	31·90%	24·57%
die Verwitweten	5·20%	9·65%
die Geschiedenen	0·13%	1·30%

Selbst wenn man die nicht Heirathsfähigen abzieht, ist die Zahl der unverehelichten Wahnsinnigen immer noch bedeutend grösser, als die der verheiratheten. Man zählte nämlich unter den Irrsinnigen

	Geschlecht				Total
	männlich		weiblich		
Ledige unter 20 Jahren	21	2·41%	32	3·06%	53 2·77%
„ von 20 J. und darüber	571	65·48%	612	58·57%	1.183 61·71%
Verheirathete	212	24·31%	259	24·79%	471 24·57%
Verwitwete	58	6·65%	127	12·15%	185 9·65%
Geschiedene	10	1·15%	15	1·43%	25 1·30%
Total	872	100·00%	1.045	100·00%	1.917 100·00%

Aus diesen Zahlen ergibt sich zunächst, dass die grössere Betheiligung der Männer am Wahnsinn keine allgemein giltige Thatsache ist. Aber auch in Württemberg sehen wir die Erscheinung klar zu Tage treten, dass der Zölibat viel mehr Wahnsinnige liefert als die Ehe, und dass der Zölibat besonders auf die Männer ungünstig wirkt, indem hier der Prozentsatz der Männer viel grösser ist, als der der Frauen, während in den anderen Zivilständen das Umgekehrte der Fall ist. Die Ehe bringt für das Weib in Folge der Schwangerschaft und des Gebärens viel mehr Widerwärtigkeiten und Gefahren mit sich als für den Mann, daher die grössere Betheiligung der verheiratheten Frauen am Wahnsinn. Der grössere Prozentsatz der verwitweten und geschiedenen Frauen dürfte dagegen weniger auf fysiologischen, wie auf sozialen und ethischen Ursachen beruhen.

Wenden wir uns von Deutschland nach Frankreich.

Auch dort überwiegen die Frauen. Man zählte von 1854—61 in den Irrenhäusern auf 52 geisteskranke Frauen 48 kranke Männer, und zwar kamen unter den Idioten 51 Männer auf 49 Frauen, unter den Irrsinnigen dagegen 59 Frauen auf 41 Männer.

Von 1856—60 wurden in den Irrenhäusern 17.169 Célibataires und 14.402 Verheirathete aufgenommen. Es kam ein lediger Geisteskranker auf 2.707 ledige Einwohner, ein verheiratheter erst auf 4.937 verheirathete. Aber nicht nur in den Irrenhäusern überwog die Zahl der Célibataires. Im Ganzen zählte man auf je 100.000 Einwohner

	Kinder	erwachsene Ledige	Verheirathete	Verwitwete
Irrsinnige .	8	127	32	66
Idioten und Kretins .	58	306	15	26

Als Kinder sind hier angesehen die männlichen Individuen bis zum 18., die weiblichen bis zum 15. Jahre.

Auch die in Frankreich gefundenen Thatsachen stimmen also mit den Ergebnissen der bisherigen Untersuchung.

In Dänemark überwiegen ebenso wie in Frankreich und Württemberg die Frauen unter den Geisteskranken, und zwar zeigen sie hier ebenso wie in Frankreich eine grössere Neigung zum Irrsinn als zur Blödsinnigkeit.

Man fand 1847 in Dänemark
                                    Männer   Frauen
3.756 Geisteskranke, darunter 1.865, 49·7 %, 1.891 50·3 %
1.995 Idioten, 53·12%.   1.066, 53·43%,   929 46·57%
1.761 Irre,   46·88%.   799, 45·37%,   962 54·63%
   Nach dem Alter zählte man
von Jahren   0—5 5—10 10—20 20—30 30—40 40—50 50—60
Idioten . .   35   123   499   504   322   259   174
Irrsinnige .   4   23   85   239   343   399   321
von Jahren   . . 60—70 über 70 Alter unbekannt Total
Idioten . . .   66   12   1   1.995
Irrsinnige . .   239   104   4   1.761
   Nach dem Zivilstande waren unter je 1000 Bewohnern desselben Zivilstandes
                    Verheirathete Unverheirathete Verwitwete
männlich . . . .   0·59   1·35   3·00
weiblich . . . .   0·82   1·41   3·02
   Also auch hier dieselben Ergebnisse.
   Schliesslich wollen wir nur noch die Daten mittheilen, welche die höchst instruktive Zählung von 1858 in Belgien geliefert hat.
   In Belgien waren nach der Zählung 1858
6.475 Kranke, davon 3.481 Männer, 69·20%, 2.994 Weiber 30·80%
       1 auf 507   „   1 auf 754   „
der Bevölkerung.
   Von den Männern waren 60% Irrsinnige, 40% Idioten
     „   „   Frauen   „   82%   „   18%   „
   Die Frau neigt also (wenigstens in den beobachten Staaten) mehr zum Irrsinn, weniger zum Idiotismus, als der Mann.
   Auf je 100.000 der verschiedenen Altersklassen kamen
            unter 10 Jahren 10—15 15—20 20—30 30—40 40—50 50—60 darüber
Irrsinnige   —   1   5   49   127   188   240   2
Idioten .   6   30   46   72   79   70   67   48
   Nach dem Zivilstand geordnet bildeten die
                    Unverheiratheten
                ─────────────────────── Verheiratheten Verwitweten
                unter 15 Jahren, über 15 Jahren
von der Bevöl-
  kerung . . .   15%   49%   30%   6%
unter den Geistes-
  kranken . .   3%   74%   15%   8%
   Es kamen von geisteskranken
Kindern   unter 15 Jahren 28 auf 100.000 Kinder der Bevölkerung
Unverheiratheten üb. 15 „ 212   „   „   Unverheirathete   „
Verheiratheten   70   „   „   Verheirathete   „
Verwitweten   202   „   „   Verwitwete   „
   Ueberall, wo wir hinsehen, finden wir also dieselben Thatsachen in Bezug auf das Vorkommen des Wahnsinnes nach Alter und Zivilstand, indess der Einfluss des Geschlechtes ein wechselnder ist. **Es ist eine unbestreitbare Thatsache, dass der Irrsinn**

sich in der Regel erst nach dem Eintreten der Pubertät entwickelt, und ebenso unbestreitbar ist die Thatsache, dass trotz aller Nachtheile und Bedrängnisse, welche das eheliche Leben mit sich führt die Motive, welche zum Wahnsinn treiben, im Zölibat viel mehr zur Geltung kommen, als in der Ehe.

Der dritte Massstab, um die Vortheile von ehelichem Leben und Zölibat zu vergleichen, ist der Selbstmord.

Auch über die Selbstmordstatistik liegt eine werthvolle Monografie vor von Adolf Wagner.[1]) Leider ist der Faktor Zivilstand bisher so wenig berücksichtigt worden und ist das vorhandene Material so dürftig, dass man zu einem entscheidenden Resultate noch nicht gelangen konnte.

Bemerkenswerth ist zunächst die geringe Neigung der Jugend zum Selbstmorde. Auf eine Million Einwohner der betreffenden Altersklasse kamen Selbstmörder in Frankreich

	1835—44	1848—57
unter 16 Jahren	1·7	2·7
von 16—21 Jahren	44·1	45·9
„ 21—30 „	87·0	97·9
„ 31—40 „	100·0	114·5
„ 41—50 „	135·0	164·4
„ 51—60 „	144·8	206·1
„ 61—70 „	171·3	222·9
„ 71—80 „	197·3	238·0
über 80 „	194·1	214·0 [2])

Trotzdem ist in allen bisher untersuchten Ländern, ausser in Schweden, eine grössere Betheiligung der Ledigen am Selbstmord nachgewiesen worden, wie der Verheiratheten.

In Schweden kamen allerdings — die Zahl der Selbstmörder unter 20 Jahren weggelassen, was kein grosser Fehler ist, auf eine Million erwachsener lediger Männer 188 Selbstmörder, auf eine Million Verheirathete dagegen 207, indess auf die gleiche Anzahl lediger Frauen 49, verheiratheter 40 Selbstmörderinnen entfielen. Selbst in Schweden ist also die Zahl der ledigen Selbstmörderinnen grösser als die der verheiratheten.

In Sachsen dagegen kamen auf eine Million lediger Männer 1000 ledige Selbstmörder, auf eine Million Verheiratheter blos 500 des gleichen Zivilstandes, während bei den Frauen unter einer Million lediger 260, unter einer Million verheiratheter 125 Selbstmörderinnen sich fanden.[3])

---

[1]) A. Wagner, die Gesetzmässigkeit in den scheinbar willkürlichen menschlichen Handlungen vom Standpunkt der Statistik. Hamburg 1864. II. Theil. I. Statistik der Selbstmorde (nebst einem Abriss der Statistik der Trauungen.)

[2]) Oettingen, M., Tab. 62.

[3]) A. Wagner, d. G. willk. II, II, I. p. 178.

In Preussen zählte man auf je 1 Million der betreffenden Bevölkerungsklasse im Jahre 1869

	Selbstmorde
Kinder bis 14 Jahren	4
Verheirathete Frauen	61
Ledige „	87
Verwitwete „	124
Geschieden und getrennt lebende Frauen	384
Verheirathete Männer	286
Ledige „	298
Verwitwete „	948
Geschieden und getrennt lebende Männer	2834 [1])

Enorm ist die Zahl der geschieden und getrennt lebenden Männer. Leider sind die Zahlen nur für ein Jahr berechnet und daher nicht sehr verlässlich.

In Frankreich fand Legoyt im Durchschnitt unter

	Selbstmörder	Selbstmörderinnen
100.000 erwachsenen Célibataires	34·3	5·1
„ Verheiratheten	23·7	5·9
„ Verwitweten	64·1	12·7

In allen Ländern, sagt Legoyt, die man beobachtete, Dänemark, Spanien, Frankreich, Sachsen, kam man zu dem Schlusse, „dass die Verheiratheten beider Geschlechter am wenigsten sich tödten, am meisten die Verwitweten, dann die Ledigen." [2])

Zu demselben Ergebniss kommt Adolf Wagner: „Im Ganzen liefert die Untersuchung über den Faktor Zivilstand noch ein recht dürftiges Resultat, welches für die allgemeine Selbstmordstatistik noch von problematischem Werthe bleibt: wie es scheint, übt der Zivilstand einen Einfluss und zwar in der Weise, dass die Ehe günstig, der ledige Stand nicht so günstig, sehr ungünstig der verwitwete Stand und weitaus am Ungünstigsten der Stand der Geschiedenen auf beide Geschlechter hinsichtlich der Theilnahme am Selbstmord einwirkt." [3])

Wir können dieses Resultat fast als sicher annehmen, angesichts des Ergebnisses, zu dem Legoyt gelangte.

Wohin wir blicken, überall treten uns also Beweise entgegen, dass der eheliche Stand nicht benachtheiligt sondern bevorzugt ist vor dem Zölibat, dass in der Ehe die Summe des Glückes die des Unglückes viel mehr überwiegt — oder viel weniger von der letzteren überwogen wird — als im Stande des Alleinseins.

Das untrüglichste Merkmal hiefür finden wir endlich in der Sterbestatistik.

---

[1]) Oettingen, M., p. 726.
[2]) Legoyt, l. Fr., II. p. 570.
[3]) A. Wagner, G. w. II. II., I. p. 179.

Von 1851—60 starben von je 10.000 Bewohnern Frankreichs der entsprechenden Bevölkerungsklasse im Jahresmittel

	Männer			Weiber		
im Alter von	Unverheirathete	Verheirathete	Witwer	Unverheir.	Verheir.	Witwen
15—20 Jahren	80	901	1490	85	134	876
20—30 „	191	78	230	90	92	180
30—40 „	131	73	174	102	95	130
40—50 „	178	102	188	142	107	145
50—60 „	283	185	298	239	166	218
für 1861 unter 20 Jahren	69	378	4321	74	117	1479
20—30 „	92	65	280	82	92	201
30—40 „	116	68	192	99	90	144
40—50 „	168	98	196	139	100	142
50—60 „	274	171	303	232	158	213 [1])

Es liessen sich hier noch eine Menge Beweise beibringen; es sei hier, um den Leser nicht zu ermüden, nur noch des auffallendsten gedacht, beigebracht von Bertillon. Derselbe erwähnt nämlich die von seinem Vater gefundene Thatsache, dass ein Eheloser im Alter von fünfundzwanzig Jahren dieselben Aussichten des Todes habe als ein Verheiratheter im Alter von fünfundvierzig Jahren und dass ein Witwer von fünfundzwanzig bis dreissig Jahren die nämlichen Aussichten des Todes habe, wie ein Ehemann im Alter von fünfundfünfzig und sechzig Jahren. [2])

Auffallend deutlich sehen wir also hier wieder die Erscheinung, dass der Ehestand am günstigsten, am ungünstigsten der Stand der Vereinsamung wirkt, wobei wieder die Witwer und Witwen am schlechtesten bedacht sind.

Bei den Männern wirkt der Zölibat noch ungünstiger, wie bei den Frauen; nur vor dem 20. Jahre, also frühzeitig geschlossene Ehen erweisen sich ihnen verderblich. Bei den verheiratheten Frauen ist auch im 20.—30. Jahre die Sterblichkeitsziffer grösser als bei den unverheiratheten — jedenfalls eine Folge ihrer grösseren Gefährdung durch Schwangerschaften und Geburten. Vom 30. Jahre an zeigt die Ehe aber auch für das weibliche Geschlecht ihre heilsamen Folgen.

Ich glaube, es ist in genügendem Masse der Beweis erbracht worden dafür, dass die Ehe, trotz aller Fehler und Mängel, die ihr heutzutage anhaften, dennoch viel vortheilhafter wirkt, als das ausserehliche Leben. Sie bietet weniger Versuchungen zum Verbrechen, weniger Anlässe zum Selbstmord; alle die unsäglichen Leiden, die

---

[1]) Legoyt, l. Fr., I. p. 486, II. p. 48, p. 502.
[2]) Zitirt bei E. Reich, die Fortpflanzung und Vermehrung des Menschen, aus dem Gesichtspunkte der Fysiologie und Bevölkerungslehre betrachtet. Jena 1880. p. 261. Auch sonst bringt dieses Buch, das mir leider erst während des Druckes zukam, und dessen noch unten gedacht werden soll, statistisches Material über den Einfluss der Ehe auf die Wohlfahrt der Menschen. So besonders p. 309 ff., p. 319 ff. und passim.

moralischen und fysischen Drangsale, die der Mensch durchzumachen hat, bevor die Nacht des Wahnsinnes ihn bedeckt, sie suchen mehr den alleinstehenden Menschen heim als den verehelichten. Jeder Kummer, jede Ueberanstrengung, jede Entbehrung wirkt lebenverkürzend: dennoch wirkt die Ehe lebenverlängernd.

Damit wäre das letzte Bollwerk des positiven Malthusianismus gesunken. Wenn der Zölibat die Klassenlage des Proletariers nicht heben kann, wenn Malthus'sche Gewohnheiten ebensowohl dem Nachwuchs als den erwachsenen Individuen schädlich wirken, wenn sie also nichts nützen, wohl aber schaden, dann ist nicht der mindeste Grund vorhanden, solche Gewohnheiten anzuempfehlen.

Gross sind die Nachtheile des ehelichen Lebens im Vergleich mit dem Zölibat, aber grösser noch sind seine Vortheile. Die Möglichkeit der Eheschliessungen verringern, heisst die Summe menschlichen Glückes verringern; diese Möglichkeit vergrössern, heisst diese Summe menschlichen Glückes vergrössern. **Der Malthus'sche Vorschlag ist daher nicht geeignet, auch nur im Mindesten das Glück des Proletariers zu befördern; im Gegentheil, er strebt es zu verringern. Unangekränkelt von Malthus'scher Gedankenblässe mögen die Arbeiter sich den Freuden der Liebe hingeben und heirathen, wie sie bisher gethan: nicht blos der Instinkt, nicht blos ein widerstrebendes Gefühl sondern auch die Wissenschaft spricht über den Malthus'schen Vorschlag das Todesurtheil.**

III. Kapitel.

Die geometrische Progression.

Es ist, wie ich hoffe, bewiesen, dass „kluge Gewohnheiten in Bezug auf die Ehe" die Lage der arbeitenden Klassen durchaus nicht verbessern können, während sie geeignet sind, einen demoralisirenden, Geist und Körper zerrüttenden Einfluss auf diejenigen Individuen hervorzubringen, welche sie ausüben, und auf diejenigen, welche von solchen abstammen.

Der positive Theil der Malthus'schen Lehre wäre also schlecht befunden worden; wie verhält sich's mit ihrem negativen Theil?

Es ist allerdings nicht richtig, dass Laster und Elend in der modernen Gesellschaft durch eine natürliche Uebervölkerung hervorgerufen werden, weil eine solche bis jetzt noch nicht existirt: es ist vielmehr die Organisazion der Gesellschaft, welche diese Uebel mit sich bringt, und nicht durch eine Einschränkung der Bevölkerungszunahme, sondern nur durch eine Aenderung der Gesellschaftsorganisazion kann man sie beseitigen.

Aber wenn auch eine natürliche Uebervölkerung nicht existirt, ist damit schon der Beweis geliefert, dass sie unmöglich sei? Einige Antimalthusianer haben dieser Logik sich bedient, obgleich es einleuchtet, dass sie aller Vernunft Hohn spricht. Wenn Laster und Elend auch nicht durch die Uebervölkerung hervorgerufen wurden, so waren sie doch geeignet, eine Uebervölkerung zu verhindern. Wird diese nicht allsogleich zum Vorschein kommen, sobald man Laster und Elend beseitigt? Die Malthusianer haben Unrecht, wenn sie sagen, die Enthaltung der Arbeiter von der Kinderzeugung könne die soziale Frage lösen. Aber haben sie nicht vielleicht insoferne Recht, als sie behaupten, ohne die Enthaltung der Arbeiter vom Kinderzeugen könne die soziale Frage nicht gelöst werden? Die Malthusianer sind natürlich dieser Ansicht und wenden sich daher entschieden gegen jeden Vorschlag zur Lösung der sozialen Frage, welcher die Macht der präventiven Tendenzen verringert, vor Allem verwerfen sie entschieden das geforderte Recht eines jeden Menschen auf ein menschenwürdiges Dasein. Diese Forderung war es, welche Malthus zu dem berüchtigten Satze hinriss, den er in den späteren Auflagen seines Werkes wohlweislich weggelassen hat und den man in jeder Malthus feindlichen Schrift zitirt finden dürfte, in dem er behauptet: „Ein Mensch, der in einer bereits okkupirten

Welt geboren wird, hat, wenn seine Familie ihn nicht ernähren, noch die Gesellschaft seine Arbeit gebrauchen kann, nicht das mindeste Recht, irgendwelchen Theil der Nahrungsmittel zu fordern, und ist wirklich überflüssig auf der Erde. An dem grossen Gastmahle der Natur ist für ihn kein Kouvert aufgelegt. Die Natur gebietet ihm, sich wieder zu entfernen, und säumt nicht, diess Gebot selbst in Ausführung zu bringen."

Ein Zetergeschrei erhob sich in ganz Europa über diesen Satz, der allerdings barbarisch genug klingt, obgleich er nur eine, freilich unangenehme, nach Malthus Ansicht aber unumstössliche Thatsache konstatirt. Vielleicht verliert er etwas von seiner Schärfe, wenn man ihn mit einer anderen Stelle des Essay vergleicht, in welcher Malthus gegen den Ausspruch des Abbé Raynal polemisirt: „Vor allen sozialen Gesetzen hatte der Mensch das Recht zu leben." „Mit ebenso viel Wahrheit," antwortet Malthus, „hätte er sagen können, dass vor der Aufstellung sozialer Gesetze jeder Mensch das Recht hatte, hundert Jahre zu leben. Sicher hatte er diess Recht und er hat es noch; er hat das Recht, tausend Jahre zu leben, wenn er kann und wenn sein Recht nicht dem Rechte eines Anderen schadet; aber in dem einen, wie in dem anderen Falle handelt es sich weniger um das Dürfen als um das Können. Die Gesetze der Gesellschaft vermehren diess Können in grossem Masse; sie setzen eine grosse Zahl Individuen in Stand, sich zu erhalten, welche ohne sie sich nicht erhalten könnten. In diesem Sinne kann man sagen, dass sie das Recht zu leben sehr erweitern. Aber weder vor noch nach der Errichtung gesellschaftlicher Gesetze erfreute sich eine unbegrenzte Zahl von Individuen der Möglichkeit zu leben; und vor wie nachdem sah sich der, welcher dieser Möglichkeit beraubt war, auch des Rechtes beraubt, von derselben Gebrauch zu machen." [1])

Die Sozialisten wenden allerdings ein, diese Möglichkeit existire und mit dieser Möglichkeit auch das Recht auf ein menschenwürdiges Dasein. Die Entscheidung dieser Frage ist eine Vorbedingung jeder Diskussion über die Möglichkeit der sozialistischen Vorschläge. Wenn es nicht möglich ist, jedem ein menschenwürdiges Dasein zu verschaffen, dann ist die Proklamirung dieses Rechtes eine Komödie, die nicht ernst genommen werden kann.

Hören wir zunächst, was Malthus vorzubringen hat. Er stellt sich im Geiste vor, die Forderungen der Sozialisten wären verwirklicht und untersucht dann die Folgen, welche deren Durchführung mit sich bringen müsste.

„Nehmen wir an," sagt er, „auf Grossbritannien wäre es geglückt, alle Ursachen von Laster und Elend zu beseitigen. Krieg und Raufhändel haben ein Ende genommen. Es gibt keine Fabriken und ungesunden Arbeiten mehr. Die Menschen häufen sich nicht mehr in den Städten an, um sich Intriguen, der Jagd nach Gewinn und unerlaubten Freuden hinzugeben. Einfache, vernünftige, gesunde Vergnügungen haben das Spiel, den Wein und die Schlemmerei ver-

---
[1]) Malthus, E. s. l. p., p. 505. c. St., p. 673.

drängt. Die Ausdehnung der Städte ist auf gewisse Grenzen eingeschränkt, so dass sie auf die Gesundheit ihrer Bewohner keinen verderblichen Einfluss mehr üben kann. Die grösste Zahl derjenigen, welche diess irdische Paradies bewohnen, findet sich zerstreut in den Dörfern und in einzelnen Meierhöfen durch das ganze Land. Alle Menschen sind gleich. Die Arbeiten, welche dem Luxus dienten, haben aufgehört, die des Ackerbaues sind unter Alle derart vertheilt, dass sie niemanden beschweren. Wir nehmen an, die Zahl der Bewohner und die Quantität der Produkte dieser Insel sei dieselbe, wie gegenwärtig. Der Geist des Wohlwollens, welcher da herrscht, geleitet von der unparteiischesten Gerechtigkeit, ermöglicht die Vertheilung des Arbeitsertrages unter alle Glieder der Gesellschaft derart, dass ein jeder nach seinen Bedürfnissen erhält. Freilich wäre es unmöglich, dass Alle jeden Tag animalische Nahrung zu sich nähmen; aber Pflanzennahrung, gemischt von Zeit zu Zeit mit einer Razion Fleisch, würde den Bedürfnissen eines mässigen Volkes vollkommen genügen und würde in allen Individuen, welche die Gesellschaft bilden, Gesundheit, Kraft und Heiterkeit erhalten.

„Herr Godwin sieht die Ehe als einen Betrug und als ein Monopol an. Wir nehmen daher an, der Verkehr beider Geschlechter sei auf dem Prinzip vollkommener Freiheit basirt. Herr Godwin glaubt nicht, dass diese Freiheit eine ungeregelte Vermischung der Verbindungen zur Folge haben werde. Ich denke in diesem Punkte ebenso, wie er. Der Geschmack an Abwechslung ist ein lasterhafter, verderbter, unnatürlicher Geschmack. Er könnte in einer einfachen und tugendhaften Gesellschaft nicht Eingang finden und sich verbreiten. Wahrscheinlich würde sich jeder Mann eine Gefährtin wählen, und seine Verbindung mit ihr würde so lange dauern, als sie sich gegenseitig behagten. Es wäre nach Herrn Godwin, sehr unwichtig, zu wissen, wie viel Kinder eine Frau habe, oder wem sie gehörten. Die Lebens- und alle Hilfsmittel würden von selbst von dem Orte, wo sie im Ueberflusse wären, dorthin strömen, wo sich ein Mangel derselben fühlbar machte. Und jeder Mensch wäre bereit, je nach seinen Fähigkeiten dem heranwachsenden Geschlechte den nöthigen Unterricht zu ertheilen.

„Sicherlich wüsste ich keine Form der Gesellschaft zu finden, welche der Bevölkerung günstiger wäre. Die Unlöslichkeit der Ehe, wie sie thatsächlich besteht, hält unbestreitbar eine Menge Menschen davon ab, sich in ihr Joch zu begeben. Ein Verkehr, der von jeder Fessel befreit wäre, würde nicht dieselben Befürchtungen erregen und Veranlassung geben, frühzeitig derartige Verbindungen einzugehen. Und da wir voraussetzten, dass bei der Schliessung dieser Bündnisse man unbesorgt zu sein brauche über die Erhaltung der Kinder, würde es, wie ich glaube, unter hundert Personen weiblichen Geschlechtes kaum eine geben, welche im Alter von 23 Jahren nicht schon Familienmutter wäre.

„Solche Ermuthigungen der Bevölkerung würden vereint mit der Unterdrückung aller grossen Ursachen der Entvölkerung, sobald die obigen Voraussetzungen in Kraft treten, die Zahl der Bewohner mit einer beispiellosen Schnelligkeit vermehren. Ich hatte Gelegenheit, zu sagen, dass die Bewohner der inneren Niederlassungen Amerikas ihre Zahl binnen 15 Jahren verdoppeln. England ist sicher ein viel gesünderes Land, als diese Niederlassungen im Inneren Amerikas. Und da wir vorausgesetzt haben, dass alle Häuser der Insel luftig und gesund seien, und dass die Ermunterungen zur Bevölkerung hier noch viel grösser wären, als in Amerika, so ist kein Grund vorhanden, warum sich die Zahl der Einwohner nicht in wenigstens 15 Jahren verdoppeln sollte, wenn diess möglich ist. Aber um sicher zu sein, dass wir bei unserer Schätzung innerhalb der Grenzen der Wirklichkeit bleiben, wollen wir diese Periode der Verdopplung auf 25 Jahre festsetzen, eine viel langsamere Verdopplung als sie, wie man weiss, in den vereinigten Staaten Amerikas stattfindet.

„Man kann nicht zweifeln, dass die Gleichheit des Besitzes verbunden mit der Hinlenkung der Arbeit auf den Ackerbau, unseren Voraussetzungen gemäss, den Ertrag des Landes sehr steigern werde. Dennoch braucht man nicht zu glauben, dass, um der Nachfrage einer so rasch anwachsenden Bevölkerung nachzukommen, die halbe Stunde Arbeit für den Tag, wie Herr Godwin ausgerechnet hat, genügen werde. Es ist wahrscheinlich, dass die Hälfte der Zeit eines jeden Menschen darauf verwendet werden müsste. Aber jedermann, der bekannt ist mit der Natur des Bodens, mit dem Grad der Fruchtbarkeit der kultivirten und der Unfruchtbarkeit der unkultivirten Ländereien, dürfte schwer zu dem Glauben zu bewegen sein, mit dieser oder selbst mit mehr Arbeit könnte der Ertrag innerhalb 25 Jahren verdoppelt werden. Das einzig mögliche Mittel wäre, den Pflug über die Wiesen und Weiden zu führen und der Fleischnahrung fast ganz zu entsagen.[1]) Ein solcher Plan würde sich aber wahrscheinlich selbst zu Grunde richten. In Wahrheit benöthigt der Boden Englands des Düngers, um reichliche Ernten hervorzubringen; und das Vieh scheint nothwendig, um denjenigen Dünger zu liefern, welcher dem Boden am Meisten zusagt.

„Wie gross auch die Schwierigkeit sein mag, diese Verdopplung des Ertrages innerhalb 25 Jahren zu bewerkstelligen, wir wollen dennoch voraussetzen, sie sei gelungen. Am Ende dieser Periode würde die Nahrung, obgleich fast ganz aus Pflanzenstoffen bestehend, wenigstens hinreichen, um in guter Gesundheit die Bevölkerung zu erhalten, welche sich verdoppelt hat und auf 22,000.000 gestiegen ist.[2])

„Aber während der folgenden Periode, woher wird man da die Lebensmittel hernehmen, um den beschwerlichen Ansprüchen einer

---

[1]) Nach einer Berechnung des Herrn Mackie genügten, um die Bevölkerung Grossbritanniens mit Pflanzenstoffen zu ernähren, 2,412.746 Acres guter Erde, während für die Ernährung mit Lebensmitteln aus dem Thierreiche 44,475.478 nothwendig wären. (Malthus).

[2]) 1801 betrug die Einwohnerzahl von Grossbritannien (England, Wales und Schottland) 10,500.956. 1871 schon 26,072.281 Köpfe. (Kolb, vgl. St., p. 393.)

immer wachsenden Zahl von Einwohnern zu genügen? Wo wird man neue Ländereien finden, die man urbar machen kann? Woher wird man den nöthigen Dünger nehmen, um diejenigen zu verbessern, welche bereits bebaut sind? Sicherlich wird man unter denen, welche in diesen Arbeiten Erfahrung haben, niemanden finden, der es für möglich hielte, dass der Ertrag während der zweiten Periode um eine gleiche Quantität anwachse, wie im Laufe der ersten. Dennoch wollen wir diess Gesetz des Anwachsens des Ertrages annehmen, wie unwahrscheinlich es auch sei. Die Macht des Argumentes, welches ich annehme, erlaubt, fast unbegrenzte Zugeständnisse zu machen. Aber selbst nach diesem Zugeständniss blieben am Ende des zweiten Termines 11,000.000 Individuen aller Hilfsquellen beraubt. Ein Quantum Produkte, eben genügend, 33,000.000 zu ernähren, müsste in dieser Epoche unter 44,000.000 vertheilt werden.

„Siehe da, was wird nun aus dem Bilde, welches uns die Menschen malte lebend im Schosse des Ueberflusses, ohne dass irgend einer von ihnen nothwendig hätte, sich mit Aengstlichkeit um seine Unterhaltsmittel zu kümmern; wie sie, fremd dem beschränkten Prinzip des Egoismus, frei ihre Geistesgaben entfalten können, ohne sich zu erniedrigen zu den materiellen Sorgen? Dieses glänzende Werk der Einbildungskraft erblasst vor der Fackel der Wahrheit. Der Geist des Wohlwollens, welchen der Ueberfluss hervorruft und nährt, ist niedergedrückt von dem Gefühle der Noth. Die niederen Leidenschaften kommen wieder zum Vorschein. Der Instinkt der Selbsterhaltung, welcher in jedem Individuum rege ist, erstickt die edelsten und zartesten Gefühle. Die Versuchungen sind zu stark, als dass man ihnen widerstehen könnte. Das Getreide wird vor seiner Reife geerntet; man häuft heimlich mehr als den zukommenden Antheil auf. Bald erstehen alle Laster, welche die Heuchelei erzeugt, und marschiren an ihrer Seite. Die Lebensmittel strömen nicht mehr von selbst den Müttern zu, die mit einer zahlreichen Familie belastet sind. Die Kinder leiden in Folge des Nahrungsmangels. Die lebhaften Farben der Gesundheit weichen einer fahlen Blässe. Umsonst sprüht der Geist des Wohlwollens noch einige ersterbende Funken; die Selbstliebe, das Eigeninteresse erstickt jedes andere Prinzip und übt eine unumschränkte Herrschaft in der Welt.

„Es ist hier keine der Einrichtungen im Spiele, denen Herr Godwin alle Laster entarteter Herzen zuschreibt. Die hier geschilderten Institutionen haben nicht im Geringsten die Tendenz, das Wohl der Allgemeinheit und des Einzelnen in Gegensatz zu bringen. Man hat kein Monopol geschaffen, welches einer geringen Anzahl die Vortheile vorbehalten hätte, welche die Vernunft Allen zugänglich zu machen heisst. Man könnte nicht im Geringsten sagen, dass irgend ein Mensch durch ungerechte Gesetze verleitet worden wäre, die Ordnung zu verletzen. Das Wohlwollen herrschte in allen Herzen. Und siehe, dessungeachtet zeigen sich nach einer kurzen Periode von 50 Jahren die Gewaltthätigkeit, die Unterdrückung, der Betrug, das Elend, die abscheulichsten Laster, welche gegenwärtig die Gesellschaft beunruhigen und entehren, von Neuem, und sie scheinen durch die Gesetze der Natur selbst erzeugt zu sein, ohne dass irgend eine menschliche Vorschrift ihren Einfluss geübt hätte.

„Sind wir noch nicht überzeugt, so schreiten wir zur dritten Periode von 25 Jahren vor, und wir werden 44,000.000 Individuen ohne alle Hilfsquellen sehen. Am Ende des ersten Jahrhunderts wird sich die Bevölkerung auf 176,000.000 vermehrt haben, während Lebensmittel nur für 55,000.000 vorhanden sind: so dass 121,000.000 ohne Lebensmittel sein werden. In dieser Epoche würde die Noth an allen Ecken und Enden fühlbar werden: allseits herrschten Raub und Mord. Und dennoch haben wir ein unbegrenztes Wachsthum des jährlichen Ertrages zugegeben, wie es selbst der kühnste Denker nie zu hoffen wagen würde.

„Diese Aussicht, welche uns die Unzukömmlichkeit bietet, die das Prinzip der Bevölkerung erzeugt, ist ohne Zweifel sehr verschieden von der, welche der Ausspruch des Herrn Godwin uns vor Augen führt: „Die Bevölkerung kann während Myriaden von Jahrhunderten wachsen, ohne dass die Erde aufhört, der Ernährung ihrer Bewohner zu genügen.""[1])

Gegen eine solche trübselige Aussicht sträubt sich natürlich jedes menschliche Gefühl: so wie es uns widerstrebt, zu glauben, dass wir einmal sterben müssen, und wir desshalb die Unsterblichkeit der Seele ersonnen haben, so widerstrebt es uns auch, zu glauben, dass die Welt ewig ein Jammerthal bleiben müsse. Ist doch die beste Gabe aus Pandorens Büchse die Hoffnung. Und die raubt einem der Malthusianismus; er lässt einem nur die grause Wahl, zu verhungern oder der Liebe zu entsagen.

Die Harmonicapostel und Sozialisten sind daher die wüthendsten Feinde der Malthus'schen Theorie. Die Sozialisten erheben sich gegen dieselbe, weil sie alle ihre Bemühungen als erfolglos hinstellt; die Harmonicapostel, weil sie die Idee einer göttlichen Gerechtigkeit, einer Harmonie in der Welt ad absurdum führt. So sehen wir das sonderbare Schauspiel, dass der atheistische Sozialismus und die frömmelnde Harmonieduselei in dieser Frage Arm in Arm vorgehen und sich gegenseitig Sukkurs leisten. Carey wie Marx, Bastiat wie Proudhon, Max Wirth und Lassalle, Dühring und Louis Blanc, alle sind sie einig, eine Uebervölkerung als unmöglich hinzustellen.

Die Gründe, auf welche Malthus sich stützt, beruhen auf der Annahme der geometrischen Progression der Bevölkerung und der arithmetischen der Lebensmittel. Die Lebensmittel sollen höchstens im Verhältniss von 1, 2, 3, 4, 5 etc. vermehrt werden können, indess die Bevölkerung die Tendenz hat, sich wie 1, 2, 4, 8, 16 etc. zu vermehren.

Ich betone ausdrücklich das Wort Tendenz, weil die Unklarheit vieler Antimalthusianer über die Malthus'sche Theorie auf einem Missverständniss dieses Wortes beruht. Carey gibt zum Beispiel die ihm so verhasste Theorie in folgenden Sätzen wieder:

---

[1]) Malthus, Essay, s. l. p., p. 330 ff., c. St. 426.

„1. Der Stoff hat die Tendenz höhere Formen anzunehmen, er geht von den einfachen des anorganischen Lebens zu den komplizirten und schönen des Pflanzen- und Thierlebens über und beschliesst endlich mit dem Menschen.

„2. Diese Tendenz äussert sich in schwächerem Grade in Bezug auf die niederen Formen des Lebens, indem der Stoff nur in arithmetischer Proporzion die T e n d e n z besitzt, die Form der Kartoffeln, Rüben und Kohlköpfe, der Häringe und Austern anzunehmen.

„3. Erreichen wir aber die höchste aller Formen, deren der Stoff fähig ist, so finden wir, dass die T e n d e n z, diese Form anzunehmen, in geometrischer Proporzion zunimmt; während also der Mensch sich wie 1, 2, 4, 8, 16 und 32 zu vermehren strebt, vermehren sich die Kartoffeln, Rüben, Kohlköpfe, Häringe und Austern nur wie 1, 2, 3 und 4, und die Folge dieser Thatsachen ist, dass die höchste Form stets den niederen voraneilt und die Krankheit der Uebervölkerung verursacht." [1])

Hier zeigt uns Carey deutlich, wie wenig er Malthus verstanden hat. Schon auf der 2. Seite des 1. Kapitels seines Versuches über die Bevölkerung sagt dieser ausdrücklich: „Die Ursache (von Laster und Elend), welche ich gefunden habe, ist die beständige Tendenz, welche b e i a l l e n l e b e n d e n G e s c h ö p f e n sich zeigt sich in grösserem Masse zu vermehren, als es die ihnen zur Verfügung stehende Nahrung erlaubt."

Auch die Kartoffeln, Rüben, Kohlköpfe, Häringe und Austern haben die Tendenz, wie „die höchste Form, deren der Stoff fähig ist," der Mensch, sich in geometrischer Progression zu vermehren. Ebenso wie dieser vermehren sie sich in Wirklichkeit in arithmetischer Progression. Auch unter Thieren und Pflanzen wird der Uebervölkerung vorgebeugt durch das Elend in allen möglichen Formen, durch Hunger, Krankheit und Unterdrückung des Schwachen durch den Starken. Ohne diese Tendenz zur Uebervölkerung wäre der Kampf um's Dasein, wie er in der Thier- und Pflanzenwelt stattfindet, nicht vorhanden. Malthus hat ein Gesetz, welches in der ganzen Natur herrscht, auf den Menschen angewendet, nicht wie Carey sagt, ein aussergewöhnliches Gesetz für den Menschen allein geschaffen.

So wie viele andere Missverständnisse in der Wissenschaft, ist auch das Carey's darauf zurückzuführen, dass er die Begriffe nicht scharf auseinanderzuhalten versteht. Das Wort „vermehren" schliesst aber zwei Begriffe in sich: den Begriff des Anwachsens und den Begriff des Hervorbringens. Die Vermehrung der Bevölkerung im ersteren Sinne, das heisst, ihr Anwachsen, ist bedingt nicht blos durch die Zahl der Geburten sondern auch durch die der Sterbefälle. Die Vermehrung im zweiten Sinne, die Hervorbringung neuer Individuen ist nur bestimmt durch die Fruchtbarkeit der Gattung. Carey gebraucht nun das Wort vermehren bald in dem einen, bald in dem anderen Sinne, stets als gleichbedeutend, und gelangt so dahin,

---

[1]) Carey, die Grundlagen der Sozialwissenschaft, I. p. 109.

Malthus eine Ansicht unterzuschieben, welcher dieser gar nie ausgesprochen hat, und welche allerdings sehr leicht zu widerlegen ist.

Auch andere Gründe, die Carey gegen Malthus vorzubringen hat, dürften uns nicht überzeugen. Zu seinem mystischen Materialismus gesellt sich nämlich als zweite Rüstkammer eine mystische Theologie, aus welcher er Pfeile folgender Art gegen Malthus schleudert: „Noch keine Theorie wurde je veröffentlicht, die so sehr geeignet war, aus dem Herzen des Arbeiters jede Hoffnung für die Zukunft seiner Familie oder seine eigene völlig auszutreiben, keine, die so geeignet war, das Herz des Arbeitsgebers so mit Hartherzigkeit zu erfüllen, keine, die so darauf berechnet war, das Vertrauen auf die Weisheit und Güte des Schöpfers zu vernichten. Nachdem Er die Welt harmonisch und schön geschaffen hat, wie wir sie vor uns sehen, konnte Ihn keine Nothwendigkeit dazu drängen, zur Beherrschung des Menschen Gesetze zu erlassen, kraft welcher der Gehorsam gegen das grosse Gebot: „Seid fruchtbar und mehret Euch und unterwerft die Erde", nur das Laster und Elend hervorrufen musste, die so allgemein verbreitet sind. Wenn Er es gethan hat, so that er es mit bösem Vorbedacht; denn seine Kraft und seine Weisheit sind unendlich."

„Amen!" fügt unwillkürlich der Leser hinzu, und sieht dann auf das Titelblatt, ob er nicht zufälligerweise ein Gebetbuch erwischt hat. Aber nein; gross und deutlich steht es gedruckt: „Die Grundlagen der Sozialwissenschaft von H. C. Carey, dritter Band, und die 483. Seite ist es, auf welcher dieser erbauliche Sermon sich findet.

Durch solches Gewäsch wird die Malthus'sche Theorie natürlich nicht widerlegt. Es genügt nicht, nachzuweisen, dass sie mit der Annahme eines gütigen Gottes sich nicht vereinen lässt, und dass sie unangenehm ist, unangenehm im höchsten Grade: das mag Leute überzeugen, welche an eine Teleologie glauben; in der Wissenschaft kann solche Beweisführung nur Gelächter erregen.

Es sind diess auch nicht die einzigen Gründe, welche gegen die Malthus'sche Bevölkerungstheorie in's Feld geführt wurden.

Malthus stützt sich auf zwei Annahmen: Erstens auf die grosse Fruchtbarkeit des Menschengeschlechtes und zweitens auf die Unmöglichkeit der schnellen Vermehrung der Lebensmittel. Er gebraucht hiebei zur Versinnlichung das Bild der arithmetischen und geometrischen Progression. Heutzutage, meint Malthus, sei die Verantwortung eines jeden, der eine Familie gründe, so gross, dass nur wenige diesen Schritt thun, ohne ihn reiflich zu überlegen. Durch diess Gefühl der Verantwortlichkeit und die Furcht vor Noth und Elend werden die Ehen vermindert und verspätet: damit wird die Tendenz zur Uebervölkerung verringert, das Glück der Menschheit vermehrt. Diess Gefühl der Verantwortlichkeit ist also durch alle möglichen Mittel zu steigern. Alle Diejenigen, welche jedem Menschen ein Anrecht auf ein menschenwürdiges Dasein geben wollen, vernichten diess Gefühl der Verantwortlichkeit, sie vergrössern die Tendenz zur Uebervölkerung zu ihrer höchstmöglichen Entfaltung und rufen hiemit die Leiden derselben, die sie beseitigen wollten, erst recht hervor.

So argumentirt Malthus.

Es handelt sich darum, ob die Annahmen, auf welche er sich stützt, richtig sind.

Seine erste Annahme geht dahin, dass die menschliche Fruchtbarkeit zu ihrer vollsten Entfaltung gelangen werde, wenn jeder Mensch die Gewissheit habe, im Wohlstand leben zu können, und dass das Anwachsen der Bevölkerung, jetzt schon zu rasch, dann noch rascher vor sich gehen werde.

Zahlreiche Bedenken haben sich gegen diese Ansicht erhoben.

Den ersten erwähnenswerthen Versuch, auf wissenschaftlicher Grundlage die stete Tendenz zur Uebervölkerung zu widerlegen, lieferte Sadler in seinem „the law of population" (1830).[1]) Nach ihm nimmt mit der steigenden Dichte der Bevölkerung die Fruchtbarkeit ab. Er meint, schmale Kost und harte Arbeit steigern die Fruchtbarkeit, während Wohlleben und reichliche Nahrung dieselbe schwächen. Als Beweis gilt ihm das häufige Aussterben englischer Adelsfamilien. Daraus schloss er, dass man sich durchaus nicht zu fürchten brauche, einem jeden Menschen ein sicheres Wohlleben zu verschaffen: im Gegentheil, damit würde die Fruchtbarkeit des Menschengeschlechtes abnehmen.

Schon Adam Smith war derselben Ansicht, natürlich, ohne deren Konsequenzen zu ziehen. „Die Armuth," sagt er, „schreckt allerdings vom Heirathen ab, aber sie verhindert es nicht schlechterdings. Sie scheint sogar das Kinderzeugen zu befördern. Eine halb verhungerte Bergschottin wird oft die Mutter von mehr als zwanzig Kindern, indess die wohlgenährte und überzärtlich verpflegte Dame unvermögend ist, ein einziges zur Welt zu bringen, und höchstens durch zwei oder drei Niederkunften schon erschöpft ist. Unfruchtbarkeit, eine bei dem weiblichen Geschlecht in den vornehmern Ständen so gemeine Sache, ist in den untern beinahe gänzlich unbekannt. Eine üppige Lebensart, scheint es, entflammt zwar bei diesem Geschlechte die Begierde nach Genuss, schwächt aber zugleich die Kräfte der Fortpflanzung."[2])

Aehnlich dachte Doubleday. In seinem „the true law of population", London 1846, führt er den Gedanken aus, die Fruchtbarkeit stehe im umgekehrten Verhältniss zur Nahrung. „Nahrung," sagt er, „hält die Vermehrung auf, während andererseits eine beschränkte oder mangelhafte Nahrung anregt und hinzufügt." „Sei der Umfang der natürlichen Vermehrungskraft in einer Gattung, welcher er wolle, der vollblütige Zustand schränkt sie unveränderlich ein und der entgegengesetzte Fall bringt sie zur Entwicklung und diess geschieht in genauem Verhältniss der Kraft und Vollständigkeit eines solchen Zustandes, wenn er nicht so weit übertrieben wird, dass er den Tod

---

[1]) Vgl. besonders Robert v. Mohl, die Geschichte und Literatur der Staatswissenschaften, 1850. III. Bd. c. XVI. Geschichte und Literatur d. Bevölkerungslehre.
[2]) Adam Smith, Nazionalreichthum, c. St., L. p. 143 ed. Garve, p. 109.

des Thieres und der Pflanze herbeiführt." Dadurch erklärt Doubleday die angebliche Erscheinung, dass die bestgenährten Volksklassen aussterben, indess die Proletarier sich rasch vermehren. Pflanzen in überfettem Boden tragen keine Früchte, gemästete Thiere bringen keine Jungen hervor. Als Beispiel dient die Abnahme der Bevölkerung Englands im 15. und 16. Jahrhundert, welche eine Folge des Ueberflusses an kräftiger und nahrhafter Kost gewesen sein soll, welche die Arbeiter damals erhielten.

Einer gleichen Ansicht huldigte Fourier, der vier Mittel angab, um das Phalanstère vor Uebervölkerung zu bewahren: les moeurs phanérogames, l'exercice intégral, la vigueur des femmes und' le régime gastrosophique. Gute Nahrung schade der Fruchtbarkeit und die Weiber sollen stark sein, weil gerade die schwächlichen die meisten Kinder gebären.

Auch Karl Marx scheint ein Anhänger dieser Theorie zu sein, was er allerdings nur im Vorbeigehn andeutet: „In der That steht nicht nur die Masse der Geburten und Todesfälle, sondern die absolute Grösse der Familien in umgekehrtem Verhältniss zur Höhe des Arbeitslohnes, also zur Masse der Lebensmittel, worüber die verschiedenen Arbeiterkategorien verfügen. Diess Gesetz der kapitalistischen Gesellschaft klänge unsinnig unter Wilden oder selbst zivilisirten Kolonisten. Es erinnert an die massenhafte Reprodukzion individuell schwacher und vielgehetzter Thierarten." Und in der Anmerkung zitirt er Laing: „Befände sich alle Welt in bequemen Umständen, so wäre die Welt bald entvölkert." [1]

Es ist nicht zu leugnen, dass unter ganz Armen die Vermehrung oft sehr rasch vor sich geht. So betrug das Geburtsverhältniss im Regierungsbezirk Oppeln in Schlesien 1849 1 : 19·97, das heisst, auf 1.997 Menschen kamen 100 Geburten, während in Sachsen, welches auch einer raschen Bevölkerungsvermehrung sich erfreut, von 1840 bis 1849 das Verhältniss von 1 : 24·46 herrschte. Virchow bemerkt über diese schnelle Zunahme: „Wie der englische Arbeiter in seiner tiefsten Versunkenheit, in der äussersten Entblössung des Geistes endlich nur noch zwei Quellen des Genusses kennt, den Rausch und den Beischlaf, so hatte auch die oberschlesische Bevölkerung bis vor wenigen Jahren alle Wünsche, alles Streben auf diese beiden Dinge konzentrirt. Der Branntweingenuss und die Befriedigung des Geschlechtstriebes waren bei ihnen vollkommen souverain geworden und so erklärt es sich leicht, dass die Bevölkerung ebenso rapid an Zahl wuchs, als sie an fysischer Kraft und moralischem Gehalt verlor. Es wiederholte sich bei ihr, was von den in England eingewanderten Fabriksarbeitern seit langer Zeit bekannt ist." [2]

Virchow sucht also die Ursachen der schnellen Vermehrung der niederen Volksschichten mehr auf sozialem, als auf fysiologischem Gebiete. Auch die anderen zur Unterstützung der Sadler-Doubleday-

---

[1] K. Marx, d. K., p. 669.
[2] Archiv für pathologische Anatomie, II. p. 306, bei Wappäus, allg. Bv. St., I. p. 303.

schen Theorie angeführten Thatsachen lassen sich auf gesellschaftliche Ursachen zurückführen. Sadler's Behauptung, die englischen Adelsfamilien seien im Aussterben begriffen, ist richtig, da wirklich im Durchschnitt jedes Jahr 3—4 englische Peersfamilien aussterben; von 1611—1819 starben 753 solche Familien aus.[1]) Es rührt diess daher, dass bei dem englischen Adel die jüngeren Söhne gewöhnlich nur so viel von dem Besitz ihres Vaters erhalten, als zwar zu ihrer eigenen „standesgemässen" Erhaltung, nicht aber zur Erhaltung einer Familie genügt. Dieselben heirathen daher selten. Auch gilt eine Peersfamilie schon dann für ausgestorben, wenn keine männlichen Nachkommen mehr vorhanden sind. Im Durchschnitt sind die Ehen englischer Peers sogar sehr fruchtbar und zählen oft 6, 7, 8, ja 10 Kinder.

Die Abnahme der Bevölkerung Englands im 15. und 16. Jahrhundert dürfte mehr dem über hundertjährigen Krieg mit Frankreich, den ewigen Kriegen mit Schottland und dem dreissigjährigen Bürgerkrieg der weissen und rothen Rose zugeschrieben werden, als der allzu guten Kost der Arbeiter, welche nicht existirte. Den besten Beweis für das damalige Elend der Arbeiter liefern die unaufhörlichen Aufstände derselben. Damals begann die Auflösung der feudalen Gefolgschaften und die Verjagung der Bauern von Grund und Boden, wie es die Verwandlung des feudalen Grundbesitzes in modernes Privateigenthum mit sich brachte. Dadurch wurde die Zahl der Arbeitslosen, der Vagabunden so vermehrt, dass eine eigene Blutgesetzgebung gegen sie gerichtet wurde. Unter Heinrich VIII. allein wurden 72.000 „grosse und kleine Diebe" hingerichtet. Das sind sonderbare Anzeichen der blühenden Lage des Arbeiters im 15. und 16. Jahrhunderte. Dieselbe schildert uns ein Schriftsteller aus der Zeit der Königin Elisabeth folgendermassen: „Das Brot wird im ganzen Lande von solchem Getreide gebacken, wie es der Boden liefert; trotzdem versorgt sich der Adel gewöhnlich hinreichend mit Weizen für seine eigene Tafel, während sein Gesinde und ihre armen Nachbarn in einigen Grafschaften genöthigt sind, sich mit Roggen oder Gerste zu begnügen, und in Zeiten der Theuerung sogar mit Brot, das aus Bohnen, Erbsen oder Hafer oder aus einem Gemisch derselben und einigen Eicheln bereitet ist; diese elende Nahrung müssen die Aermsten am ersten geniessen, da sie am wenigsten fähig sind, sich bessere zu verschaffen. Ich will damit nicht sagen, dass man dieses Aeusserste ebensowohl in Zeiten des Ueberflusses wie der Theuerung sehen kann; wenn ich es aber sagte, könnte ich leicht Beweise dafür beibringen." Er erzählt ferner, dass die Arbeiter und Handwerker „genöthigt seien, sich mit Futterkorn, Bohnen, Erbsen, Hafer, Wicken und Linsen zu begnügen."[2])

Doubleday hat also Etwas als Beispiel angeführt, was gar nicht existirt hat.

---

[1]) Roscher, Gr. d. N., p. 554.
[2]) Bei Carey, Gr. d. S., III. 26.

Die Statistik kann uns bei ihrem jetzigen Stande noch keine Aufklärung über diesen Punkt ertheilen; aber kann sie die Frage nicht entscheiden, so kann sie doch wenigstens zeigen, dass die Doubleday'sche Hypothese sehr wenig Wahrscheinlichkeit für sich hat.

In Schweden zählte man 1835 Familien von

	2 Personen	3–5 Pers.	6–10 Pers.	11–15 Pers.	16 und mehr Personen	Zusammen
	A	B	C	D	E	F
die unabhängig und über ihren Bedarf vermöglich . . .	3.513	14.114	20.259	4.233	1.461	43.580
ein genügendes Auskommen haben	46.730	190.384	144.571	9.131	793	391.609
ohne fremde Unterstützung sich nicht erhalten können	32.962	64.531	30.704	1.174	30	129.401
Zusammen . . .	83.205	269.029	195.534	14.538	2.284	564.590 [1])

Während also die Gesammtzahl der über ihren Bedarf vermöglichen Familien 7·71 Perzent aller Familien in Schweden betrug, betrugen die der Rubrik A blos 4·22 Perzent, die der Rubrik B 5·24 Perzent, dagegen die der Rubrik C 10·36 Perzent, D 29·12 Perzent und die der Rubrik E, Familien von 16 und mehr Personen gar 64 Perzent aller Familien mit gleicher Personenzahl! Und während von je 10.000 Familien derselben Klasse bei denen, welche eben nur ein genügendes Auskommen haben, nur 20 Familien 16 und mehr Mitglieder zählen, und bei denen, welche ohne fremde Unterstützung sich nicht erhalten können, gar nur 2 derartige Familien auf je 10.000 des gleichen Vermögensstandes kommen, bestehen von derselben Anzahl vermöglicher Familien 335 Familien aus 16 und mehr Mitgliedern! Unter den über ihren Bedarf vermöglichen Familien Schwedens finden sich also 167mal mehr als unter den bedürftigen, welche der Rubrik E angehören!

Allerdings wäre es sehr gewagt, daraus zu schliessen, die Reichen wären in Schweden 167mal fruchtbarer, als die Armen, denn der Begriff der Familie ist ziemlich dehnbar. Wir erfahren ferner nicht, wie viele Kinder in jeder Familie geboren wurden, sondern wie viele am Leben sind: bei den Armen ist aber bekanntlich die Kindersterblichkeit sehr gross und es verlassen die Kinder der Armen ihre Eltern früher als die der Reichen. Immerhin bieten die obigen Zahlen Grund genug zur Annahme, die Armen seien nicht fruchtbarer als die Reichen.

Leider liegt in dieser Richtung aus andern Ländern kein statistisches Material vor. Aber jedenfalls spricht die Statistik nicht für die Annahme Sadler und Doubleday's.

Die Naturwissenschaft spricht entschieden dagegen.

---

[1]) Horn, Bev. St. a. B., I. p. 100.

Schon Buffon bemerkte, dass Hausthiere sich öfters im Jahre paaren und mehr Junge in einem Wurfe bringen, als wilde Thiere. Darwin aber spricht es ganz entschieden aus, dass die Fruchtbarkeit **nicht** in umgekehrtem Verhältniss zur Menge der Nahrung zunimmt.[1]
Thiere, die regelmässiges und ergiebiges Futter erhalten, ohne die Mühe, es suchen zu müssen, sind fruchtbarer, als die entsprechenden wilden Thiere. Das wilde Kaninchen pflanzt sich viermal jährlich fort und produzirt 4—8 Junge, während das zahme sechs-, siebenmal sich fortpflanzt und jedesmal 4—11 Junge wirft. Schafe, welche in bergigen Gegenden niemals mehr als ein Lamm produziren, tragen, wenn sie auf Weiden in der Niederung gebracht werden, häufig Zwillinge. Ein hartes Leben verzögert auch die Periode, in der die Thiere empfangen. So ist es auf den nördlichen schottischen Inseln unvortheilhaft, Kühe vor dem vierten Jahre zuzulassen. Dieselben Erscheinungen, wie bei den Säugethieren, zeigen sich bei den Vögeln. Die wilde Ente legt jährlich 8—10 Eier, die zahme 80—100. Das wilde Huhn legt im Jahre blos 6—10 Eier. Man wird einwenden, diese Resultate seien durch künstliche Zuchtwahl erzielt worden. Dieser Einwand trifft jedoch nicht Frettchen, Katzen und Hunde, deren gesteigerte Fruchtbarkeit im domestizirten Zustande nicht durch Zuchtwahl, sondern blos durch die günstigen Lebensbedingungen zu erklären ist. Nach Dixon „bewirkt gute Ernährung, sorgfältige Pflege und mässige Wärme Neigung zur Fruchtbarkeit, welche in einem gewissen Grade erblich wird."[2]

Die Menschen machen natürlich keine Ausnahme, von dieser allgemeinen Regel. Auch Darwin wendet das Gesetz, dass domestizirte Arten in Folge der reichlichen und nahrhaften Kost und der gleichmässigen Lebensweise fruchtbarer sind als wilde Racen auf den Menschen an: „wir dürfen daher erwarten, dass zivilisirte Menschen, welche in einem gewissen Sinne hoch domestizirt sind, fruchtbarer als wilde Menschen seien. Es ist auch wahrscheinlich, dass die erhöhte Fruchtbarkeit zivilisirter Nazionen, wie es bei unseren domestizirten Thieren der Fall ist, ein erblicher Charakter wird; es ist wenigstens bekannt, dass beim Menschen eine Neigung zu Zwillingsgeburten durch Familien läuft."[3]

Wenn durch die Armuth gänzlich demoralisirte Volksschichten einer anscheinend grösseren Fruchtbarkeit sich erfreuen, als wohlhabendere, so ist diess leicht zu erklären durch das gänzliche Fehlen aller präventiven Gegentendenzen der Volksvermehrung, welches bei diesen Schichten besonders bemerkbar wird. Die Mitglieder der wohlhabenden Klassen laufen verschiedene Vermögensstadien durch, bevor sie heirathen. Der zwanzigjährige Mann würde sich in's Elend stürzen,

---

[1] Darwin, das Variiren der Thiere und Pflanzen im Zustande der Domestikazion, II. Bd. c. XVI.
[2] Darwin, d. V. d. Th. u. Pfl., II. p. 149.
[3] Darwin, die Abstammung des Menschen und die geschlechtliche Zuchtwahl; dtsch. v. Carus, Stuttgart 1875, I. p. 58.

wenn er heirathete, indess er hoffen kann, wenn er bis zu seinem dreissigsten Lebensjahre wartet, bis dahin eine solche Lebensstellung sich errungen zu haben, dass er mit seiner Familie in bequemen Umständen lebt. Ein solcher schiebt natürlich die Eheschliessung bis zu diesem Punkte auf. Aber die Vermögenslage eines schlesischen Webers ist dieselbe in seinem 20., wie in seinem 60. Lebensjahre, wenn er überhaupt heirathen will, so hat der Aufschub des Heirathens für ihn keinen Zweck: er heirathet daher frühzeitig. Diese Hoffnungslosigkeit ist es, verbunden mit der von Virchow hervorgehobenen Demoralisazion, welche es bewirkt, dass die Proletarierehen oft fruchtbarer scheinen, als die wohlhabender Leute. Die grosse Fruchtbarkeit mancher Proletarierschichten ist eine soziale, nicht eine fysiologische Erscheinung. In der Thierwelt, wo es präventive Hindernisse der Vermehrung nicht gibt, ist eine Verbesserung der Lebensweise regelmässig von erhöhter Fruchtbarkeit begleitet, weil hier die fysiologischen Fänomene nicht durch soziale Gegentendenzen an ihrem reinen Hervortreten gehindert werden. Beseitigt man diese Gegentendenzen, so wird die ganze Gesellschaft sich ebenso rasch vermehren, als jetzt diese Proletarierschichten.

Die Thatsache bietet keinen triftigen Einwand, dass Thiere und Pflanzen, welche übermässig reichliche Nahrung erhalten, unfruchtbar werden: solche sind eben künstlich in einen krankhaften Zustand versetzt worden. Da aber nicht die Absicht besteht, künftighin die Menschen zu mästen und kaum jemand erwarten dürfte, dass das Recht auf ein menschenwürdiges Dasein die Fettsucht befördern werde, so ist Doubleday's Theorie nicht geeignet, zur Vertheidigung gegen Malthus angenommen zu werden.

Carey, der sonst Alles, was gegen Malthus gerichtet ist, begierig ergreift, lässt denn auch Doubleday's Theorie nicht gelten. Ganz richtig bemerkt er, dass nach Doubleday's Annahme die Vermehrung der amerikanischen Bevölkerung eine der langsamsten sein müsste, während bekanntlich das Gegentheil der Fall ist.

Carey hat seine eigene Theorie, ein fysisches Gesetz, welches „das Gleichgewicht regulirt, die Harmonien aufrecht erhält und die gewünschten wohlthätigen Resultate herbeiführt."

Dieses „allgemeine Gesetz des Lebens" durch alle Klassen, Ordnungen, Gattungen, Arten und Individuen kann in folgenden Sätzen gegeben werden:

„Das Nervensystem variirt in geradem Verhältniss zu der Kraft, das Leben zu erhalten.

„Der Grad der Fruchtbarkeit variirt in umgekehrtem Verhältniss zur Entwicklung des Nervensystems, indem die Thiere mit grossem Gehirn immer am wenigsten, die mit kleinerem Gehirn am meisten fruchtbar sind.

„Die Kraft, das Leben zu erhalten, und die Zeugungskraft stehen miteinander im Gegensatz, und dieser Gegensatz wirkt beständig hin auf die Herstellung eines Gleichgewichtes." [1])

---
[1]) Carey, Gr. d. S., III. p. 391, p. 393.

„Sehen wir nun auf den beständigen Fortschritt und die schliessliche Vervollkommnung der Zivilisazion und fragen wir, was wir von der Wirkung des sich selbst anbequemenden Gesetzes, dessen Existenz wir so festzustellen suchten, zu erwarten haben? Alle Thatsachen der Vergangenheit beweisen, dass die blosse Muskelanstrengung, die ungebildete, mühevolle Arbeit, die von einem allgemeinen Gefühl der Sicherheit begleitet und desshalb jener Sorgen entledigt ist, die das Nervensystem des Wilden zur Thätigkeit anregen, die Fruchtbarkeit befördert oder sie im höchsten aus der Erfahrung bekannten Grade gestattet und dass diese Fruchtbarkeit von grosser Sterblichkeit begleitet ist. Da aber die Zivilisazion nach der Substituzion der Naturkräfte für die menschliche Arbeit hinstrebt, wird in Zukunft das Leben der Massen nicht mehr den niedrigsten Formen der harten Arbeit unterworfen sein, und das nothwendige Resultat davon wird sein, dass entweder die fysische Kraft abnehmen und so die Fruchtbarkeit vermindert, oder dass die Ableitung der Energie von dem Muskel- auf das Nervensystem dazu dienen wird, das Verhältniss der Zeugung herabzusetzen. Ein solches Resultat muss gewonnen werden, in welcher von diesen Richtungen auch die Zustände sich ändern mögen. Es ist aber der letztere dieser Zustände, nach dem wir hinstreben, da die Verbesserung unserer sozialen Zustände die Folge jener Verbesserungen ist, welche die Sfäre der geistigen Thätigkeit erweitern und das Nervensystem anregen. Je mehr die Gesellschaft ihre natürliche Form anzunehmen strebt, desto mehr verknüpft sich der Geist mit dem Muskel in der Arbeit der Produzirung und Umwandlung der zum Unterhalt des Menschen erforderlichen Lebensbedürfnisse, und alle diese Verknüpfungen wirken wieder in glücklichem Verhältniss auf die Verminderung der Fruchtbarkeit und auf die Erhöhung der Kraft zur Erhaltung des menschlichen Lebens hin. Demnach haben wir hier ein selbstwirkendes Gesetz, das, während es die Vergangenheit erklärt, zugleich die Zukunft vorherverkündet, indem es uns in Stand setzt, zu sehen, wie es regelmässig und voranschreitend in der Entfernung seinen Weg machte zur Erfüllung der Zwecke, deren Wohlthätigkeit in vollkommenem Einklang steht mit unseren Vorstellungen von der höchsten Weisheit, Gerechtigkeit und Güte des grossen Wesens, das die Gesetze gegeben hat."[1]

Carey steht nicht allein mit dieser harmonievollen Theorie, die etwas Bestechendes hat. A. Spencer führte dieselbe aus in seiner „Theory of population, deducted from the general law of animal fertility." London 1852. Gegenwärtig sei allerdings eine Tendenz zur Uebervölkerung vorhanden, diess gibt Spencer zu, aber er stellt ihre Fortdauer in Abrede. Durch die ganze organische Natur sei ein Gegensatz bemerklich zwischen den zur Erhaltung des Lebens und den zur Fortpflanzung dienenden Kräften. Das Fortschreiten der Zivilisazion steigere die erhaltenden Kräfte des Menschen, indem sie sein Gehirn- und Nervensystem immer mehr entwickelt. In demselben Grade müsste die Fähigkeit, neue Individuen zu erzeugen, abnehmen.

---

[1]) Carey, Gr. d. S., III. p. 396.

Im rechten Zeitpunkte, nach vollständiger Bevölkerung und Bebauung der Erde werde die Zeugungskraft des Menschen auf ein Minimum zurückgeführt sein, auf die Hervorbringung von nur je zwei Nachkommen durch ein einzelnes Paar. Die rasche Bevölkerungszunahme beseitigt sich also durch ihre eigene Folge, die wachsende Kultur.

In neuester Zeit ist diese Theorie wieder vorgebracht worden als „eine neue Bevölkerungstheorie, hergeleitet aus den allgemeinen Gesetzen thierischer Fruchtbarkeit." Herausgegeben von Professor Dr. R. T. Trall, 1877. Nach Trall ist das Leben eine Gleichstellung von Wirkungen, von Einnahmen und Ausgaben. Die Höhe des Lebens richtet sich nach der Grösse der Gleichstellung. Jede Race ist den Zerstörungs- und Erhaltungskräften unterworfen. Das Erhaltungsgesetz der Arten beruht auf dem Gleichgewichte der Zerstörungs- und Erhaltungskräfte. Unter Erhaltungskräften versteht Trall einerseits die Fähigkeit, sich selbst zu erhalten und andererseits die, andere Individuen zu erzeugen. Die Fähigkeit der eigenen Erhaltung steht mit der Fortpflanzungsfähigkeit stets in umgekehrtem Verhältniss. Das Weibchen hat in der Keimzelle den gleichzustellenden Stoff, das Männchen den gleichstellenden. Bei dem Ersteren herrscht daher besonders die Tendenz vor, Nährstoffe, namentlich Fett, anzusammeln, indess das Zweite mehr Nervensubstanz ansammelt, als das Weibchen, die im Gehirn, dem Rückenmark und den Samenzellen enthalten ist. Beide, Gehirn und Samenzellen können nicht ohne Schaden für die Gesundheit zugleich angestrengt werden. Die grössere Entwicklung in der einen Form bedingt die geringere Entwicklung in der anderen Form. Der Grad der Fruchtbarkeit variirt daher bei den Wirbelthieren im umgekehrten Verhältniss mit der Entwicklung des Nervensystems. Da nun der Fortschritt des Menschen besonders in der Intelligenz stattfinden wird und dies nur auf Kosten der Fruchtbarkeit möglich ist, wird diese mit der Zeit immer mehr abnehmen. Als Beweis, dass mit der Intelligenz die Grösse des Gehirns wächst, führt er die mittleren Schädelweiten verschiedener Racen an.

Dieselbe beträgt bei den Australiern 75 Kubikzoll,
„ „ Afrikanern 82 „
„ „ Malaien 86 „
„ „ Engländern 96 „

Sonderbarerweise sind die Australier fast unfruchtbar, indess die Engländer einer bedeutenden Fruchtbarkeit sich erfreuen. Trall hätte also wenigstens andere Beispiele wählen müssen. Auch Carey liefert selbst den Beweis gegen seine Theorie, indem er zu der Annahme gezwungen ist, der Elefant sei das geistreichste aller Thiere, weil er am wenigsten fruchtbar ist. Die Tragzeit des Elefanten dauert nämlich über 20 Monate. Folglich muss der Elefant eine viel höhere Intelligenz besitzen, als der Mensch! Ja, vielleicht müsste diess auch beim Walfisch der Fall sein, dessen Tragzeit man noch nicht sicher kennt, welche aber wahrscheinlich 21—22 Monate dauert, nach Steenstrup zu urtheilen.[1] Ebenso müsste das Rhinozeros, dessen

---
[1] Brehm, Thierleben, Leipzig 1877. III. p. 679.

Tragzeit auf 17—18 Monate veranschlagt wird, den Menschen an Intelligenz weit überragen! Auch ist es bekannt, dass der geistig so hoch stehende Hund viel fruchtbarer ist als z. B. das Rind.

Andererseits muss Carey selbst zugeben, dass die chemische Analyse des Gehirnes „weniger genau und entschieden ermittelt ist, als man es wünschen möchte."

Eben war mit dem Drucke des vorliegenden Buches begonnen worden, als mir das schon oben erwähnte Werk von Eduard Reich, „die Fortpflanzung und Vermehrung des Menschen, aus dem Gesichtspunkte der Fysiologie und Bevölkerungslehre betrachtet", zukam, in welchem eine, wie der Verfasser sagt, „neue Theorie" proklamirt wird, welche sich jedoch, meiner Ansicht nach, wenigstens in Beziehung auf unseren Gegenstand nicht so sehr von der von Carey angenommenen unterscheidet, als dass man sie nicht zugleich mit derselben betrachten könnte.

„Je weniger gesittet ein Volk," sagt Reich, „desto mehr wird Steigerung der Nahrungsvorräthe, Verbesserung der allgemeinen Ernährung, die Menge der Nachkommen erhöhen; je gesitteter aber ein Volk, desto mehr wird die Qualität der Sprösslinge durch gute Ernährung verbessert werden. Von diesem Gesichtspunkte aus ist die Lehre T. R. Malthus noch niemals betrachtet worden; daher kommt es denn auch, dass dieselbe eine so verschiedene Beurtheilung erlebte und so häufig missverstanden wurde.

„Begreift man unter Zunahme der Bevölkerung nicht allein die numerische, sondern auch die qualitative, so ist die Theorie von Malthus ganz richtig; denn derselbe behauptet, dass die Bevölkerung eines Landes jederzeit im Verhältnisse stehe zu der Menge der daselbst erzeugten oder eingeführten Lebensmittel . . . .

„Aus dem Früheren erhellt, dass jedes angemessen sich ernährende Volk um so mehr qualitativ sich verbessert und dafür eine geringere Zahl von Repräsentanten hervorbringt, je höher die Stufe seiner Gesittung ist. Bei weniger zivilisirten Nazionen vermehrt aber die Nahrung die Anzahl des Volkes; bei mehr zivilisirten also verbessert die Nahrung die Beschaffenheit der Nachkommen. Diess stimmt vollkommen ein mit dem allgemeinen Naturgesetze, wonach wir, je höher wir aufsteigen von den elementaren Wesen zu den höchst organisirten, die Menge der Erzeugten sich vermindern, deren Lebenszähigkeit und Qualität überhaupt sich vermehren, verbessern sehen." (p. 31.)

So Reich.

So einschmeichelnd diese Theorie ist, so gerne wir dieselbe annehmen möchten, weil sie unseren Wünschen vollkommen entspricht, wir müssen auch hier erklären, dass diese Theorie durchaus nicht begründet ist.

Schon das „allgemeine Naturgesetz" ist nicht vorhanden, wie die oben angeführten Beispiele beweisen. Aber ganz abgesehen davon, so ist der statistische Nachweis des Reich'schen Gesetzes vollkommen missglückt — der einzige, auf den er sich hätte stützen können. Seine eigenen Zahlen sprechen gegen ihn. So die Tabelle, welche er auf p. 32 bringt. Nach derselben kamen Kinder auf eine Ehe in den Jahren:

in	1852—54	1855—57	1858—59	in	1852—51	1855—57	1858—59
Niederösterreich	3·4	3·9	3·6	Galizien	4·6	4·3	3·7
Oberösterreich	4·2	4·2	3·4	Bukowina	4·1	4·9	5·1
Salzburg	4·6	5·0	4·2	Dalmazien	3·5	4·0	4·6
Steiermark	3·7	4·0	3·7	Lombardei	4·7	—	4·8
Kärnten	4·1	4·2	3·9	Venedig	4·6	4·4	—
Krain	4·8	4·8	5·2	Ungarn	4·7	5·0	5·4
Küstenland	4·5	4·1	4·9	Banat	4·1	4·5	5·6
Tirol	5·1	5·1	4·5	Kroazien und			
Böhmen	4·6	4·5	4·3	Slavonien	3·4	3·4	—
Mähren	4·7	4·5	4·6	Siebenbürgen	4·3	4·3	4·6
Schlesien	4·7	4·2	4·2	Militärgrenze	3·0	3·3	4·1
				Gesammtmonarchie	4·4	4·4	4·7

Zu diesen Zahlen fügt Reich folgenden Kommentar: „Die Volksstämme, welche in den üppigsten Verhältnissen der Nahrung dahin leben, guter Klimate geniessen und bis zum vierzigsten Jahre Kinder bleiben, sehen wir mit der kleinsten Zahl von Nachkommen beglückt; es sind diess jene, denen man den Charakter der deutschen Nazionalität beilegt. Bei den slavischen Stämmen erhöht sich die Zahl der Kinder und die Nahrung ist minder reichlich, als bei den Bewohnern der eigentlich österreichischen Länder."

Nehmen wir den Durchschnitt der drei Jahre, so finden wir, dass weniger als die durchschnittliche Zahl von 4·5 Kindern per Ehe in der österreichischen Monarchie von deutschen und slavischen Ländern aufzuweisen haben einerseits Steiermark 3·8, Kärnten 4·0, Niederösterreich 3·6, Oberösterreich 3·9, Schlesien 4·3 Kinder per Ehe, andererseits aber Böhmen 4·4, Galizien 4·2, Dalmazien 4·0, Kroazien und Slavonien 3·4 und ebenso die Militärgrenze 3·4 Kinder per Ehe. Die slavischen Provinzen sind also nicht fruchtbarer, als die deutschen. Wir finden sogar, dass die letztgenannten beiden rein slavischen Länder die wenigsten Kinder per Ehe aufzuweisen haben, die meisten dagegen Tirol, nämlich 4·9, wo gerade die am wenigsten gemischte deutsche Bevölkerung Oesterreichs sich findet, und was die Qualität anbelangt, so können die Tiroler ebenso gut als die Dalmatiner und Grenzer zu den kräftigsten Bewohnern Oesterreichs gezählt werden.

Könnten also vorliegende Ziffer etwas sagen, so wäre es das, dass die Gesittung **keinen Einfluss** auf die eheliche Fruchtbarkeit übt.

Die hier vorgebrachten Zahlen sind aber Reich's stärkstes Argument. Denn bei denselben kann man schliesslich noch annehmen, **man begehe keinen allzugrossen Fehler, wenn man den Einfluss der sozialen Verhältnisse auf die Kinderzahl ausser Acht lässt**, wie die absichtliche Enthaltung vom Kinderzeugen, die Verschiebung der Ehe und dergleichen Faktoren, welche die Kinderzahl, nicht aber die Fruchtbarkeit beeinflussen.

Wohl aber sind diese Faktoren in Betracht zu ziehen bei den Zahlen, die uns Reich an anderer Stelle gibt, wo er sich auf die Fruchtbarkeit in den Familien der höheren Aristokratie beruft, berechnet nach den Daten des Gothaischen Kalenders. Ausserdem werden diese Ziffern schon dadurch unbrauchbar, weil sie nur kleinen Zahlen entnommen sind. Nach seinen Angaben kommen auf jede Familie der höheren Aristokratie im Durchschnitt Kinder: in Frankreich 2·7, in Italien 3·0, in Deutschland 4·8, in England 4·9, in Russland 5·1. Wie wenig diese Zahlen massgebend sind, sieht man, wenn man die Zahl der Geburten per Ehe für das ganze Land damit vergleicht. Es kamen auf Frankreich 3·07, auf Italien 4·55, England 3·99, Russland 4·38 (nur die lebend Gebornen gerechnet). Wir finden ferner, dass in Sachsen die gleiche Geburtenanzahl per Ehe sich findet wie in Norwegen, in Schottland wie in Portugal, und dass Mecklenburg derjenige Staat ist, welcher nächst Frankreich die wenigsten Geburten per Ehe aufzuweisen hat, nämlich 3·52 sammt den Todtgeborenen.

Nach Herrn Reich marschirten also die Mecklenburger Arm in Arm mit den Franzosen an der Spitze der Zivilisation.

Herr Reich sieht ferner nicht oder will nicht sehen und das ist das Ausschlaggebende, denn Frankreich bleibt auch weiterhin sein hauptsächlicher Stützpunkt, dass in diesem Lande der „onanisme conjugal" sehr verbreitet ist. Wenn er meint, jener Betrug könne in Frankreich nicht verbreitet sein, weil derselbe das Nervensystem und die Ernährung schwächt, die Franzosen aber kräftige Leute sind, so bemerke ich, dass es noch lange nicht erwiesen ist, dass jede Methode, die Zeugung zu verhindern, schädlich wirken müsse, ja dass man mit ebensoviel Recht die Thatsache des Herrn Reich als Beweis dafür anführen könne, der onanisme conjugal sei nicht schädlich. Weiters wird dieser Betrug wenigstens in der Ehe erst dann ausgeführt, wenn schon Kinder da sind und man keine weiteren mehr zeugen will, er kann daher keinen Einfluss auf die fysische Beschaffenheit der Nachkommenschaft haben. Schliesslich ist es sehr merkwürdig, dass Oettingen, indem er ebenfalls den geschlechtlichen Betrug ausser Acht lässt, aus der geringen Zahl der Geburten in Frankreich schliesst, diess Land sei verkommen und im Verfalle begriffen. So kann man aus Zahlen das Entgegengesetzteste darthun.

Die weiteren, zum Theile sehr interessanten Ausführungen Reich's haben mit unserem Gegenstande nichts zu schaffen, ich kann daher dieselben übergehen, umsomehr, da sie sämmtlich nur zu dem Resultate führen, dass die Fruchtbarkeit von einer Menge Faktoren abhängig ist, wobei indess Reich selbst zugeben muss, dass „überall, wo der Mensch vollkommen naturgemäss lebt, kräftig sich nährt und heiteren Gemüthes ist, die Zahl der ausgereiften Eier, der Befruchtungen, der Nachkommen grösser und die Qualität der letzteren besser sein" wird. (p. 123.) Also Vermehrung der Zahl der Nachkommen und Verlängerung ihrer Lebensdauer ist zu erwarten, wenn die eben angeführten Zustände eintreten, und die erwartete Gegenwirkung hoher geistiger und moralischer Zivilisazion, welche, wie wir gesehen haben, nur zu problematisch ist, dürfte kaum einen wahrnehmbaren Einfluss auf diess Ergebniss üben.

Aber selbst wenn wir annehmen wollten, obgleich Alles dagegen spricht, dass mit der Zunahme der Intelligenz die Fortpflanzungsfähigkeit abnehme, so ist noch durchaus nicht die Folge dessen eine Verminderung in der Schnelligkeit des Anwachsens der Bevölkerung. Wenn Carey und Konsorten diess für die selbstverständliche Folge der Abnahme der Fruchtbarkeit halten, so begehen sie, wie früher, den Fehler, zweierlei Bedeutungen des Wortes „Vermehrung" in ein und demselben Sinne zu gebrauchen.

Viel lebhafter und merklicher, als in der Verminderung der Fruchtbarkeit, äussert sich das Fortschreiten der Intelligenz in der Verminderung der Sterblichkeit. **Das Anwachsen der Bevölkerung ist aber nicht blos bedingt durch die Ziffer der Geburten, sondern auch durch die der Sterbefälle.** Nehmen wir an, die Ziffer der Geburten in einem gewissen Zeitraum sei jetzt 100, die der Sterbefälle 80.[1]) In Folge der Zunahme der Intelligenz vermindere sich die menschliche Fruchtbarkeit, zugleich aber in noch grösserem Masse die Sterblichkeit. Erstere sinke von 100 auf 50 Geburten in einem gegebenen Zeitraum, letztere von 80 auf 20 Sterbefälle. In dem ersten Falle würde also in einer gewissen Periode die Bevölkerung um 20, im zweiten Falle in derselben Zeit um 30 Individuen zunehmen. Es wäre also sehr leicht möglich, dass in der von Carey herbeigesehnten Periode die Bevölkerung trotz der verminderten Fruchtbarkeit schneller zunähme, als diess bei einem niederen Stande der Intelligenz der Fall wäre.

Auch hier liefert uns Carey selbst den Beweis wider sich, indem er folgende Stelle eines ungenannten Schriftstellers über die Aenderungen der mittleren Lebensdauer zitirt: „Im letzten Theil des sechzehnten Jahrhunderts starb die Hälfte aller Gebornen unter dem Alter von fünf Jahren, und die durchschnittliche Lebensdauer der ganzen Bevölkerung war nur achtzehn Jahre. Im siebzehnten Jahrhundert starb die Hälfte unter zwölf Jahren; in den ersten sechzig Jahren des achtzehnten Jahrhunderts aber lebte die Hälfte der Bevölkerung über siebenundzwanzig Jahre. In den letzten vierzig Jahren desselben lebte die Hälfte über zweiunddreissig Jahre. Im Anfang des gegenwärtigen Jahrhunderts lebte die Hälfte der Bevölkerung über vierzig Jahre, und von 1838 bis 1845 über dreiundvierzig Jahre. Die mittlere Lebensdauer in diesen aufeinander folgenden

---

[1]) Es kamen auf 100 Geburten:
in Preussen 1867 . . . . 70 Todesfälle,
„ Oesterreich ohne Ungarn (Zisleithanien) 1867 78 „
„ Frankreich 1850—53 . . . . 83 „ Kolb vgl. St., p. 99, 253, 877.

Perioden ist also von achtzehn Jahren im sechzehnten Jahrhundert auf 43·7 Jahre nach den letzten Berichten gestiegen. „Diese Veränderung der Lebensdauer wurde verursacht durch die verbesserte Arzneiwissenschaft, durch die Verbesserungen im Bau der Häuser, durch die Trockenlegung der Strassen und die bessere Kleidung."[1])

Auch vielleicht verlässlichere Autoren, als die ungenannte Quelle, konstatiren die rasche Zunahme der Lebensdauer in Folge der Vermehrung der Intelligenz; so unter Anderen Macaulay. Er berichtet, dass 1685 mehr als einer von dreiundzwanzig Einwohnern Londons starb. „Jetzt stirbt jährlich nur einer von vierzig Einwohnern der Hauptstadt. Der Unterschied in der Gesundheit zwischen dem London des neunzehnten Jahrhunderts und dem London des siebzehnten Jahrhunderts ist bei weitem grösser, als der Unterschied zwischen London in gewöhnlicher Zeit und London während der Cholera."[2])

Kolb äussert sich über die Zunahme der Lebensdauer folgendermassen: „Das freilich nur ungenügende Material deutet darauf, dass das höchste Alter der Greise sich seit Jahrhunderten und Jahrtausenden ziemlich gleich blieb, dass aber die Zahl derjenigen Menschen, welche überhaupt ein höheres Alter erreichen, und welche insbesondere die so gefährlichen Kinderjahre überstehen, sich sehr bedeutend vergrössert hat. Damit stimmen die sonst wahrnehmbaren Umstände vollkommen überein. Die Lebensverhältnisse auch der Minderbemittelten sind relativ besser geworden, und die Nutzanwendung davon ergibt sich von selbst, wenn wir berücksichtigen, in welchem Masse schon einzelne gute oder schlimme Jahre auf die Lebensdauer einwirken. — Wir bedauern, die Richtigkeit einer uns vorliegenden Angabe nicht prüfen zu können, wonach in Frankreich von den 1800—1807 geborenen Knaben blos 45 Perzent das Alter der Konskripzionspflicht erreicht hätten, von den 1822—25 Gebornen dagegen 61 Perzent. Allerdings wurden die Listen in der letzten Periode genauer geführt, als früher; gleichwohl lässt sich erwarten, dass schon die Verminderung der Pockenseuche bemerkbar werden musste, denn die genannte Krankheit raffte nicht etwa blos die Schwächlinge, sondern oft die Kräftigsten hinweg. — In London betrug die Zahl der Todesfälle von Kindern bis zu zwei Jahren in der ersten Hälfte des vorigen Jahrhunderts je zwischen 9 und 10.000; gegen Ende des vorigen und im ersten Dezennium des gegenwärtigen Jahrhunderts belief sie sich nur auf 5 bis 6.000; und doch war die Volkszahl von 674.350 im Jahre 1700 auf 1,050.000 im Jahre 1810 gestiegen."[3])

In Paris kam im 14. Jahrhundert ein Sterbefall auf 22 Einwohner, dagegen 1836 ein Sterbefall auf 37·79 Einwohner
     1841 „   „   „   35·93   „
     1846 „   „   „   36·85   „
     1851 „   „   „   38·18   „

---

[1]) Carey, Gr. d. S., III. p. 350.
[2]) Macaulay, G. v. Engl., I. p. 311.
[3]) Kolb, vgl. Stat., p. 836.

1858 ein Sterbefall auf 36·50 Einwohner
1864   „   „   „   „ 37·70   „
1869   „   „   „   „ 39·20   „

Marc d'Espine fand, dass sich die mittlere Lebensdauer in Genf von 1561—1845 verdoppelt hat, von 21·2 Jahren auf 42·3.

Innerhalb unseres Jahrhundertes ist allerdings ein Steigen der mittlern Lebensdauer nicht überall nachweisbar. Die Ursache des Stillstandes dürfte in dem Anhäufen grosser Proletariermassen, in den vielen Kriegen, welche in Folge der allgemeinen Wehrpflicht und der verbesserten Kriegswaffen mehr Opfer fordern, als die früheren, und in dem Ueberhandnehmen der Auswanderung zu suchen sein, welche gerade die kräftigsten Männer aus der Heimath treibt, indess Schwächlinge, Kranke und Kinder oft zurückbleiben, unter diesen aber die Sterblichkeit gross ist.

In Frankreich, dessen Auswanderung unbedeutend ist, ist jedoch auch innerhalb unseres Jahrhunderts eine stetige Vermehrung der durchschnittlichen Lebensdauer[1]) zu konstatiren.

Die durchschnittliche Lebensdauer betrug

1810—25   31·6 Jahre   1835—40   34·9 Jahre
1825—30   32·7   „   1840—45   35·0   „
1830—35   33·5   „   1845—65   36·4   „

In Preussen ist das Durchschnittsalter dagegen nicht nur nicht gestiegen, sondern sogar gesunken. Es betrug

1816—20   27·57 Jahre
1821—30   28·39   „
1831—40   28·34   „
1841—50   27·23   „
1851—60   26·40   „   [2])

Unleugbar ist es indess, dass in solchen Zeiträumen, in welchen eine Vermehrung der Intelligenz nachweisbar ist, auch eine Verminderung der Sterbefälle nachgewiesen werden kann. **Eine Veränderung der Fruchtbarkeit des Menschengeschlechtes in historischer Zeit ist dagegen nicht nachweisbar.** Ueberdiess verschwinden mit der Zunahme der Intelligenz und des Wohlstandes die heimlichen Laster, die Prostituzion u. dergl., welche heutzutage eine Menge fortpflanzungsfähiger Keime ersticken, die in der von Carey ersehnten Periode sich entwickeln würden. Selbst wenn Carey-Trall's Theorie richtig wäre, würde aus ihr also noch durchaus nicht folgern, dass mit dem Fortschritt das Anwachsen der Bevölkerung ein immer langsameres werden müsse. Es ist im Gegentheile sehr wahrscheinlich, dass es trotz der verminderten Fruchtbarkeit mit immer grösserer Schnelligkeit vor sich gehen werde.

Es ist aber durch gar nichts erwiesen, dass die Fortpflanzungsfähigkeit mit der Zunahme der Intelligenz abnehme. Es spricht eben nicht sehr dafür, die von Fayet konstatirte Thatsache, dass „die stärkste Betheiligung an dem geschlechtlichen Attentat auf Kinder

---
[1]) Nicht zu verwechseln mit der wahrscheinlichen Lebensdauer.
[2]) Vgl. Oettingen, Mst., p. 625 ff. Kolb, vgl. St., p. 835 ff.

bei derjenigen Klasse in der sozialen Gruppirung hervortritt, welche mit der grössten Geistesentwicklung die geringste fysische Kraft verbindet."

Die liberalen Professionen sind mit nur 5·6 Perzent an der gesammten Kriminalität betheiligt, dagegen gehen trotz der geringen Zahl ihrer Vertreter, 12·9 Perzent aller Nothzuchtverbrechen auf Kinder von ihnen aus.

Es lassen sich ferner ebensoviele berühmte Männer anführen, die mit Kindern gesegnet waren, als solche, welche keiner Nachkommenschaft sich erfreuten. Um nur einige zu nennen, sei bemerkt, dass Luther's Ehe drei Söhne und drei Töchter entsprossen, dass Kepler von seiner zweiten Frau sieben Kinder hatte, dass Rousseau in Folge reichlichen Kindersegens sich genöthigt sah, seine Kinder in's Findelhaus zu schicken, dass Ricardo drei Söhne und vier Töchter hinterliess, und dass auch Melanchthon, Zwingli, Sheakespeare, Schiller etc. nicht bewiesen, dass Denkfähigkeit und Fortpflanzungsfähigkeit in umgekehrtem Verhältnisse zu einander stehen. Grosse Männer haben eben so häufig Nachkommen, wie andere Menschen, aber ihre Nachkommen sind ihnen fast nie ebenbürtig. Eine übermässige Entwicklung des Gehirnes bewirkt eben viel wahrscheinlicher eine Abnahme der Qualität, nicht der Quantität der Nachkommen.

Carey begeht so wie Doubleday-Sadler den Fehler, einen abnormalen, krankhaften Zustand als einen normalen hinzustellen, und den gesunden Zustand des Menschen, in welchem alle seine Fähigkeiten zur vollen Entfaltung gelangen, indem nicht nur das Gehirn, sondern alle Organe ihrer grösstmöglichen Entwicklung zugeführt werden, als einen abnormalen zu bezeichnen. „Die Sicherheit gegen die Krankheit der Uebervölkerung," meint Carey, „liegt in der Entwicklung des wahren Menschen, wie er sich von dem in den Ricardo-Malthus'schen Werken behandelten Menschenthier unterscheidet, dem Wesen, das isst, trinkt und zeugt und nur die Gestalt des Menschen hat." [1])

Es ist unbekannt, welches Monstrum Carey unter dem „wahren Menschen" sich vorstellt.

Nach Carey's Methode, aus abnormalen Erscheinungen harmonische Gesetze zu konstruiren, kann man beweisen, was man will. Eben so gut als die von ihm erwarteten Folgen, könnte die Zunahme der Intelligenz noch andere haben. Es ist eine Thatsache, dass unter den Todtgebornen viel mehr Knaben, als Mädchen sich finden. Auf je 100 todtgeborne Mädchen kommen 134·6 bis 144·9 todtgeborner Knaben. Diess rührt hauptsächlich daher, dass der Kopf der Knaben viel grösser ist, als der der Mädchen, daher die Knaben bei der Geburt leichter verletzt werden. [2]) Nach Carey's Theorie werden mit der Zunahme der Intelligenz die Schädel der Knaben sich noch mehr erweitern müssen, soll diese Zunahme den gewünschten Einfluss auf

---

[1]) Carey, Gr d. S., III. p. 404.
[2]) Vgl. Darwin, d. Abst. d. M. u. d. g. Z., I. p. 320

die Fortpflanzungsfähigkeit des Mannes ausüben: es werden also immer mehr und schliesslich alle Knaben bei der Geburt zu Grunde gehen. Die Abnahme der Männer wird durch ein zweites Moment unterstützt werden: durch die bekannte Thatsache, dass Gelehrte fast ausschliesslich Mädchen erzeugen. Da nun natürlich in Carey's Idealstaate jeder Mensch ein echter „Gelehrter" sein muss, das heisst, ein Mensch, welcher so wenig als möglich isst, trinkt und zeugt, und so dem wahren Menschen so nahe als möglich kommt, so werden immer weniger lebendige Knaben geboren werden, bis endlich nur Jungfrauen die Welt bevölkern, deren Fortpflanzungsfähigkeit gleich Null und deren Erhaltungsfähigkeit unendlich ist. Die Disharmonie wird verschwunden sein, die Harmonie und Schönheit der Schöpfung werden deutlich sichtbar und die Wege der Vorsehung bei dem Menschen gerechtfertigt werden, der dann kein Menschenthier sein und nicht nur das thierische Zeugen sondern jedenfalls auch das ebenso thierische Essen und Trinken sich abgewöhnt haben wird.

Zu solchen Absurditäten kann man gelangen, wenn man nach Carey's Vorgehen aus vereinzelten krankhaften Erscheinungen gewaltsam eine wunderbare Harmonie deduziren will. Wenn der Mensch nicht nur sein Gehirn, sondern seine sämmtlichen Organe gebraucht, dann werden sich sämmtliche gleich entwickeln und die von Carey erhoffte Wirkung wird nicht eintreten. Wird man aber einseitig nur das Gehirn zu entwickeln suchen, dann wird der ganze Fortschritt darin bestehen, dass man die Menschheit in eine Kollekzion spindeldürrer Gerippe verwandelt, schwindsüchtiger, eingetrockneter Gelehrter und flachbrüstiger, bleichsüchtiger Blaustrümpfe: Die Uebervölkerungsgefahr wird dann allerdings verschwunden sein; aber ob diese Art das Malthus'sche Gespenst zu bannen, auf Beifall rechnen darf, ist zum Mindesten sehr problematisch.

Alle diejenigen, welche den Fortschritt in der Verbreitung von Gesundheit und Glück in immer weitere Kreise erblicken, können Carey's Heilmittel gegen die Uebervölkerung, nämlich die Verwandlung eines jeden Mannes in einen impotenten Krüppel, nicht akzeptiren. Noch weniger natürlich können sich vernünftige Leute auf Hypothesen stützen, wie die des bekannten Herrn Max Wirth, der da meint, das Kapital verdopple sich, zu 5 Perzent angelegt, in 20 Jahren, die Bevölkerung im schlimmsten Falle erst in 25 Jahren, folglich seien die Unterhaltsmittel der Bevölkerung stets voraus. Ein anderer weiser Daniel, der aber wenigstens so klug war, sich nicht zu nennen, spricht in einer anonymen Brochure die Ansicht aus, eine Uebervölkerung sei nicht zu fürchten, wenn die Zahl der Unternehmer mit der Bevölkerung wachse. Solche hirnverbrannte Albernheiten widerlegen zu wollen, hiesse an dem gesunden Menschenverstand der Leser zweifeln. Man sieht aber, zu welchen Mitteln man sich verstieg, um Malthus zu widerlegen.

Jedoch alle Mühe ist umsonst. Mag man sich noch so sehr sträuben, mag man sich noch so sehr an alle möglichen Theorien anklammern, um der unbequemen Thatsache zu entgehen, dass der Mensch sich ungemein rasch vermehrt, wenn seiner Vermehrung keine Hindernisse sich entgegenstellen, alle diese Theorien sind Strohhalme, welche versinken und zerbrechen, wenn man sich ernstlich an sie anklammern will. Es ist unbestreitbar, dass jeder Versuch, die Lage der unteren Klassen zu verbessern, eine bedeutend schnellere Vermehrung derselben als heutzutage zur Folge haben muss. Es ist unbestreitbar, dass, wenn jedem Menschen das Recht auf ein menschenwürdiges Dasein zugesichert wird, diese Vermehrung viel schneller, als in einem bisher bekannten Masse vor sich gehen wird. Es ist endlich entschieden falsch, dass die Zunahme des Wohlstandes und der Intelligenz diese rasche Vermehrung zu einer immer langsameren gestalten werde. Das Wachsthum des Wohlstandes wird sich vielmehr in einer Zunahme der Geburten, das Wachsthum der Intelligenz in einer Abnahme der Sterbefälle darthun: beide werden die Bevölkerungsbewegung, statt sie zu verringern, beschleunigen. Die Annahme eines selbstwirkenden Regulators dieser Bewegung ist eine Anwandlung harmoniesüchtiger Teleologie, welche nach dem bisherigen Stande der Wissenschaft nicht die mindeste Berechtigung hat.

IV. Kapitel.

Die arithmetische Progression.

Malthus stützt seine Einwände gegen die sozialistischen Systeme darauf, dass bei dem Wegfallen der präventiven und positiven Hindernisse die Vermehrung der Bevölkerung stets rascher sein müsse als die der Lebensmittel, was er bekanntlich durch das Bild der geometrischen und arithmetischen Progression versinnbildet. Dass durch das Wegfallen der vorbeugenden und der zerstörenden Hindernisse die Zunahme der Bevölkerung in grossem Masse beschleunigt werde, ist unwiderlegbar. Für die Annahme hingegen, dass die Lebensmittel niemals in ebenso schneller Progression zunehmen könnten, hat Malthus in seinem Essay nicht den Schatten eines Beweises beigebracht. Mit dieser Annahme steht und fällt aber der Malthus'sche Einwand gegen die sozialistischen und überhaupt proletarierfreundlichen Systeme.

Malthus selbst beginnt seine Untersuchung der kommunistischen Systeme mit folgender Auseinandersetzung: „Betrachtet man, wie wir eben gethan, den ehemaligen und jetzigen Zustand des menschlichen Geschlechtes mit Beziehung auf unseren Gegenstand, so kann man nicht umhin überrascht zu sein, dass die Schriftsteller, welche die Möglichkeit einer Vervollkommnung des Menschen oder der Gesellschaft behandelt, und die Macht des Bevölkerungsprinzips in Betracht gezogen haben, seinen Wirkungen nur geringe Aufmerksamkeit schenkten und übereinstimmend die Uebel, welche es nach sich zieht, als in weiter Ferne liegend betrachten. Herr Wallace selbst, dem der Schluss, den man aus diesem Uebel zog, genügend erschien, sein Gleichheitssystem umzustürzen, scheint nicht geglaubt zu haben, dass irgend eine Schwierigkeit aus dieser Quelle entspringen könne, ehe nicht die ganze Erde wie ein Garten bebaut und es unmöglich wäre, ihren Ertrag zu steigern. Wenn die Sachen so stünden und in jeder anderen Hinsicht ein vortreffliches Gleichheitssystem durchführbar wäre, so glaube ich nicht, dass die Aussicht auf eine so weit entfernte Schwierigkeit unseren Eifer zur Ausführung eines so nützlichen Planes abkühlen dürfte. Ohne Vermessenheit könnte man dem Walten der Vorsehung das Heilmittel gegen Uebel anheimstellen, welche in so weiter Ferne uns erwarten. Aber in Wirklichkeit ist die Gefahr, um welche es sich handelt, nicht entfernt, sie ist im Gegentheil in drohender Nähe. Zu jeder Zeit, während welcher die Bodenbebauung Fortschritte macht oder machen wird, wird, von dem gegenwärtigen Augenblicke an bis zu der Zeit, wo die Erde in einen ungeheuren Garten verwandelt ist, wenn die Gleichheit hergestellt ist, der Mangel an Nahrung nicht aufhören, fühlbar zu sein. Umsonst wird man jedes Jahr den Ertrag vermehren: Die Bevölkerung wird in noch grösserem Massstabe wachsen, und das Uebermass wird nothwendiger Weise beseitigt werden durch die beständige oder periodische Thätigkeit der moralischen Enthaltsamkeit, des Lasters oder des Elends." [1])

Malthus selbst gibt also zu, dass sein Einwand gegen alle Systeme, welche die positiven und präventiven Schranken der Volksvermehrung zu beseitigen trachten, nur dann giltig ist, wenn es unmöglich ist, die Nahrungsmittel ebenso schnell zu vermehren, wie die Bevölkerung.

Den Beweis dafür hat Malthus in seinem Essay, wie schon gesagt, nicht beigebracht, wohl aber liefert ihn die nach Ricardo benannte Rententheorie. Ricardo war wohl nicht ihr Urheber, da schon Anderson, West und auch Malthus in seinem 1815 erschienenen „An inquiry into the nature and progress of rent" dieselbe aufgestellt hatten, aber er hat sie am scharfsinnigsten und klarsten in ein System gebracht.

„Rente," sagt Ricardo, „ist derjenige Theil des Erzeugnisses der Erde, welcher dem Grundherrn für die Benützung der ursprünglichen und unzerstörbaren Kräfte des Bodens bezahlt wird. Sie wird öfters aber mit dem Zinse und Kapitalgewinnste vermischt und in der Sprache des gemeinen Lebens wird das Wort auch zur Bezeichnung dessen gebraucht, was vom Pächter jährlich an den Grundherrn überhaupt entrichtet wird. Wenn von zwei nebeneinander liegenden Landgütern von gleicher Flächenausdehnung und natürlicher Fruchtbarkeit das Eine all die Gemächlichkeit landwirthschaftlicher Gebäude besässe und zudem gehörig entwässert und gedüngt, auch vortheilhaft durch Häge, Zäune und Mauern abgetheilt wäre, während das Andere gar keine von diesen Vortheilen besässe; so würde natürlich mehr Vergütung für die Benutzung des Ersteren, als für jene des Letzteren bezahlt werden, und dennoch wird man in beiden Fällen die Vergütung Rente heissen. Allein es ist einleuchtend, dass blos ein Theil des jährlich für das verbesserte Pachtgut entrichteten Geldes für die ursprünglichen und unverwüstlichen Kräfte des Bodens gegeben würde; der andere Theil würde für die Nutzung des Kapitals bezahlt, welches zur Verbesserung des Bodens und zur Erbauung derjenigen Gebäude angelegt worden ist, die zur sicheren Aufbewahrung der Erzeugnisse erforderlich sind." . . . .

„Bei der ersten Ansiedelung auf einem Landstriche, auf welchem sich ein Ueberfluss an reichem und fruchtbarem Boden findet, wovon nur ein kleiner Theil zum Baue der Lebensmittel für die dermalige

---

[1]) Malthus, essai etc., p. 317, e. St., p. 407.

Bevölkerung erforderlich ist oder mit dem Kapitale bebauet werden kann, das der Bevölkerung zu Gebote steht, wird es keine Rente geben. Denn Niemand wird Etwas für die Benutzung von Boden bezahlen, wenn er in solchem Ueberfluss vorhanden ist, dass es viel herrenlosen Boden gibt, welcher einem Jeden, der nur zum Anbaue desselben Lust hat, zu Gebote steht.

„Nach den allgemein bekannten Grundsätzen von Begehr und Angebot kann für die Benutzung solchen Bodens, aus dem eben angeführten Grunde, keine Rente bezahlt werden, ebenso wie für den Gebrauch von Luft und Wasser oder irgend einer andern Gabe der Natur, welche in unbegränzter Menge vorhanden ist, auch nichts gegeben wird. Mit einer gegebenen Menge von Stoff, mit Hilfe des Druckes der Luft und mit der Federkraft des Dampfes können Maschinen Arbeit verrichten und die menschliche Arbeit sehr bedeutend abkürzen; aber für den Gebrauch dieser natürlichen Hilfsmittel ladet man sich keine Ausgabe auf, weil sie unerschöpflich sind und Jedermann frei zu Gebote stehen. Auf dieselbe Art machen der Brauer, Brenner, Färber Gebrauch von Luft und Wasser zum Behufe der Hervorbringung ihrer Güter, allein, da ihre Menge grenzenlos ist, so haben sie keinen Preis. Wenn aller Boden die nämliche Eigenthümlichkeit hätte, wenn seine Flächenausdehnung keine Grenzen hätte, wenn derselbe allgemein von gleicher Beschaffenheit wäre, so könnten für dessen Benutzung keine Lasten bedungen werden, ausgenommen, wo er mit seiner Lage ganz besondere Vortheile gewährte. Es wird demnach blos aus dem Grunde eine Rente entrichtet, weil der Boden nicht in unendlicher Menge und allgemein gleicher Beschaffenheit vorhanden ist, **und bei zunehmender Bevölkerung Boden von geringerer Beschaffenheit oder weniger vortheilhafter Lage zum Anbau genommen wird**. Sobald, in Folge der Zunahme der bürgerlichen Gesellschaft, Boden zweiter Klasse zum Anbau genommen wird, so beginnt die Rente unmittelbar auf jenem erster Klasse, und der Betrag dieser Rente richtet sich nach dem Unterschied der Beschaffenheiten dieser zweierlei Bodenarten.

„So wie Boden dritter Klasse angebaut wird, so beginnt die Rente der zweiten und richtet sich, wie vorher, nach dem Unterschiede in ihrer hervorbringenden Kraft. Zugleich aber wird die Rente vom Boden erster Klasse steigen, denn sie muss immer über jener zweiter Klasse stehen, je nach dem Unterschiede im Erzeugnisse, welchen sie bei einer gegebenen Menge von Kapital und Arbeit liefern. Mit jedem Schritte der Zunahme der Bevölkerung, welcher ein Land zwingt, seine Zuflucht zu Boden geringerer Beschaffenheit zu nehmen, um sich in Stand zu setzen, die gehörige Menge Nahrungsmittel zu ziehen, muss auch die Rente jedes fruchtbareren Landes in die Höhe gehen."............................

„Wenn gutes Gelände in viel grösserem Masse vorhanden wäre, als zur Erzeugung der Nahrungsmittel für eine steigende Bevölkerung erforderlich ist, oder auch, wenn ins Unendliche hinaus Kapital ohne

Ertragsminderung auf altem Boden angewendet werden könnte, dann würde kein Steigen der Rente stattfinden können. Denn sie geht ohne Ausnahme aus der Anwendung eines Arbeitszusatzes von einem verhältnissmässig geringeren Erträgnisse hervor." . . . . „Das Steigen der Rente ist immer die Folge des zunehmenden Wohlstandes in einem Lande und der Schwierigkeit, die steigende Bevölkerung mit den gehörigen Nahrungsmitteln zu versehen."[1]

Die Begründung der Bodenrente ist das Argument, welches man vorgebracht hat, um nachzuweisen, dass die Nahrungsmittel stets langsamer wachsen müssten, als die Bevölkerung. Es ist das einzige Argument, das bisher dafür vorgebracht wurde, und auch J. St. Mill weiss kein anderes vorzubringen, als die Annahme, dass mit der Zunahme der Bevölkerung immer schlechterer Boden in Anbau genommen werde, mithin die Zunahme der Arbeitskraft eine Abnahme des Arbeitsertrages bedinge.

„Die beschränkte Menge des Bodens und dessen beschränkte Produktivität," meint er, „sind die thatsächlichen Grenzen der Vermehrung der Produkzion."

„Dass sie die letzten Grenzen sind, muss immer deutlich erkannt worden sein. Die alleräusserste Schranke ist indess niemals irgendwo erreicht worden, weil es kein Land gibt, wo aller Boden, der im Stande ist, Nahrungsmittel herzugeben, in dem Masse angebaut wird, dass ein grösserer Ertrag ihm nicht abzugewinnen wäre (selbst ohne Annahme irgend welcher neuer Fortschritte in der landwirthschaftlichen Wissenschaft), und weil ein bedeutender Theil der Erdoberfläche gänzlich unangebaut bleibt. Man hat dieserhalb gewöhnlich gemeint, und eine solche Annahme ist ganz natürlich, dass für die Gegenwart jede Beschränkung der Produkzion oder Bevölkerung, welche aus dieser Quelle herrühren sollte, in einer unbestimmten Entfernung liege und dass noch Menschenalter verfliessen würden, bevor eine praktische Nothwendigkeit sich ergeben dürfte, das beschränkende Prinzip in ernstliche Erwägung zu ziehen.

„Meiner Ansicht nach ist diess nicht nur ein Irrthum, sondern der ernstlichste Irrthum, der auf dem ganzen Felde der Volkswirthschaft zu finden ist. Die Frage ist wichtiger und fundamentaler, als irgend eine andere; sie umschliesst den ganzen Gegenstand der Ursachen der Armuth in einem reichen und gewerbfleissigen Gemeinwesen. Wenn dieses eine Thema nicht verstanden wird, so wäre es ganz zwecklos, irgend weiter in unserer Untersuchung fortzuschreiten.

„Die Beschränkung der Produkzion wegen der eigenthümlichen Verhältnisse des Bodens gleicht nicht dem Hinderniss einer entgegenstehenden Wand, welche unbeweglich an einer bestimmten Stelle steht und der Bewegung nicht eher ein Hemmniss darbietet, als bis sie dieselbe gänzlich aufhält. Wir können sie eher mit einem sehr elastischen und ausdehnbaren Bande vergleichen, das kaum je so heftig gespannt wird, dass es nicht möglicher Weise noch etwas

---

[1] Ricardo, Gr. d. V. u. B., p. 40 bis 44, 47, 52.

mehr gespannt werden könnte, obschon sein Druck lange vorher gefühlt wird, ehe die äusserste Grenze erreicht ist, und um so stärker gefühlt wird, je mehr man sich dieser Grenze nähert.

„Nach einer gewissen und nicht sehr weit vorgerückten Stufe in der Ausbildung der Landwirthschaft, sobald die Menschen sich mit einigem Eifer auf den Landbau legen und irgend erträgliche Werkzeuge dazu in Anwendung bringen, von der Zeit an ist es das Gesetz der Bodenprodukzion, dass bei einem gegebenen Zustand der landwirthschaftlichen Geschicklichkeit und Kenntniss durch Vermehrung der Arbeit der Ertrag nicht in gleichem Grade zunimmt; Verdopplung der Arbeit verdoppelt nicht den Ertrag — oder um dasselbe mit andern Worten auszudrücken, jede Vermehrung des Ertrages wird durch eine mehr als proporzionelle Vermehrung der auf den Boden angewendeten Arbeit erlangt."[1])

Diese Theorie war Carey natürlich ein Dorn im Auge, denn sie schlug der Harmonie gar zu sehr ins Gesicht. Die Theorie von der Bodenrente ist daher einer seiner vorzüglichsten Angriffspunkte, und man muss gestehen, dass er ihr gegenüber eine Pozizion eingenommen hat, durch welche sie arg bedrängt wurde. Mit entschiedenem Glück bekämpft Carey Ricardo's Behauptung, der fruchtbarste Boden werde zuerst angebaut und mit der Zunahme der Bevölkerung immer schlechterer in Angriff genommen, so dass der Ertrag des Bodens im Verhältniss zur aufgewendeten Arbeit stets abnehme.

Carey behauptet dagegen und weist auch nach, „dass überall in älteren und neueren Zeiten die Bodenkultur mit dem schlechteren Lande begonnen hat, und dass der Mensch nur durch den Anwachs der Bevölkerung und des Reichthums in Stand gesetzt wurde, den besseren Boden in Anbau zu nehmen," dass also der wirkliche Gang der Bodenkultur dem von Ricardo angenommenen gerade entgegengesetzt ist. Der Mensch hat nicht den besten Boden zuerst angebaut, sondern denjenigen, welchen er mit Hilfe seiner rohen Werkzeuge am leichtesten bewältigen konnte. Er suchte leichten sandigen Boden und mied die fetten Niederungen, deren üppige Vegetazion alle seine Bemühungen zu Schanden machte. Nicht von den sumpfigen Thälern, sondern von den steinigen Höhen ist die Kultur ausgegangen. „Aus demselben Grunde, der den Ansiedler bestimmt, sich ein Blockhaus zu bauen, um ein Obdach zu bekommen, während er abwartet, bis er ein steinernes Haus bauen kann, beginnt er die Kultur des Bodens da, wo er seinen Pflug anwenden kann und vermeidet so den Nahrungsmangel, dem er sich aussetzen würde, wenn er da anfangen wollte, wo er nicht pflügen kann, und wo Fieber und Tod die unvermeidlichen Folgen seines Versuches sein würden. In allen bekannten Fällen, wo Ansiedlungen auf fruchtbarem Boden versucht wurden, sind dieselben entweder gänzlich misslungen oder nur langsam vorangeschritten; und erst nach wiederholten Anstrengungen kamen sie in die Höhe. Der Leser, welcher sich von dieser Thatsache und von der Nothwendigkeit, mit dem schlechteren Boden zu beginnen,

---
[1]) Mill, Gr. d. p. Oek., I., p. 183.

überzeugen will, kann die Beweise dafür finden, wenn er die Geschichte der französischen Kolonien in Louisiana und Cayenne nachliest und das wiederholte Misslingen derselben mit dem steten Fortschritt der Kolonien in der Gegend des St. Lorenz-Stromes vergleicht, wo zahlreiche und gut gedeihende Niederlassungen an Orten gegründet wurden, wo das Land jetzt beinahe werthlos geworden ist, weil man anderwärts besseren Boden durch so wenig Arbeit erwerben kann. Er wird weitere Beweise erhalten, wenn er das langsame aber stetige Wachsthum der auf dem unfruchtbaren Boden Neu-Englands gegründeten Kolonien mit den wiederholt misslungenen Kolonisazionsversuchen auf dem fruchtbaren Boden von Virginien und Karolina vergleicht. Der letztere konnte nicht durch Menschen, die für sich allein arbeiteten, urbar gemacht werden; und daher kömmt es, dass wir die reicheren Kolonisten Neger kaufen und sie zwingen sehen, die Arbeit zu verrichten, während der freie Arbeiter den leichten, sandigen Boden von Nord-Karolina aufsucht. Kein Mensch, der auf sich allein beschränkt ist, wird das Urbarmachen auf dem fruchtbaren Boden beginnen, weil er dann gerade von diesem den geringsten Ertrag erhält; und in allen neuen Ländern der Welt ist auf solchem Boden der Zustand des Arbeiters am schlimmsten, wenn die Arbeit vor Entstehung der Assoziazionsgewohnheit, die mit dem Zuwachs des Reichthums und der Bevölkerung eintritt, unternommen wurde. Der Ansiedler, der hohen, leichten Boden suchte, gewinnt Nahrungsmittel, obwohl sein Arbeitsertrag sehr gering ist. Hätte er es unternommen, den fruchtbaren Boden des „Dismal-Swamp" (düsterer Sumpf) trocken zu legen, so wäre er Hungers gestorben, wie Jene, die die fruchtbare Insel Roanoke besiedelten." [1])

Für seine Behauptung, dass der Bodenanbau bei unfruchtbarem Boden beginne und zu immer fruchtbarerem mit dem Wachsthum der Bevölkerung fortschreite, dass also im Verhältniss mit der aufgewendeten Arbeit der Bodenertrag immer mehr wachse, bringt Carey eine Fülle von Beweismaterial. Er weist nach, dass diess der Gang der Bodenkultur gewesen sei, nicht nur in Amerika, sondern auch in Europa, in Griechenland, Italien, Frankreich, England — in jedem Lande der Welt. Es ist nicht nothwendig, diesen ausführlichen historischen Nachweis zu wiederholen, denn selbst die Gegner haben anerkannt, dass Carey in dieser Frage Recht hatte. **Seine Darstellung des Ganges der Bodenkultur ist nicht eine Ansicht, sondern eine unleugbare Thatsache.**

Gegen die Bodenrente beweist allerdings Carey's Darstellung nichts. Die Bodenrente wird gebildet durch die Differenz des Ertrages vom schlechten und vom besseren Boden. Dieser Vortheil, den der fruchtbarere Boden gewährt, muss überall da auftreten, wo Bodenarten verschiedener Güte in Bearbeitung genommen worden sind, ob nun die beste oder die schlechteste zuerst in Angriff genommen wurde. Carey schüttet daher das Kind mit dem Bade aus, wenn er

---

[1]) Carey, Gr. d. S., I., p. 141.

daraus, weil die Entstehung der Bodenrente nicht ganz richtig motivirt ist, folgert, es gebe keine Bodenrente.

Er meint freilich, die Erscheinung der Bodenrente stehe im Widerspruch mit der Werththeorie, nur die Arbeit könne Werthe schaffen, und fragt, warum gerade das Land eine Ausnahme von allen anderen Dingen machen soll. Carey vergisst, dass das Land weder beliebig vermehrbar, noch überall in gleicher Güte vorhanden ist. Das Land ist ein Werkzeug, mit dessen Hilfe der Arbeiter ein Produkt erzeugt. Es ist aber bereits nachgewiesen worden, dass der Vortheil, den der Besitzer eines besseren Werkzeuges vor seinen Konkurrenten hat, durchaus nicht im Widerspruch mit der Werththeorie ist. Wenn man von keiner Maschinenrente spricht, so rührt diess daher, dass der Vortheil, der dem Besitzer besserer Maschinen entsteht, kein dauernder ist, da die Konkurrenten sich diese Maschinen auch anschaffen können. Es würde auch Niemand von einer Bodenrente sprechen, wenn die Lage und Qualität des Bodens beliebig veränderlich wären, wenn man einen Boden, der 10 Meilen von einer Stadt entfernt ist, auf eine Entfernung von 2 Meilen näherrücken, wenn man jeden Sandboden in Humusboden, wenn man jeden nach Norden geneigten Abhang in einen nach Süden geneigten verwandeln könnte.[1])

Für die Bodenrententheorie ist daher Carey's Aufstellung ohne grossen Belang; von Bedeutung dagegen ist sie für das Bevölkerungsgesetz. Wenn es wahr ist, dass mit der Zunahme der Bevölkerung immer besserer Boden angebaut wird, dass die Verdoppelung der aufgewendeten Arbeitskraft den Ertrag mehr als verdoppelt, dann ist die Zunahme der Bevölkerung, in welcher Progression immer sie

---

[1]) Ich kann nicht umhin, hier auf eine Ungenauigkeit Ricardo's aufmerksam zu machen, welche meines Wissens noch Niemand beobachtet hat, obgleich ihre Entdeckung sehr nahe liegt. Ricardo sagt nämlich, jeder, ausser dem schlechtesten Boden, müsse eine Rente abwerfen. Diess ist offenbar nur unter der Voraussetzung möglich, dass der Ertrag des schlechtesten Bodens stets seinem wahren Werthe nach bezahlt werde, das heisst, nach der zu seiner Produzirung durchschnittlich nothwendigen Arbeit. Der Ertrag des schlechtesten Bodens muss nach dieser Annahme sowohl den nothwendigen Durchschnittslohn, als den gebräuchlichen Kapitalgewinn decken. Die Thatsachen lehren, dass diess nicht der Fall ist, und dass oft ein Boden bebaut wird, der kaum zur dürftigsten Ernährung des Bauers ausreicht, und dass die angestrengteste Arbeit und die grössten Entbehrungen nicht hinreichen, um das Gütchen vor Verschuldung zu schützen. Ich sage, das Gütchen, denn bei Grossgrundbesitz wird der Fall in der Regel nicht vorkommen, dass Land bebaut wird, welches nicht den Arbeitslohn und den Kapitalgewinn trägt. In Ländern mit vorherrschendem Grossgrundbesitz, wie England, welches Ricardo jedenfalls bei seiner Entwicklung der Bodenrente als Vorbild vorschwebte, kann allerdings jeder Boden, ausser dem schlechtesten, eine Rente tragen, in Ländern mit Kleinbetrieb, wie Frankreich, wird das fast nie der Fall sein. Dem Kleinbauer, der selbst sein Feld bearbeitet, gewährt der Boden noch einen genügenden Ertrag, wenn er nur den Arbeitslohn ersetzt, sowie auch der Kleingewerbtreibende oft arbeitet, wenn er auch nicht den gebräuchlichen Kapitalgewinn erwarten kann. Der Werth des beiderseitigen Arbeitsertrages ist geringer, als der wirklich aufgewendeten Arbeit gemäss.

Nicht jeder Boden also, ausser dem schlechtesten, liefert eine Rente, sondern nur derjenige, der weniger, als der gesellschaftlich nothwendigen Arbeitszeit bedarf, um ein gewisses Produkt zu Tage zu fördern.

stattfinden möge, etwas, was mit allen Mitteln angestrebt, nicht verhindert werden muss. So sagt auch Carey, dass die Zunahme der Bevölkerung die Zunahme menschlichen Glückes bedeute. „Ueberall finden wir, sowie das neue Land in Thätigkeit gesetzt ist und seine Besitzer grössere Erträge zu erzielen vermögen, einen rascheren Zuwachs der Bevölkerung, der eine vermehrte Tendenz zur Arbeitsvereinigung erzeugt, wodurch die Kräfte des Menschen um das drei-, vier-, fünf-, zuweilen um das fünfzigfache zunehmen; denn eine solche Vereinigung setzt sie in Stand, sich ihre unmittelbaren Bedürfnisse leichter zu verschaffen, während sie rascher die Maschinerie anhäuft, vermittelst welcher die Produkzionskraft weiter vermehrt und die ungeheuren Schätze der Natur noch vollständiger an's Licht gezogen werden können. Ueberall finden wir, dass mit dem Zuwachs der Bevölkerung die Nahrungsmittel reichlicher und regelmässiger werden, dass Kleidung und Wohnung leichter zu erlangen sind, dass Hungersnoth und Pest seltener werden, dass das menschliche Leben verlängert und der Mensch glücklicher und freier wird." [1])

Dürfen wir einstimmen in diesen Jubel und Carey's frohe Hoffnungen theilen? Allerdings hat er nachgewiesen, die Malthus'sche Annahme, überall strebe der Mensch sich schneller zu vermehren, als die Lebensmittel vermehrt werden könnten, sei falsch, aber ist er dadurch berechtigt, zu sagen: überall streben die Lebensmittel sich schneller zu vermehren, als die Menschen? Malthus wie Carey haben beide Unrecht, bei beiden ist das Wörtchen „überall" falsch. Wie wichtig daher Carey's Korrektur der Ricardo'schen Rententheorie an und für sich auch sein mag, für diesen speziellen Fall verliert sie alle Bedeutung. Denn gerade die Länder, in denen die soziale Frage am brennendsten ist, England, Frankreich, Belgien, Deutschland, sie sind aus Carey's Stadium bereits herausgetreten und in Ricardo's Stadium gelangt. Der beste Boden ist in diesen Staaten im Grossen und Ganzen bereits angebaut und eine bedeutende Erweiterung der produktiven Fläche nur mehr durch Hinzunahme schlechteren Bodens möglich. Wenn Carey meint, dass überall das Anwachsen der Bevölkerung den Uebergang zu fruchtbarerem Boden mit sich bringe, dass der Mensch zu immer besseren Werkzeugen voranschreite, also auch zu immer besserem Boden, so vergisst er, wie auch anderswo, dass der Boden von den andern Werkzeugen dadurch sich unterscheidet, dass er nicht beliebig vermehrbar ist, und dass daher für jedes Land ein Zeitpunkt eintreten muss, von dem an ein Fortschreiten zu besserem Land unmöglich ist. Für Amerika ist die Zunahme der Bevölkerung ein Vortheil, auch für die östlichen Gegenden Europa's; der Westen unseres Erdtheiles ist dagegen bereits bei dem Stadium angelangt, wo die Verdopplung der aufgewendeten Arbeit den Ertrag nicht mehr verdoppelt.

Gibt es also keine Möglichkeit mehr für diese Länder, die Lebensmittel ebenso schnell zu vermehren, als die Bevölkerung sich nach Beseitigung der präventiven und positiven Hindernisse, ver-

---

[1]) Carey, Gr. d. S., I. p. 166.

mehren würde? Sind dieselben durch diese Beseitigung rettungslos der Uebervölkerung anheimgefallen?

Ja, wann ist denn aber ein Land übervölkert? Gibt es einen absoluten Massstab dafür?

Ein Land, in dem ein Jägervolk lebt, ist bald übervölkert. Sehr bald ist bei einem solchen der Punkt erreicht, über welchen hinaus es sich ohne Beschwerde nicht mehr vermehren kann, wo eine Vermehrung der Arbeitskraft den Ertrag nicht in gleichem Masse vermehrt. „Der fleischessende Mensch," sagt Liebig, „bedarf zu seiner Erhaltung eines ungeheuren Gebietes, weiter und ausgedehnter noch, als der Löwe und Tiger, weil er — wenn die Gelegenheit sich darbietet — tödtet, ohne zu geniessen. Eine Nazion Jäger auf einem begrenzten Gebiete ist der Vermehrung durchaus unfähig; der zum Athmen unentbehrliche Kohlenstoff muss von den Thieren genommen werden, von denen auf der gegebenen Fläche nur eine beschränkte Anzal leben kann. Die Thiere sammeln von den Pflanzen die Bestandtheile ihres Blutes und ihrer Organe und liefern sie den von der Jagd lebenden Indianern, die sie unbegleitet von den Stoffen geniessen, welche während der Lebensdauer des Thieres seinen Athmungsprozess unterhielten. Während der Indianer mit einem einzigen Thiere und einem diesem gleichen Gewichte von Stärkmehl eine gewisse Anzahl von Tagen hindurch sein Leben und seine Gesundheit würde erhalten können, muss er, um die für diese Zeit nöthige Wärme zu gewinnen, fünf Thiere verzehren. Seine Nahrung enthält einen Ueberfluss von plastischem Nahrungsstoff; was ihr in dem grössern Theil des Jahres fehlt, ist das hinzugehörende Respirazionsmittel; daher denn die dem fleischessenden Menschen innewohnende Neigung zu Branntwein."....
„In seinen beschwerlichen und mühevollen Jagden verbraucht der Indianer durch seine Glieder eine grosse Summe von Kraft, aber der hervorgebrachte Effekt ist sehr gering und steht mit dem Aufwand in keinem Verhältniss." [1])

Wir sehen dem entsprechend die von Jägervölkern bewohnten Landstriche nur dünn bevölkert. So soll ein Indianer im Nordwesten der Vereinigten Staaten von 793 Acres leben, im Hudsonsbaigebiet von 6.500, in Patagonien gar von 12.000—44.000 Acres.[2])

Eine dichtere Bevölkerung erlaubt die Viehzucht, eine einigermassen schnellere Volksvermehrung dagegen erst der Ackerbau. Nach Foissac soll der Ackerbau 20—30mal mehr Menschen auf derselben Fläche ernähren als die nomadische Weidewirthschaft und diese wieder 20mal so viel als die Jagd.[3]) **Ein Volk, bei welchem eine niedere Produkzionsweise herrscht, und das an Uebervölkerung leidet, kann also von derselben nicht blos dadurch sich befreien, dass es seiner Vermehrung Einhalt thut, sondern auch durch den Uebergang zu einer höheren, vollkommeneren Produkzionsweise.**

---

[1]) Liebig, Chemische Briefe; Volksausgabe, Leipzig u. Heidelberg 1865, p. 344.
[2]) Roscher, Nazionalökonomik des Ackerbaues, p. 22.
[3]) Roscher, N. d. A., p. 53.

Und diess gilt nicht blos für den Fortschritt von der Jagd zur Viehzucht, von dieser zum Ackerbau, sondern auch innerhalb des Ackerbaues selbst. Bereits Adam Smith hat erkannt, wie verschieden die Produktivität der verschiedenen Betriebsweisen des Landbaues sei und dass jede vollkommenere eine grössere Zahl Menschen zu ernähren vermöge. „Die Erfahrung aller Länder und Zeiten beweist," meint er, „dass die von den Sklaven verrichtete Arbeit, obgleich sie nur den Unterhalt derselben zu kosten scheint, im Grunde doch die theuerste von allen ist. Ein Mensch, der kein Eigenthum erwerben kann, kann auch kein anderes Interesse haben, als so viel wie möglich zu essen und so wenig wie möglich zu arbeiten. Was er mehr thun soll, als genügt, um ihm Unterhalt zu verschaffen, lässt sich ihm nur mit Gewalt, nicht durch sein eigenes Interesse abzwingen. Wie sehr der Getreidebau im alten Italien verfiel, wie unvortheilhaft er für den Gutsherrn wurde, als der Betrieb Sklaven anheimfiel, ist sowohl von Plinius wie von Columella geschildert worden. Nicht viel besser war es zur Zeit des Aristoteles im alten Griechenland. Von der idealen Republik redend, die Plato in seinen „Gesetzen" schildert, meint er, um fünftausend müssige Menschen (die Zahl von Kriegern, die als zur Vertheidigung der Republik erforderlich angenommen war) sammt ihren Weibern und Knechten zu erhalten, sei ein Gebiet von grenzenloser Ausdehnung und Fruchtbarkeit, gleich den Ebenen von Babylon nöthig."

— — — — — — —

„Auf die leibeigenen Bauern der früheren Zeit folgte allmälig eine Art von Pächtern, die gegenwärtig in Frankreich unter dem Namen der Métayers bekannt sind. Im Lateinischen heissen sie Coloni partiarii. In England sind sie schon so lange abgekommen, dass ich jetzt keinen englischen Namen für sie weiss. Der Eigenthümer versah sie mit der Aussaat, dem Vieh und dem Ackergeräth, kurz mit allem zum Anbau des Gutes erforderlichen Kapital. Der Ertrag wurde gleichmässig zwischen dem Eigenthümer und dem Pächter getheilt, jedoch mit Abzug dessen, was zur Erhaltung des Kapitals erforderlich schien, das, wenn der Pächter das Gut verliess oder ihm gekündigt wurde, dem Eigenthümer zurückzuerstatten war.

„Die Bewirthschaftung durch solche Pächter geschieht eigentlich ebenso auf Kosten des Eigenthümers, wie die Bewirthschaftung durch Sklaven, doch ist ein sehr wesentlicher Unterschied vorhanden. Die Pächter können als freie Leute Eigenthum erwerben, und haben, da sie einen bestimmten Antheil vom Bodenertrag erhalten, ein offenbares Interesse daran, dass der Gesammtertrag so gross als möglich sei, damit es auch ihr Antheil werde." . . . .

„Indessen auch diese letztere Klasse von Bauern konnte kein Interesse haben, einen kleinen Theil des Kapitals, das sie von ihrem Antheil am Ertrag etwa ersparten, für weitere Bodenverbesserungen zu verausgaben, da der Grundherr, der nichts verausgabte, doch den halben Ertrag erhielt. . . . . Es konnte allenfalls im Interesse des Métayer liegen, dem Boden so viel abzugewinnen, als mittelst des vom Eigenthümer gelieferten Kapitals möglich war; aber niemals konnte er ein Interesse haben, einen Theil seines eigenen Kapitals dazu zu thun."

Produktiver noch als durch Métayers gestaltet sich der Betrieb durch freie Eigenthümer oder Pächter mit langjährigen und festen Kontrakten, „nächst kleinen Eigenthümern sind in allen Ländern reiche und grosse Pächter die Hauptbeförderer der Bodenkultur." [1])

Innerhalb jeder dieser Betriebsweisen sind die Grenzen, welche der Volksvermehrung gesteckt sind, andere; sie sind um so weiter, je vollkommener die Betriebsweise ist. **Selbst in einem „alten" Lande also, in welchem der beste Boden bereits angebaut ist, ist es möglich, dem Gesetze des abnehmenden Bodenertrages entgegenzuwirken durch den Uebergang zu einer vollkommeneren Betriebsweise.**

Ein grossartiges Beispiel eines solchen Ueberganges gab Frankreich in seiner grossen Revoluzion, durch welche im französischen Landbau an Stelle des Betriebes durch Halbpächter der durch freie Eigenthümer gesetzt wurde. Durch diesen Fortschritt ist es möglich geworden, dass binnen weniger als 100 Jahren die Agrikulturproduczion Frankreichs sich beinahe **vervierfacht** hat.

Dieselbe betrug, geschätzt nach Millionen Hektolitern:

	im Jahre 1789	1815	1848	1872
an Weizen	34 Mill.	44 Mill.	70 Mill.	} 292 Mill.
„ Roggen etc.	46 „	44 „	40 „	
„ Kartoffeln	2 „	20 „	100 „	114 „
„ Wein	17 „	35 „	40—45 „	50 „ [2])

Der vollkommenere Betrieb ist es auch, und nicht der bessere Boden, welcher es möglich macht, dass vor einigen Jahren die belgische Fruchtwechselwirthschaft auf einer Quadratmeile Nahrungsmittel für durchschnittlich 7.345 Menschen hervorbrachte, indess zu derselben Zeit die mecklenburgische Feldgraswirthschaft auf gleichem Flächenraum nur 3.182, die polnische Dreifelderwirthschaft gar nur 2.229 Menschen zu nähren vermochte. [3])

Der Uebergang zu einer vollkommeneren Produkzionsweise ist also ein Mittel, eine Uebervölkerung hinauszuschieben; es ist das einzige für „alte" Länder, in denen alle positiven und präventiven Hindernisse beseitigt sind.

Jetzt entsteht aber die Frage: ist ein solcher Fortschritt heutzutage bei uns noch möglich, dass eine bedeutende Erweiterung des Nahrungsspielraumes durch denselben geboten wird? Ist es nicht die Arbeit des freien Eigenthümers, welche den höchstmöglichen Ertrag gewährt? Ist eine bedeutende Vergrösserung der Produktivkraft der Arbeit in den modernen Staaten anders möglich, als durch beispiellose Fortschritte der Agrikulturtechnik, wie man sie wol hoffen, nicht

---

[1]) Adam Smith, Untersuchung über das Wesen und die Ursachen des Volkswohlstandes, dtsch v. Stöpel, II. p. 151—154, 159, dtsch. v. Garve, II. p. 205 bis 210, 219.
[2]) Kolb, vgl. St., p. 371, 373, 374.
[3]) Roscher, N. d. A., p. 99.

aber mit Bestimmtheit erwarten kann? Ist es auf Grund unseres heutigen Standes der Wissenschaft möglich, eine vollkommenere Betriebsweise an Stelle der jetzigen zu setzen?

Das ist die Frage.

Die Vermehrung der Produktivität in der Landwirthschaft kann in dreifacher Beziehung vor sich gehen. Erstens kann sie sich erstrecken auf den Boden, dessen Beschaffenheit dahin verbessert werden kann, dass die Quantität der Nahrungsstoffe, die er enthält, auf gleicher Fläche eine grössere sei, als heutzutage. Zweitens kann die Verbesserung sich erstrecken auf die Thier- und Pflanzenarten, welche der Boden direkt oder indirekt ernährt, derart, dass sie mit derselben Menge Nahrungsstoffe ein grösseres Produkt erzielen, als diess heutzutage der Fall ist. Endlich drittens kann die Verbesserung bestehen in einer Verminderung der Verluste an Nahrungsstoffen während der Arbeitsprozesse, also durch Ersparnisse an menschlicher und thierischer Arbeitskraft und Verminderung der Abfälle.

Betrachten wir zunächst den Boden. Der Boden ist nicht blos der Standort der Gewächse, sondern auch ihr Ernährer. Seine Ernährungsfähigkeit ist bedingt durch die Menge, in welcher die Stoffe, aus denen die Pflanzen sich aufbauen, in ihm enthalten sind. Die Stoffe können in löslichem oder unlöslichem Zustande im Boden sich finden. Nur in ersterer Form können sie von den Pflanzen aufgesogen werden und also ihrer Ernährung dienen. Die Fruchtbarkeit des Bodens wird daher zunächst durch das Quantum der in löslichem Zustande in ihm enthaltenen Stoffe bestimmt. Aber die Menge der in chemischer Verbindung in der Erde verbreiteten Stoffe ist auch nicht ohne Einfluss auf ihr Ernährungsvermögen. Denn indem sie nach und nach löslich werden, ersetzen sie diejenigen Stoffe, welche durch die Ernten dem Boden entzogen wurden. Die Menge der löslich im Boden vorhandenen Stoffe bedingt die H ö h e seiner Erträge, die Menge der unlöslich in demselben befindlichen bestimmt ihre D a u e r.

Es ist eine kleine Reihe von Stoffen, deren jede Pflanze mehr oder minder zu ihrer Ernährung bedarf; es sind nur vierzehn: Die Metalle Kalium, Natrium, Kalzium, Magnesium, Eisen, Mangan; die Nichtmetalle Kohlenstoff, Sauerstoff, Fosfor, Schwefel, Chlor, Silizium, Wasserstoff und Stickstoff. Alle diese Stoffe sind unentbehrlich, wenn auch nicht gleich wichtig, für die Pflanze. Die Aufgabe einer razionellen Landwirthschaft geht also dahin, dem Boden immer die gehörige Menge dieser Stoffe zu erhalten; wenn er arm an denselben ist, ihn zu bereichern. Diess geschieht einerseits dadurch, dass man dem Boden diese Stoffe in wo möglich aufsaugungsfähiger Form zuführt und andererseits durch Verwandlung der in unlöslicher Form im Erdreiche enthaltenen Stoffe in lösliche. Der erstere Zweck wird erreicht durch die Düngung, der zweite durch die Bodenbearbeitung. In die erste Kategorie gehört noch die Bewässerung, in die zweite die Drainirung, welche diesen Zwecken allerdings nicht allein dienen, dieselben aber doch fördern, während sie zugleich auch in anderer Weise auf die Erhöhung des Ertrages einwirken

Wird nicht das ganze Quantum der dem Boden durch die Ernten genommenen Nährstoffe demselben wieder ersetzt, so kann er den gleichen Ertrag auf die Dauer nur liefern durch Inanspruchnahme des Reservefonds von unlöslichen Stoffen. Dieser wird umsomehr erschöpft, je öfter sich das wiederholt, der Boden wird in diesem Falle um so unfruchtbarer, je länger man ihn bebaut. Allerdings wird man nie dahin gelangen, einen Boden aller seiner unlöslichen Nährstoffe zu berauben, aber schnell gelangt man dahin, ihm diejenigen zu entziehen, welche in löslicher Form enthalten sind oder leicht löslich gemacht werden können. Ein solches Feld ist erschöpft und bedarf der Ruhe; das heisst, der Bebauer muss warten, bis wieder ein Quantum Nährstoffe durch Verwitterung aus dem unlöslichen in den löslichen Zustand gelangt ist, worauf die Ausraubung des Bodens von Neuem beginnt. Darauf beruht die Wirkung der Brache, welche keine Bereicherung des Bodens an Nahrungsstoffen bedeutet. Man hat dieselbe in vorgeschritteneren Kulturstadien aufgegeben, aber nicht wegen ihrer Schädlichkeit als Unterstützerin des Raubbaues, sondern weil sie den Raubbau nicht schnell genug ermöglichte. Die Dreifelderwirthschaft, bei der das Ackerland in drei Theile zerlegt wird, von denen der eine mit Winterkorn, der andere mit Sommerkorn bestellt wird, indess der dritte als Brachland nur umgepflügt, nicht aber besät wird, wird daher ersetzt durch die Fruchtwechselwirthschaft. Diese beruht auf dem Gesetz, dass nicht jede Pflanze das gleiche Verhältniss von Stoffen zu ihrer Entwicklung nöthig hat. Ein Boden kann für eine Pflanze schon erschöpft sein, indess eine andere noch ganz gut auf ihm gedeiht. Ferner beuten die verschiedenen Pflanzen den Untergrund verschieden aus. Die Luzerne zum Beispiel sendet ihre Wurzeln in Tiefen, welche den Getreidepflanzen unerreichbar sind. Wenn man daher Klee baut, mit ihm das Vieh füttert und den Dünger, welchen dasselbe liefert, zur Verbesserung der Kornfelder gebraucht, um den Ertrag der Kornfelder zu versenden, so thut man dasselbe, was die Brache in längerer Zeit thut, man beutet den Reservefonds des Bodens aus. Wenn die Stoffe, welche das Kornfeld liefert, wieder auf dasselbe zurückkämen, dann wäre allerdings mit Hilfe der Fruchtwechselwirthschaft eine Bereicherung des Bodens möglich, da der Vorrath löslicher Stoffe immer mehr vermehrt würde. Da aber in der modernen Landwirthschaft der Ertrag der Kornfelder nur zum Theil, nämlich nur das Stroh dem Boden zurückerstattet wird, bedeutet die Fruchtwechselwirthschaft gegenüber der Dreifelderwirthschaft nur eine Beschleunigung der Ausraubung des Bodens, welcher gerade an den Stoffen, welche die Körner bilden, also zur Nahrung des Menschen dienen, immer ärmer wird.

Die moderne Landwirthschaft macht den Boden ärmer und immer untauglicher, eine gewisse Bevölkerungszahl zu erhalten. Soll der Boden bereichert werden, auf dass er mit der Zunahme der

Bevölkerung ein immer höheres Erträgniss auf gleicher Fläche liefere, so muss an die Stelle des modernen Raubbaues ein razioneller Betrieb treten, welcher dem Boden alles das ersetzt, was ihm genommen wird. „Der Landwirth kann seinen Betrieb und die Höhe seiner Erträge nur dadurch dauernd machen und sichern, wenn er in der Form von Düngstoffen seinem Felde ersetzt, was er ihm in den Feldfrüchten genommen hat." [1])

Dass die Folgen der Raubwirthschaft sich nicht jetzt schon äussern, hat seinen Grund darin, dass man einige Palliativmittel gefunden hat, welche die Abnahme der Fruchtbarkeit der Felder für einige Augenblicke decken. Die Ausdehnung der Industrie in England war nur möglich auf Kosten der Industrien anderer Länder. Dennoch wagte man es zu sagen, die Maschinen vermehren die Zahl der beschäftigten Hände. So ist auch der heutige Ertrag der Landwirthschaft in England nur möglich auf Kosten der Fruchtbarkeit anderer Länder. Der englische Landwirth führt Knochen ein aus Deutschland und Guano aus Südamerika und sagt dann auf die Vermehrung des Ertrages hinweisend: die moderne Betriebsweise erhöht die Erträge der Felder, er vergisst aber hinzuzufügen, dass diess nur auf Kosten der Fruchtbarkeit anderer Länder geschehen ist. Die Guanolager dauern aber nicht ewig, und was dann?

„Eine Vereinigung von Zufälligkeiten," sagt Liebig über diese Palliativmittel, als die Einführung des Klee- und Kartoffelbaues sowie der Gipsdüngung, die Entdeckung der Guanolager u. dergl., „hat die Einwohnerzahl in allen europäischen Staaten in einem dem Produkzionsvermögen dieser Länder nicht entsprechenden und darum unnatürlichen Verhältnisse gesteigert und auf eine Höhe gehoben, auf der sie sich, wenn die gegenwärtige Bewirthschaftung dieselbe, nur erhalten kann unter zwei Voraussetzungen:

„1. Wenn durch ein göttliches Wunder die Felder ihre Ertragsfähigkeit wieder erlangen, welche ihnen der Unverstand und die Unwissenheit genommen hat.

„2. Wenn Mist- oder Guanolager entdeckt werden von der Ausdehnung etwa, wie die englischen Kohlenfelder.

„Kein Verständiger wird die Verwirklichung dieser Voraussetzungen für wahrscheinlich oder möglich halten." [2])

Liebig, dessen Verdienste um die Agrikulturchemie hervorzuheben ich für unnöthig halte, verurtheilt also die moderne, intensive Landwirthschaft, „welche der Raub mit Umständen, das letzte Stadium der Raubwirthschaft" ist.

An der zunehmenden Verarmung des Bodens trägt jedoch die Unwissenheit der Landwirthe allein nicht die Schuld, sondern ebenso, wenn nicht noch mehr die Unwissenheit der Behörden, des Staates und der Gemeinden, welche die Bedingungen vernichten, die den

---

[1]) J. v. Liebig, die Chemie in ihrer Anwendung auf Agrikultur und Fysiologie. Braunschweig 1862. 7. Aufl., I. Theil, der chemische Prozess der Ernährung der Vegetabilien, p. 147.

[2]) Liebig, d. Chemie in ihrer Anw. auf Agr. u. F., I. p. 125.

Ersatz der verbrauchten Nährstoffe ermöglichen würden. Es geschieht diess durch die unverständige Behandlung der menschlichen Exkremente.

„Es hat die Einführung der Waterklosets in den meisten Städten Englands zur Folge," sagt Liebig darüber, „dass jährlich die Bedingungen zur Wiedererzeugung von Nahrung für $3^1/_2$ Millionen Menschen unwiederbringlich verloren gehen.

„Die ganze ungeheure Menge von Düngstoffen, welche England jährlich einführt, fliesst zum bei weitem grössten Theile wieder in den Flüssen dem Meere zu und die damit erzeugten Produkte reichen nicht aus, um den Zuwachs der Bevölkerung zu ernähren.

„**Das Schlimmste ist, dass der nämliche Prozess der Selbstvernichtung in allen europäischen Ländern, wenn auch nicht in dem grossen Massstabe, wie in England statthat. In den grossen Städten des Kontinentes wenden die Behörden grosse Summen jährlich auf, um die Bedingungen zur Wiederherstellung und Erhaltung der Fruchtbarkeit der Felder unerreichbar für den Landwirth zu machen."** [1])

Die modernen landwirthschaftlichen Verhältnisse führen also nicht nur nicht zur Bereicherung, sondern sogar zur Verarmung des Bodens. Will man daher der Bevölkerung einen grösseren Nahrungsspielraum verschaffen, so ist es unbedingt nothwendig, sowohl die Frage der Sammlung der menschlichen Exkremente befriedigend zu lösen, als auch den Landwirth zu ihrer Anwendung als Düngmittel zu vermögen.

Trefflich resumirt Liebig seine Ergebnisse in Beziehung auf diese zwei Punkte folgendermassen: „Sowie die Abnahme der Erträge eines Feldes, dem man jährlich einen Bruchtheil seiner wirksamen Nährstoffe nimmt, von einem Jahr zum andern nur gering ist, so ist es dennoch gewiss, dass eine Grenze kommt, wo das Feld die darauf verwendete Arbeit nicht mehr lohnt; in gleicher Weise kann die Zunahme der Ernten beim regelmässigen Ersatz, wenn der Landmann nicht mehr dem Felde gibt, als er ihm genommen hat, jährlich nur gering sein, aber nach einer Reihe von Jahren wird er die Erfahrung machen, dass er sein Geld in eine Sparkasse eingelegt hat, die ihm nicht nur hohe, sondern immer höhere Zinsen bringt. Seine Ernten müssen von einem gewissen Zeitpunkte an in einer regelmässigen Progression steigen, weil in dem Felde durch den Verwitterungsprozess dem vorhandenen Vorrath jährlich ein Bruchtheil von wirksamen Nährstoffen zuwächst, wodurch sein arbeitendes Kapital sich fortwährend vermehrt. Wenn er diesen Ersatz in der richtigen Weise gibt, so wird die Zukunft ihm die trostreiche Zuversicht verschaffen, dass erst dann seine Verbesserungen in der Bebauung seiner Felder, welche seither nur gesteigerte Mittel zu ihrer Beraubung in seiner Hand waren, zu wahren, dauernden Verbesserungen werden und seine Arbeit das wahre Gedeihen empfängt.

---
[1]) Liebig, d. Chemie i. i. A. auf d. Agr. etc., I. p. 128, 129.

„Wenn die Bevölkerungen ihrerseits sich mit den einfachen Naturgesetzen näher bekannt gemacht haben werden, deren Beachtung ihre zukünftige Wohlfahrt auf ewige Zeiten hinaus sicherstellt, wenn sie wohl in's Auge fassen, dass kein praktischer Landwirth im Stande ist, die Versicherung zu geben, dass **ohne Zufuhr von Düngstoffen** das Ertragsvermögen der Felder eines Landes auf die Dauer wiederherstellbar sei, dass, wenn diese Zufuhr abhängig vom Ausland ist, das Gleichbleiben und die Steigerung der Ernten und die Ernährung der zuwachsenden Bevölkerung an zufällige Ereignisse geknüpft ist, welche die Bevölkerung selbst nicht beherrschen kann, wenn zuletzt genaue statistische Erhebungen ergeben werden, dass auch im günstigsten Fall die Zufuhr von Düngstoffen von aussen in einer verhältnissmässig kurzen Zeit (auch ein halbes oder ganzes Jahrhundert ist in dieser Beziehung eine sehr kurze Zeit) ein Ende haben muss, so werden sie die Einsicht gewinnen, dass von der Entscheidung der Kloakenfrage der Städte, die Erhaltung des Reichthums und der Wohlfahrt der Staaten und die Fortschritte der Kultur und Zivilisazion abhängig sind."[1]

Die befriedigende Lösung dieser Frage würde ihre wohlthätige Wirkung in doppelter Weise äussern: nicht nur in der Verbesserung des Bodens, sondern auch in der Vergrösserung der mit Nahrungsmitteln für Menschen bebaubaren Fläche.

Der moderne Betrieb der Landwirthschaft kann einen grossen Viehstand nicht entrathen. Die Futterpflanzen holen mit ihren ausgedehnten Wurzeln die Nährstoffe aus dem Untergrunde und vermittelst ihrer grossen Blattentwicklung den Stickstoff aus der Luft. Diese Pflanzen werden verfüttert und die Stoffe, welche sie aus der Luft und dem Boden gezogen haben, in der Form des Mistes auf das Feld zurückgebracht um zum Aufbau des Kornes zu dienen. Das Vieh ist daher in der Fruchtwechselwirthschaft unentbehrlich, da es die Stoffe, welche die Futtergewächse gesammelt haben, in den Zustand versetzt, in welchem sie von den Kornpflanzen am leichtesten assimilirt werden können.

Nach Weckherlin ist bei den verschiedenen Ackerbausystemen folgendes Verhältniss nothwendig zwischen den Bodenflächen, welche mit Viehfutter bestanden sein müssen und denjenigen, welche mit Nahrungspflanzen für den Menschen bepflanzt werden dürfen, wenn nicht eine rasche Erschöpfung des Bodens eintreten soll:

	Prozent für verkäufliche Pflanzen	Prozent für Viehnahrung	Prozent für Brache
Dreifeldersystem	$28^4/_7$	$57^1/_7$	$14^2/_7$
holsteinische Wirthschaft . .	$33^1/_3$	$58^1/_3$	$8^1/_3$
mecklenburgische Wirthschaft .	$37^1/_2$	50	$12^1/_2$
vierfeldrige Fruchtwechselwirthschaft	50	50	
fünffeldrige Fruchtwechselwirthschaft	50	50	

---

[1] Liebig, d. Ch. in ihr. Anw. etc., I. p. 152.

	Prozent für verkäufliche Pflanzen	Prozent für Viehnahrung
sechsfeldrige Fruchtwechselwirthschaft	$57\tfrac{1}{7}$	$42\tfrac{6}{7}$
siebenfeldrige Fruchtwechselwirthschaft mit Rapsbau .	45	55
siebenfeldrige Fruchtwechselwirthaft ohne Rapsbau . .	50	50
achtfeldrige Fruchtwechselwirthschaft	45·8	54·2
fünffeldrige englische Fruchtwechselwirthschaft mit Verfütterung der Kartoffeln . .	40	60
fünffeldrige englische Fruchtwechselwirthsch. mit Branntweinbereitung und Verfütterung der Schlempe . . .	50	50 [1]

In keinem Falle sind daher bei der heutigen Betriebsweise weniger als 40 Perzent der anbaufähigen Bodenfläche der Erzeugung von Viehfutter gewidmet; in der überwiegenden Anzahl der Fälle sind 50 und mehr Prozent für diesen Zweck verwendet. Ersetzt man durch einen Wechsel geeigneter Düngemittel dem Boden stets das, was man ihm entzogen hat, so wird der Futterbau entbehrlicher, der Viehstand kann auf ein Minimum reduzirt werden und ebenso die zu seiner Ernährung bestimmte Bodenfläche, statt dass, wie heutzutage, mehr Land der Ernährung des Viehs als des Menschen dient.

Eine razionelle Bodenkultur erhöht also nicht nur den Ertrag einer gleich grossen Fläche, sondern erlaubt auch, eine bedeutend grössere Fläche, als bei der jetzigen Betriebsweise, der Kultur der für den Menschen bestimmten Nahrungsmittel zu übergeben.

Eine von richtigen Prinzipien geleitete Düngung ist das wichtigste Mittel, den Boden zu verbessern; alle andern Mittel können sie nur zeitweilig, nicht aber dauernd ersetzen. Wohl aber erhöhen sie die Wirkung der razionellen Düngung um ein Bedeutendes, wenn sie zugleich mit ihr angewendet werden. Ihre Anwendung ist daher überall geboten, wo es sich um die höchst mögliche Steigerung des Bodenertrages handelt.

Unter diesen Mitteln steht die Bewässerung der Düngung am Nächsten, weil sie gleich ihr eine Zufuhr frischer, im Boden nicht enthaltener Nährstoffe bewirkt, ihn also bereichert.

Das Wasser an und für sich ist schon Nahrung für die Pflanze, denn die nicht stickstoffhaltigen Pflanzenbestandtheile erzeugen sich nur aus Kohlensäure und Wasser. Den Boden bereichert aber das Wasser durch die fremden Bestandtheile, die es stets mit sich führt, die Mineralstoffe, die es aufgelöst in sich enthält und den feinen Sand, den es mechanisch mit sich führt, Bestandtheile, die nutzlos in das Meer geführt werden, wenn man nicht das Wasser während

---

[1] Zitirt bei Roscher, N. d. A., p. 91.

seines Laufes derart über eine kultivirte Bodenfläche ableitet, dass es seine Bestandtheile auf derselben ablagern kann. Hiezu kommt noch, dass die Nährstoffe der Pflanze in keiner geeigneteren Form zugeführt werden können, als in der des Rieselwassers. Im Nilthale sehen wir in der grossartigsten Weise, wie sehr die im Wasser enthaltenen Bestandtheile den Boden bereichern können. Die jährliche Nilüberschwemmung allein ermöglicht es, dass Aegypten seit Jahrtausenden Nahrungsmittel ausführen kann, ohne eine merkbare Abnahme seiner Fruchtbarkeit.

Trotz dieser Vortheile ist die Bereicherung des Bodens jedoch gewöhnlich nur ein nebensächlicher Zweck, den man durch die Bewässerung erreichen will. Viel wichtiger, wie als Nahrungsquelle ist das Wasser für die Pflanzen als Uebermittler der gelösten Nährstoffe des Bodens. Nur im Wasser gelöst, gelangen dieselben in die Wurzeln und aus denselben von Zelle zu Zelle in die äussersten Theile der Pflanze, gehoben durch die Sonnenwärme, welche an den Aussentheilen des Vegetabils eine stete Verdunstung erhält und so immer neues Wasser und mit demselben neue Nährstoffe heraufzieht. Die Wassermassen, welche die Pflanzen auf diese Weise verbrauchen, sind staunenerregend. „Hales fand, dass eine Sonnenblume täglich 1·5 Kilo Wasser verflüchtige; nach Saussure nimmt eine solche wenigstens 100 Kilo während ihrer Vegetazionszeit auf; Humboldt hat den Saftzustrom der amerikanischen Agave auf 54 Liter täglich geschätzt; nach Knop verdunstet eine Maispflanze während ihres Wachsthums das 36fache ihres Gewichtes an Wasser; die Wasserabgabe einer Getreidepflanze beträgt 150—250 Gramm, diejenige eines grossen Laubholzbaumes bis 25 Kilogramm täglich. Nach Unger verdunsten die Blätter von einem Hektar Reben 13.825 Hektoliter, von einem Hektar Rüben 18.025, von einem Hektar Grasland 29.925, von einem Hektar Wald, gleichviel, ob Laub oder Nadelholz, 36.750 Hektoliter Wasser während einer Wachsthumsperiode von 153 Tagen."[1]

Die Pflanzen benöthigen aber nicht nur eine grosse, sondern auch eine stetige Wasserzufuhr. Sobald die Wurzeln einer Pflanze nicht mehr mit feuchten Bodenbestandtheilen in Berührung sind, geht sie zu Grunde.

Da die athmosfärischen Niederschläge nicht immer genügen, um den zur Erhaltung und Entwicklung der Pflanzen nöthigen Feuchtigkeitsgrad des Bodens zu bewahren, bedient man sich der künstlichen Bewässerung, welche daher besonders in wärmeren Klimaten, wo das Ausbleiben der athmosfärischen Niederschläge fühlbarer ist, häufig vorkommen, wo manche Landstriche nur mit ihrer Hilfe kultivirt werden können. In Europa sind daher die meisten Bewässerungsanlagen in Spanien und Italien. Besonders in der Lombardei sind dieselben zur höchsten Vollkommenheit entwickelt. 450.000 Hektaren sind daselbst der Bewässerung theilhaftig; die Länge

---

[1] Hamm, die Naturkräfte in ihrer Anwendung auf die Landwirthschaft. München 1876, p. 66.

sämmtlicher lombardischen Bewässerungskanäle beträgt über 7000 Kilometer, welche per Sekunde 428 Kubikmeter Wasser liefern.[1]

Aber auch für nördlichere Gegenden sind Bewässerungsanlagen sehr zu empfehlen, und zwar tritt hier neben der Erhaltung des Feuchtigkeitsgrades die Düngerzufuhr viel stärker als bestimmendes Motiv auf, wie in wärmeren Ländern. Diesem Zweck allein dient die Aufschlemmung oder Colmatage, deren Wesen darin besteht, dass ein schlammführendes fliessendes Gewässer durch Verlangsamung seines Laufes gezwungen wird, seine erdigen Bestandtheile abzusetzen. Sogar Kiesbänke können auf diese Weise ertragfähig gemacht werden.

Selbst da, wo kostspielige Anlagen zur Leitung und Hebung des Wassers nothwendig sind, empfiehlt sich die Bewässerung, welche selbst in diesem Falle einen Gewinn abwirft.

Perels zeigt diess an zwei Beispielen, in denen die Dampfkraft zur Hebung des Wassers verwendet wurde. Auf der Anlage eines Herrn Zehe zu Wengelsdorf bei Weissenfels wurden 1869 1½ Hektaren Wiesen bewässert und gaben 20 Ztr. gutes, trockenes Grummet, indess 5 Hektaren ungewässerte Wiesen dicht daneben nur 6 Ztr. in schlechter Qualität lieferten. 1870 wurde der Versuch wieder nach der Heuernte im Juli wiederholt und 7½ Hektaren gut bewässert. „Ungeachtet des fruchtbaren und nassen Sommers war auf den ungewässerten Wiesen nur 32 Ztr. gutes Grummet gewachsen, während von den 7½ Hektaren gewässerter Wiesen 480 Zentner, also 64 Zentner pro Hektar, demnach im Ganzen 240 Zentner mehr geerntet wurden."

Die Bewässerungsanlagen des Freiherrn v. Welk bei Riesa bewässern 65 Acker Wiesen, deren jeder 75 Zentner Heu und Grummet gibt, à 1⅔ Thlr. an Werth. Nach der Grummeternte gewähren die Wiesen noch reichliche Weide für 40 Stück Kälber, welche Abends im Stalle nur Stroh aufgelegt bekommen. Der Werth der Weide wird auf 300 Thlr. veranschlagt. Die Kosten der Ernte abgerechnet, beträgt der Baarertrag rund 5000 Thaler, indess der frühere Ertrag per Acker im Durchschnitt auf 30 Thaler, im Ganzen also auf 1950 Thaler sich belief. Trotz der Kosten für die Bewässerungsanlagen und die Dampfmaschine zeigt der Ertragskalkul doch einen Mehrertrag gegen früher.

Der jetzige Baarertrag beträgt . . .	5000 Thaler
Davon ab: Der frühere „ „ . . .	1950 „
An Zinsen und Amortisazion: 5% der Bausumme für die Anlagen	500 „
„ „ „ „ 10% von 3000 Thlr. für Abnutzung der Maschine .	300 „
Unterhaltungskosten (Kohlen, Arbeitslohn etc.) . .	500 „
bleibt ein Mehrertrag von	1750 Thlrn.[2]

[1] Hamm, Nat. in i. A. auf d. Ldwthschft., p. 86.
[2] Emil Perels, die Anwendung der Dampfkraft in der Landwirthschaft. Halle 1872, p. 188 ff.

Der Nutzen der Bewässerung ist ein so in die Augen springender, dass diese Beispiele genügen dürften, denselben zu veranschaulichen. Bis jetzt hat man sich darauf beschränkt, die Wiesen zu bewässern, welche dieselbe auch am nothwendigsten brauchen, da die Gräser ein bedeutenderes Verdunstungsvermögen besitzen, als die meisten andern Kulturpflanzen. Aber angestellte Versuche haben dargethan, dass auch bei Feldern die Bewässerung einen günstigen Erfolg hat. Liebig sagt einmal in seinen chemischen Briefen: „wenn der Landwirth seine Felder beregnen lassen könnte zur **rechten Zeit**, wie der Blumengärtner seine Blumentöpfe wässert, so würden alle Pflanzen ein Maximum von Erträgen geben."[1] Diese Möglichkeit ist geboten mit Hilfe der künstlichen Bewässerung. Nicht nur die Bewässerung der Wiesen, sondern auch die der Felder ist daher unumgänglich nothwendig, wenn man den grösstmöglichen Ertrag dem Boden abringen will.

Wir haben gesehen, dass der hauptsächlichste Nutzen der Bewässerung darin begründet ist, dass jede Pflanze eines gewissen Feuchtigkeitsgrades zu ihrer Entwicklung und Erhaltung bedarf. Auf derselben Ursache beruht aber auch die Nothwendigkeit der Entwässerungsanlagen. Nicht nur zu wenig, sondern auch zu viel Wasser beeinträchtigt das Gedeihen der Gewächse. Das in der Erde stehende Wasser erkältet den Boden durch die grosse Verdunstung, es bringt die Wurzeln zur Fäulniss und verlangsamt den Umsatz der Nährstoffe. Die Entwässerung ist daher eine der wichtigsten Bodenverbesserungen.

Ursprünglich zog man zu diesem Behufe offene Gräben, dieselben werden jedoch in neuester Zeit immer mehr verdrängt durch die Drains, das ist, unterirdische Kanäle, welche einfacher herzustellen sind und nicht so viel Raum wegnehmen. Die vorzüglichste Art dieser Drains sind die Röhrendrains, welche aus Röhren aus gebranntem Thon bestehen, die man auf die Sohle schmaler Gräben genau aneinanderpassend legt, worauf man den Graben wieder zuschüttet. Da die Röhren nur aneinanderliegen, aber nicht verbunden sind, so dringt durch die Fugen das sich sammelnde Wasser in die Röhren und wird von diesen, da die Sohle des Grabens ein Gefäll haben muss, fortgeleitet.

Die Wirkung der Drainirung ist eine mannigfaltige, aber in jeder Richtung vortheilhafte. Sie führt nicht nur das Stauwasser ab und verhindert hiedurch ein Anfaulen der Wurzeln und eine Erkältung des Bodens, sondern erwärmt diesen sogar im Winter. In dieser Jahreszeit ist nämlich die Erde in einer Tiefe von 3—4 Fuss wärmer, als an der Oberfläche. Die von den Drainröhren aufsteigende Luft erhöht daher die Temperatur der Ackerkrume.[2] Durch die Beseitigung des stehenden Wassers im Boden wird auch eine, wenn auch schwache, so doch dauernde Luftzirkulation in den Erdschichten über

---

[1] Liebig, Chemische Briefe. p. 479.
[2] Liebig, d. Chem. in i. Anw. etc., II. Theil, die Naturgesetze des Feldbaues, p. 95.

den Röhren hergestellt und dadurch die Verwitterung der im Boden enthaltenen Nährstoffe befördert, die Summe der löslichen Nährstoffe vermehrt und damit die Höhe der Erträge gesteigert. Dabei vermindert die Drainirung die Bodenfeuchtigkeit nicht in schädlichem Masse, sondern verhindert blos die Nässe. Es ist sogar möglich, die Vortheile der Drainirung mit denen der Bewässerung zu kombiniren, wie diess bei dem Peter'schen Wiesenbauverfahren der Fall ist, bei dem das zugeführte Wasser durch Verschluss der Drains in dem Erdreich zurückgehalten werden kann. Es kann durch diese Kombinazion stetig derjenige Feuchtigkeitsgrad erhalten werden, welchen die Pflanze benöthigt, und weder allzu anhaltende Dürre noch übergrosse Nässe können ihr Etwas anhaben: zwei grosse Ursachen von Misswachs sind dadurch beseitigt.[1]

Aber auch ohne diese Kombinazion erhöht die Drainirung die Erträge bedeutend, und hat den Rohertrag schon kultivirten Bodens durchschnittlich um 20—30 Perzent gesteigert, wobei sie weniger Reparaturen fordert, als offene Gräben und gar keinen Bodenverlust bewirkt. Auf vielen Feldern ist die Kultur der Halmgewächse und besserer Futterpflanzen erst durch die Drainage möglich geworden.

Neben der Düngung und der Zu- und Ableitung von Wasser gibt es noch eine vierte Art, den Boden zu verbessern: die seiner mechanischen Bearbeitung.

Ihr Nutzen ist ein doppelter.

Unter Mitwirkung des Wassers erfolgt allerdings der Uebergang der Nährstoffe in die Wurzel; allein dieselben sind an die Ackerkrume gebunden und können sich mit dem Wasser im Boden nicht fortbewegen. Die Wurzeln entziehen diese Stoffe nur denjenigen vom Wasser durchdrungenen Theilen der Ackerkrume, die sich in Berührung mit ihrer aufsaugenden Oberfläche befinden. Die Nahrung sucht nicht die Wurzel, sondern die Wurzel die Nahrung. Es ist daher sowohl nothwendig, dass den Wurzeln die Bahn frei gemacht wird, als auch die Nährstoffe ihnen so nahe als möglich gebracht, also möglichst gleichförmig im Ackerboden zertheilt werden.

„Ein Knochenstück von 2 Loth (= 30.000 Milligramme) in einem Kubikfuss Erde hat keinen merklichen Einfluss auf dessen Fruchtbarkeit; sind aber diese 30.000 Milligramme fosforsauren Kalkes in allen Theilen der Erde gleichmässig vertheilt und verbreitet, so reichen sie hin für die Ernährung von 120 Weizenpflanzen; 10.000 Milligramme Nahrungsstoff von 100 Quadratmillimeter Oberfläche sind in derselben Zeit nicht wirksamer als 10 Milligramme von derselben Oberfläche; von zwei Feldern von gleichem Gehalt an Nahrungsstoffen kann das eine sehr fruchtbar sein, während auf dem andern die Pflanze nicht gedeiht, wenn in dem ersten die Nahrung mehr und gleichmässiger als in dem andern vertheilt und verbreitet ist."

„Wenn das Feld eine Ernte liefern soll, welche seinem vollen Gehalt an Nahrungsstoffen entsprechend ist, so gehört hiezu als nächste und wichtigste Bedingung, dass seine fysikalische Beschaffenheit auch

---
[1]) Hamm, d. N. in i. Anw. auf d. L., p. 96.

den feinsten Wurzeln gestatten muss, an die Orte zu gelangen, wo sich die Nahrung befindet; der Boden darf ihre Ausbreitung durch seinen Zusammenhang nicht hindern. Pflanzen mit feinen dünnen Wurzeln gedeihen in einem zähen schweren Boden nicht mehr, auch wenn er reich an mineralischer Nahrung ist." [1])

Die mechanische Bearbeitung mengt den Boden, und bringt dadurch den Wurzeln die Nahrung so nahe als möglich; sie lockert ihn und ermöglicht es ihnen dadurch, dieselbe zu suchen. Aber nicht in dieser Richtung allein verbessert die mechanische Bearbeitung den Boden, sondern auch dadurch, dass sie die Wirkungen der Athmosfäre auf denselben erhöht, die Verwitterung erleichtert und dadurch die Menge der Nährstoffe, welche aufnehmbar für die Vegetabilien sind, vermehrt. Sie bewirkt diess ferner noch dadurch, dass sie aus dem Untergrunde den Wurzeln Stoffe zuführt, welche denselben sonst nicht erreichbar wären. Die mechanische Bearbeitung ist daher eine der wichtigsten Arbeiten des Landwirthes.

Neben dem Spaten, dem Grubber, der Egge und Walze dient diesem Zwecke vorzüglich der Pflug. Die Konstrukzion des Pfluges ist für die Höhe des Bodenertrages von einer Bedeutung, welche nicht hoch genug geschätzt werden kann. Von den Fortschritten im Bau des Pfluges ist der Fortschritt der Landwirthschaft in grossem Masse abhängig.

England und Flandern haben gewetteifert in der Verbesserung des Pfluges, aber auch die besten mit Gespannen bewegten Pflüge vermögen nicht den Boden so tief und so energisch zu bearbeiten, als die Wissenschaft es verlangt. Die Tiefkultur ist eine der unabweislichsten Bedingungen einer intensiven Landwirthschaft; aber die Spannkraft reicht zu ihrem Betrieb nicht aus, dieser bedarf einer Kraft, gewaltiger als die des Stieres und des Pferdes: das ist der Dampf.

Die Dampfbodenkultur ist es, welche am wirksamsten der Uebervölkerung entgegenarbeiten und die Bodenerträge zu unglaublicher Höhe steigern wird, ihr gehört die Zukunft, ja noch mehr, ohne sie ist eine glückliche Zukunft nicht möglich.

Allerdings ist der Dampfpflug nur unter bestimmten Verhältnissen anwendbar und arbeitet am besten auf ebenen Flächen, aber auch auf wellenförmigem Terrain ist seine Anwendung noch möglich. Erschwert ist dieselbe nur dort, wo erhebliche Terrainschwierigkeiten sich finden, wo viele und grosse Steine im Boden liegen, wo Baumwurzeln nicht vollständig ausgerodet sind, auf versumpften Aeckern und sehr kleinen Parzellen. Fast alle diese Hindernisse können vom Menschen, manche mit leichter Mühe entfernt werden.

Diess und die hohen Anschaffungskosten sind die einzigen Nachtheile der Dampfkultur gegenüber der Spannkultur. Sie sind verschwindend klein gegenüber den gewaltigen Vortheilen der Dampfbodenkultur.

---

[1]) Liebig, chemische Briefe, p. 130, 131.

Eine der bedeutendsten Autoritäten auf diesem Gebiete, Perels, welcher auch eine Monografie über die Dampfkultur herausgegeben hat („Die Dampfbodenkultur", Berlin 1870), spricht sich folgendermassen über ihre Vorzüge aus: „1. Es ist zweifellos und wird auch von keiner Seite bestritten, dass die Arbeit des Dampfpfluges eine weitaus bessere ist, als die des Spannpfluges. Vor Allem liegt diess an der höheren Geschwindigkeit, welche ein gründliches Ueberwerfen der Erdschollen bewirkt. Der Boden wird hoch aufgeworfen, so dass die harten Erdklösse beim Niederfallen vollständig zertrümmern. Am deutlichsten zeigt sich der Vorzug des Dampfpflügens bei der Bearbeitung eines nassen Bodens. Hier klatscht beim Arbeiten des Spannpfluges Furche auf Furche; von einem wirklichen Oeffnen des Bodens zum Zwecke der Einwirkung der Luft, des Frostes u. s. w. ist keine Rede. Der Dampfpflug, vor Allem der Dampfgrubber, öffnet einen solchen Boden auf das vollständigste; die einzelnen Schollen werden vollständig übereinandergeworfen, so dass der Acker nahezu das Aussehen eines Gletscherfeldes erhält. Dass hier bei gutem Froste im Winter und späterer Nacharbeit mittelst der Dampfegge der Boden eine ganz andere Struktur, eine weit grössere Mürbigkeit erhält, zeigt selbst die oberflächliche Besichtigung derartiger Aecker.

„Für die Beurtheilung der qualitativen Arbeit des Dampfpfluges muss man ferner berücksichtigen, dass mit dem Wegfalle der Zugthiere jeder Fusstritt auf den gepflügten Aeckern vermieden wird. Man macht sich in der Regel nicht klar, welchen nachtheiligen Einfluss die Hufe der Zugthiere auf den Boden ausüben. Vier Ochsen am Pflug verursachen bei einer Furchenbreite von 31 Centimeter mehr als 400.000 Fusstritte pro Hektar, also pro Quadratmeter 40 Tritte; hiezu kommen noch die Tritte beim Eggen, Grubbern, Walzen und Säen. Die breiten Hufe der schweren Zugthiere kneten und pressen den Boden immer wieder zusammen, so dass man in der That staunen muss, dass diese Behandlung das Wachsthum der Pflanzen nicht noch mehr behindert.

„**Die bessere Arbeit des Dampfpfluges spricht sich in einer grösseren Erntesicherheit und grösseren Ernteerträgen aus; es ist diess überall da nachgewiesen, wo der Dampfpflug mehrere Jahre hindurch im Betrieb war.**

„2. Ein weiterer Vorzug der Dampfkultur besteht darin, dass man die Bodenbearbeitung rechtzeitig beginnen und vor Eintritt des Spätherbstes beendigen kann. Unmittelbar nach der Ernte, also zu einer Zeit, in welcher in den meisten Wirthschaften weder Arbeiter noch Spannvieh zum Pflügen verfügbar sind, ist man im Stande, mit dem Umbrechen der Felder zu beginnen. In der Regel beginnt das Stoppelpflügen erst, nachdem die günstigste Zeit verstrichen ist, oft nur an den Tagen, in welchen die Arbeiter wegen zu schlechter Witterung ruhen müssen. Dass ein Boden, welcher unmittelbar nach dem Abernten den wohlthätigen Einwirkungen der Atmosfäre blosgelegt wird, eine ganz andere Struktur annimmt, als wenn er bis zum Spätherbste geschlossen liegt, bedarf hier keiner weiteren Ausführung.

„3. Der Dampfpflug verlängert die Bestellzeit, d. h. in Zeiten, in welchen das Vieh wegen der vorhandenen Feuchtigkeit noch zu tief einsinkt, lässt sich der Boden mit dem Dampfpflug bereits ganz vortrefflich bearbeiten. Im Spätherbste, wenn sonst die Arbeit eingestellt werden müsste, arbeitet der Dampfpflug noch ohne erhebliche Schwierigkeiten, so dass die Bodenbearbeitung vor Eintritt des Winters beendigt werden kann. Namentlich für Gegenden, in welchen der Winter sehr zeitig eintritt, ist dieser Vortheil des Dampfpfluges gebührend zu berücksichtigen." [1])

Es ist wohl unnöthig, die Vorzüge des Dampfpfluges noch weiter auseinanderzusetzen. Es steht fest, dass die Dampfkultur, neben der Bewässerung und Entwässerung, besonders aber neben einer razionellen Düngung, das vorzüglichste Mittel ist, um auf gleicher Fläche höhere Erträge zu gewinnen, als diess heute im Durchschnitt der Fall ist.

Mit diesem Bestreben muss aber ein zweites Hand in Hand gehen: mit einer gleichen Menge Nährstoffe ein grösseres Produkt zu gewinnen, als heutzutage gewöhnlich gewonnen wird. Diess ist möglich mit Hilfe der methodischen Züchtung, welche nur diejenigen Thiere und Pflanzen züchtet, welche den Bedürfnissen des Menschen so viel als möglich entsprechen und so die Rassen immer mehr verbessert und zu einem bestimmten Zweck tauglich macht. Diese Verbesserung kann in zweierlei Richtung vor sich gehen: erstens muss man trachten, dahin zu gelangen, dass bei den Thieren und Pflanzen die dem Menschen unnützen Organe so wenig als möglich entwickelt, die für ihn nützlichen dagegen zur äussersten Grenze der Vollkommenheit gebracht werden. Zweitens muss das Streben dahin gehen, dass das betreffende Wesen so bald als möglich den Zustand der Vollkommenheit erreiche, dass es früher reif werde, als bisher.

In beiden Beziehungen hat die methodische Zuchtwahl Wunder gewirkt. Der Kopf z. B. ist bei den meisten Mastthieren etwas Unwichtiges, da man ihn fast gar nicht verwerthen kann. Der Kopf der kultivirten Schweine ist denn auch sehr verkürzt. Seine Länge verhält sich zu der des Körpers bei gewöhnlichen Rassen wie 1:6, bei Kulturrassen wie 1:9, ja neuerdings wie 1:11. Auch das Borstenkleid, so wie die Stosszähne sind bei den domestizirten Rassen viel weniger entwickelt, als bei den wilden. Von den Beinen der Schweine sagt ein Züchter: „Die Beine brauchen nicht länger zu sein, als gerade zu verhüten, dass das Thier den Bauch auf dem Boden hinschleppt. Das Bein ist der wenigst vorteilhafte Theil des Schweines und wir brauchen daher nicht mehr von ihm, als absolut nothwendig ist, um den Rest des Körpers zu unterstützen." „Man mag nun," fährt Darwin fort, welcher diesen Ausspruch zitirt, „den wilden Eber

---

[1]) Perels, d. Anw. d. D. in d. L., p. 307 ff.

mit irgend einer veredelten Rasse vergleichen, und wir sehen, wie wirksam die Beine verkürzt worden sind." [1])

Beim Rinde sind die Hörner etwas ganz Ueberflüssiges. Wir finden denn auch hornlose Rinderrassen, wie zum Beispiel das Galloway und Suffolk Rind, welches die letzten 100 oder 150 Jahre hornlos gewesen ist. Den Triumf der methodischen Zuchtwahl bildet aber das Durham Rind, auch Shorthorn Rind von den Engländern genannt, welches die englischen Oekonomen für ein wahres Prachtvieh erklären, indess Brehm es ein „wahrhaft abscheuliches Erzeugniss fortgesetzter planmässiger Züchtung" nennt. Sein Fleischertrag übertrifft den sämmtlicher andern Rassen, und es sollen einzelne Stiere an 3.000 Kilogramm (? nach Brehm, nach Fitzinger 3.000 Pfund) schwer werden. Unablässig sind die Züchter bemüht, neue Verbesserungen an dieser Rasse vorzunehmen. „In der Anatomie der Schulter," sagt einer derselben, „haben neuere Züchter bei den Ketton Shorthorns bedeutende Verbesserungen insoferne bewirkt, als sie die Lücke in dem Knöchel des Schultergelenkes korrigirten und als sie die Spitze der Schulter nach dem Halse zu legten und hiedurch die Vertiefung hinter ihr ausfüllten." [2])

Durch derlei Korrekturen der Natur erreicht man es, dass mit demselben Aufwand an Futter etc. mehr Fleisch, also mehr Lebensmittel erzeugt werden als bisher. Zu diesen Korrekturen gehört auch die Vergrösserung des Gewichtes der Thiere. Verdopple ich das Gewicht eines Ochsen, so trifft diese Zunahme zum grössten Theil das Fleisch und Fett, indess das Knochengerüst in geringerem Masse von derselben affizirt wird. Ein grosses Thier braucht auch verhältnissmässig weniger Nahrung, als ein kleines. „Bei Thieren, die so vollgefüttert wurden, dass sie nicht Alles aufzehrten, brauchten die grossen $1/32$, die kleinen $1/31$ ihres Gewichtes. Der Ztr. Heuwerth brachte bei der grossen Kuh 11, bei der kleinen 10 Groschen; 100 Pfund grüner Luzerne dort 5·9, hier 4·4 Quart Milch." [3]) Mit der Entwicklung der Viehzüchtung wächst daher auch die Grösse des Viehes. „In England war das mittlere Gewicht eines Schlachtochsen um das Jahr 1547 unter 400 Pfd., unter Jakob I. 600 Pfd., 1795 800 Pfd.; die Schöpse hatten sich gleichzeitig von 44—46 auf 80 bis 85 Pfund erhoben. Das Gewicht des blossen Fleisches war:

	bei Ochsen	Schlachtkälbern	Schafen	
1710	370 Pfd.	50 Pfd.	28 Pfd.	
1845	800 „	140 „	80 „	(mit den Knochen.)" [4])

Heutzutage kommen englische Hämmel auf den Markt, welche 250 Pfd. Fleischergewicht, Shorthornochsen, von denen Talg, Haut und die vier Viertel über 2.500 Pfund wiegen. Ein erwachsenes wildes Kaninchen wiegt $3 1/4$ Pfund, ein englisches hängohriges dagegen 8—10 Pfund, ja, eines. wurde ausgestellt, das 18 Pfund

---

[1]) Darwin, d. Variiren d. Th. u. Pfl., II. p. 261.
[2]) Zitirt bei Darwin, d. V. d. Th. u. Pfl., II. p. 261.
[3]) Roscher, N. d. A., p. 583.
[4]) Roscher, N. d. A., p. 91.

wog.¹) Auch bei dem Geflügel ist eine Zunahme des Gewichtes bei veredelten Rassen bemerkbar. „Die während der letzten Jahre stetige Gewichtszunahme bei unseren Hühnern, Truthühnern, Enten und Gänsen ist notorisch. 6 Pfund schwere Enten sind jetzt allgemein, während früher 4 Pfund das Mittel war."²)

Aehnliche Erfolge hat man auch mit Pflanzen erzielt. Die Zuckerrübe z. B. hat seit ihrer Kultur in Frankreich den Ertrag an Zucker fast verdoppelt. Diess ist nur durch die sorgfältigste Zuchtwahl bewirkt worden.

Hand in Hand mit dem Bestreben nach Entwicklung der nutzbaren und Verkümmerung der nutzlosen Theile sowie nach der Zunahme des Gewichtes, geht das Bestreben nach der Frühreife. Auch in diesem Punkte hat die künstliche Zuchtwahl bedeutende Erfolge zu verzeichnen. Die Shorthorns werden viel früher reif, als die wilden Rassen von den Hochlanden oder von Wales. Sechs Monate früher als bei diesen treten bei jenen die bleibenden Schneidezähne auf. „Vor 20 Jahren wurden die englischen Schafe gewöhnlich erst mit 3—4 Jahren für den Smithfieldmarkt reif, jetzt schon mit zwölf Monaten. Jetzt kommen schottische Ochsen von nicht 2 Jahren auf den Londoner Markt, die 80—100 Stein wiegen, früher brauchte man wenigsten $3^{1}/_{2}$—4 Jahre dazu."³)

Der Vortheil einer solchen Frühreife ist in die Augen fallend. Wenn sonst das Vieh erst mit drei Jahren reif wurde, und man bringt es dahin, dass es nun in einem Jahre reif wird, so kann ich in derselben Zeit und mit fast demselben Aufwand an Nährstoffen eine dreimal so grosse Bevölkerung mit Fleisch versorgen, als früher. Eine sorgfältige Züchtung kann daher die Erweiterung des Nahrungsspielraumes sehr unterstützen, umsomehr, da heutzutage die veredelten Rassen noch wenig verbreitet und wir noch nicht an der Grenze der Vervollkommung der Rassen angelangt sind. Darwin, dessen Stimme in dieser Sache sicher entscheidend ist, äussert sich darüber folgendermassen: „Wenn wir die bedeutende Veredlung betrachten, die in neuerer Zeit an unserem Rind und Schaf und besonders an unseren Schweinen vor sich gegangen ist, wenn wir die wunderbare Gewichtszunahme an unserem Hausgeflügel aller Arten während der letzten wenigen Jahre ansehen, so würde es kühn sein, zu behaupten, dass die Vollkommenheit bereits erreicht sei."

„Darüber kann kein Zweifel bestehen, dass methodische Zuchtwahl wunderbare Resultate hervorgebracht hat und hervorbringen wird."

„Wenn wir auch die äusserste Grenze, bis zu welcher gewisse Charaktere modifizirt werden können, erreicht haben mögen, so sind wir doch, wie wir anzunehmen guten Grund haben, weit davon entfernt, in der Mehrzahl der Fälle diese Grenze erreicht zu haben."¹)

---

¹) Darwin, d. V. d. Th. u. Pfl., I. p. 158.
²) Darwin, d. V. d. Th. u. Pfl., II. p. 266.
³) Roscher, N. d. A., p. 66.
⁴) Darwin, d. V. d. Th. u. Pfl., II. p. 321, 327, 329.

Die Verbesserung der Thier- und Pflanzenarten ist also möglich, ebenso wie die Verbesserung des Bodens. Die dritte mögliche Verbesserung ist die der landwirthschaftlichen Geräthe und Maschinen, dahin, dass dieselben so wenig als möglich unnütz vergeuden.

Die Vergeudung kann eine zweifache sein: von Kraft und von Stoff. Da aber die Ausgabe von Arbeitskraft durch Aufnahme von Nahrung wieder ersetzt werden muss, so ist in letzter Linie auch die Vergeudung von Arbeitskraft eine Vergeudung von Nahrungsmitteln.

Ersparungen an menschlicher Arbeitskraft ermöglichen es, dasselbe Produkt wie heutzutage mit geringerer Menschenanzahl, mit gleicher Menschenanzahl ein grösseres Produkt zu erzielen Ersparungen an thierischer Arbeitskraft ermöglichen es aber auch, den Viehstand zu verringern und damit die zur Ernährung des Menschen dienende Bodenfläche zu vermehren. Die Vortheile der Ersparung von Nährstoffen sind von selbst in die Augen fallend.

Als Beispiele arbeitsparender Maschinen mögen gelten die Mähmaschine, die Heuwendemaschine und der Pferderechen. Die Heuwendemaschine z. B. ermöglicht es, dass 20 Menschen, welche bis zu ihrer Einführung mit dem Rechen das Heu bearbeiten mussten, nun auf andere Weise den Nahrungsspielraum erweitern helfen. Fast alle andern Maschinen können zu den arbeitsparenden gerechnet werden und ist es auch einer der oben nicht angeführten Vortheile der Dampfbodenkultur, dass sie den Viehstand zu reduziren erlaubt. Aber wenn auch die Ersparniss an, besonders menschlicher, Arbeitskraft heutzutage das Hauptmotiv für die Einführung der Maschinen ist, wo man sie vorzugsweise als Kampfmittel gegen die Arbeiterklasse betrachtet, so liegt doch darin nicht ihre grösste Bedeutung für die Vermehrung des Ertrages der Landwirthschaft. Wenn ihre Anwendung unentbehrlich ist, soll das Maximum des möglichen Ertrages erreicht werden, so ist diess bei den meisten Maschinen der Ersparniss an den Stoffen, welche sie verarbeiten, zuzuschreiben.

Man bedenke nur, wie viele Nahrungsstoffe beim Mahlen allein verloren gehen, wie viele durch die Art und Weise, heutzutage das Brot zuzubereiten, namentlich dadurch, dass die Kleie nicht mit dem Mehl zu Brot verbacken wird. Es ist diess eine Verschwendung, da dadurch ein grosser Theil der im Korn enthaltenen Nahrungsstoffe dem Menschen verloren geht.

„Der Weizen," sagt Liebig, „enthält nicht über 2 Prozent unverdauliche Holzsubstanz, und eine vollkommene Mühle im weitesten Sinn sollte nicht über diese Quantität an Kleie geben; aber unsere besten Mühlen geben immer noch 12—20 Prozent (10 Theile grobe, 7 Theile feine Kleie und 3 Theile Kleienmehl), die gewöhnlichen Mühlen bis 25 Prozent an Kleie, welche 60—70 Prozent der nahrhaftesten Bestandtheile des Mehls enthält.

„Es ist einleuchtend, dass mit dem Verbacken des ungebeutelten Mehls die Brotmasse mindestens um $1/6$—$1/5$ vergrössert, und der Preis des Brotes um den Unterschied des Preises der Kleie (als Viehfutter) und des Mehls erniedrigt werden kann. Als Zusatz zum

Mehl hat die Kleie in Zeiten des Mangels einen weit höheren Werth und ist durch keinen andern Nahrungsstoff ersetzbar. Die Absonderung der Kleie vom Mehl ist eine Sache des Luxus, und für den Ernährungszweck eher schädlich als nützlich."[1])

Unser Bestreben muss also dahin gehen, entweder das Verhältniss der Kleie zum Mehl zu vermindern oder die Kleie als Nahrungsmittel zu vernutzen. Wie sehr verbesserte Mühlen es ermöglichen, mit derselben Menge Nährstoffe mehr Menschen zu ernähren, ersieht man aus der Thatsache, dass im siebzehnten Jahrhundert der jährliche Verbrauch eines Mannes nahe auf 712 Pfund Weizen geschätzt wurde, während heutzutage in Folge der verbesserten Mühleneinrichtungen fast zwei Mann von derselben Quantität ihren Jahresbedarf bestreiten können.

Aber noch ehe das Korn in die Mühle kommt, schon beim Dreschen lassen sich bedeutende Ersparnisse erzielen durch Einführung von Dreschmaschinen. Das Dreschen mittelst Handarbeit ist stets von einem Körnerverlust von etwa 10 Perzent begleitet, so dass der zehnte Theil der Ernte verloren geht, indess die Dreschmaschine einen nahezu vollkommenen Reindrusch ermöglicht. Macculloch hat berechnet, dass im britischen Europa allein die allgemeine Verbreitung der Dreschmaschine einen Mehrertrag von 2½ Millionen Quarter jährlich gewähren würde. Unter den Dreschmaschinen selbst ist die mit Dampf betriebene viel vollkommener als die Handdresch- und Göpeldreschmaschine, welche mit menschlicher oder thierischer Kraft bewegt werden. Die Dampfdreschmaschine reinigt während ihrer Arbeit das Getreide und sortirt gleichzeitig die Körner nach der Grösse. Auch erlaubt sie das Dreschen unmittelbar nach der Ernte auf freiem Felde, wodurch die Verluste an Körnern vermieden werden, welche beim Auf- und Abladen entstehen.[2])

Auch beim Ernten können Vortheile erzielt werden durch die Mähmaschinen, aber bei ihrer Konstrukzion war man vor Allem darauf bedacht, die menschliche Arbeitskraft, welche gerade zur Zeit der Ernte am gesuchtesten ist und daher am leichtesten höhere Lohnforderungen stellen kann, überflüssig zu machen. Ihr hauptsächlichster Zweck ist heutzutage, als Waffe des Kapitals gegen die Arbeit zu dienen.

Beim Säen dagegen sind mit Hilfe der Maschinen grosse Vortheile zu erzielen. Man säe nur die schönsten und schwersten Körner, um durch diese künstliche Zuchtwahl ein möglichst vollkommenes Produkt zu erzielen. Die Römer lasen die Saatkörner mit der Hand aus, der konservative Bauer strebt dasselbe an durch das Worfeln mit der Schaufel, da nach dem Gesetze der Schwere natürlich die schwersten Körner zuerst niederfallen, die leichtesten am weitesten fliegen. Viel vollkommener erreicht diess die Getreidereinigungs-

---

[1]) Liebig, Chemische Briefe, p. 334.
[2]) Perels, die Bedeutung des Maschinenwesens für die Landwirthschaft, p. 26. Roscher, N. d. A., p. 103.

maschine, falls man nicht eine Dampfdreschmaschine anwendet, welche bereits beim Dreschen diese Arbeit verrichtet.

Nicht nur die Auswahl des Saatkornes, sondern auch die Art und Weise des Säens hat einen grossen Einfluss auf das Gedeihen der Saat. Auch wird durch eine razionelle Art des Säens viel Saatgut erspart, ein Gewinn, der nicht zu gering angeschlagen werden darf. Die Arbeit des Säens kann heutzutage ebenfalls von Maschinen vollzogen werden, welche dieselbe viel besser verrichten, als der Mensch. Die Saat erfolgt theils breitwürfig, regellos vertheilt — diess ist die unvollkommenste, aber auch gewöhnlichste Art des Säens. Ihr Erfolg hängt grossentheils von der Uebung und Geschicklichkeit des Säemanns ab. Vollkommener ist die Drillkultur, die Saat in ununterbrochenen Reihen, am vollkommensten aber die Dibbelkultur, bei welcher die Saat in einzelnen Horsten, in unterbrochenen Reihen gelegt wird.

„Die letzte Methode," sagt Perels, „ist die vollkommenste. Ein Vereinzeln der Pflanzen gibt denselben Raum, um die Wurzeln nach allen Richtungen hin auszudehnen; die Erträge werden dadurch um ein Bedeutendes erhöht; auch hat man namentlich bei Zerealien hiedurch ausserordentlich günstige Resultate für den Strohertrag erzielt. Leider ist es noch nicht gelungen, die Ausbildung der Dibbelmaschinen so weit zu fördern, dass bereits zu einer umfassenden Anwendung derselben gerathen werden kann. Aehnliche Vorzüge bildet die Drillkultur; es sei hier gleich vorausgeschickt, dass die Ausbildung der zu dieser erforderlichen Maschine bereits so vorgeschritten ist, dass dieselbe den Anforderungen der Landwirthschaft vollständig genügt. Die Drillkultur gestattet ein Bearbeiten des Bodens zwischen den Pflanzen während des Wachsthums; man ist ferner im Stande, das Unkraut durch das Behacken zu entfernen, die Erde zu lockern, und so einen reichlichen Luftzutritt zu den Wurzeln zu ermöglichen. Ausserdem hat die Drillkultur eine beträchtliche Ersparniss an Samen zur Folge, da die Pflanzen sich nach allen Richtungen hin ausdehnen, wenn der entsprechende Raum hiezu vorhanden ist. Je mehr Lücken in den Aussaatflächen vorhanden, desto reichlicher verzweigen sich die einzelnen Halme, wie durch vielfache Versuche festgestellt ist. Eisbein, der bekannte Drillkultivator, bemerkt hiezu:

„„Ich habe im Jahre 1861 auf gut besetzten Winterrübenfeldern eine Menge von Pflanzen gefunden, die 20—30 Halme hatten, dessgleichen Sommerweizen mit 10—12, Sommergerste mit 6—10; im Frühjahr 1860 fand ich einzelne Pflanzen von gedrilltem und breitwürfig gesäetem Hafer mit 20—25 Halmen; auf der Ausstellung zu Wien im Jahre 1857 sah ich eine Gerstenpflanze mit 65 Halmen. Die Erscheinung hat ihre Begründung in gewissen Naturgesetzen, welche die Pflanzenfysiologie im Verein mit der Landwirthschaft noch weiter aufzuklären hat; einstweilen wissen wir, dass bei freier Ausdehnung nach allen Seiten, reichlichem Vorhandensein von löslicher Pflanzennahrung im Boden und bei kühler Temperatur, welche das schnelle Aufschiessen verhindert, fast alle unsere Kulturpflanzen einer kaum geahnten Entwicklung fähig sind u. s. w. Die Samen dieser einzeln stehenden, reichlich bestaudeten Pflanzen sind dann gewöhnlich auch so kräftig und vollkommen entwickelt, dass häufig 100 Körner von solchen Pflanzen mehr wiegen, als 200 oder 300 Körner von dicht besetzten Ackerstellen."

„Die Samenersparniss bei der Drillkultur wiegt nicht nur die Kulturkosten selbst sehr reichlich auf, sondern macht auch die Drillkulturgeräthe in kürzester Zeit bezahlt. Die Drill- und Dibbelkultur beruhen auf der Anwendung von Maschinen; beim Betrieb im Grossen ist Handarbeit nicht möglich. Nur beim breitwürfigen Säen konkurrirt die Maschine, die Breitsäemaschine mit der Handarbeit, aber auch hier hat die Erfahrung einer langen Reihe von Jahren bereits zu Gunsten der Maschine gesprochen."

„Eisbein weist nach, dass, wenn im preussischen Staate (vor 1866) von den 49 Millionen Morgen vorhandener Ackerfläche 20 Mill. Morgen gedrillt würden, hiedurch 8,032.500 Zentner menschliche Nahrungsmittel und ausserdem 2,550.000 Zentner Hafer Ersparniss in sicherer Aussicht ständen, und dass hiedurch, wenn nach Lingenthal ein erwachsener Mensch in 365 Tagen an Ackerprodukten (exkl. Kartoffeln) 445 Pfund verzehrte, durch diese Ersparnisse 1,805.056 Menschen mehr ernährt werden könnten. Er schliesst daraus, dass die Bevölkerung einer ganzen Provinz Jahr aus Jahr ein ihren Bedarf an Mehl, Brot (ohne Kartoffeln) von diesen Ersparnissen decken könne, die auf nur $2/5$ des mit Brotfrüchten alljährlich in Preussen bestellten Kulturlandes durch die Drillsaat gemacht würden.

„Von den ersparten $2\frac{1}{2}$ Millionen Zentner Hafer aber würde man den jährlichen Bedarf für 56.666 Pferde bequem bestreiten können, wenn ein jedes Pferd täglich 4 Metzen oder $12\frac{1}{2}$ Pfund, mithin per Jahr 45 Zentner Hafer erhält. Das ist die volkswirthschaftliche Bedeutung der Drillkultur."[1]

Solche Erfolge können erzielt werden blos durch eine Aenderung in der herkömmlichen Art des Säens! Wer kann es da wagen, zu leugnen, dass durch eine kombinirte Anwendung sämmtlicher Verbesserungen in ganz Europa, durch Bewässerungs- und Entwässerungsanlagen, durch die Veredlung der Hausthiere, durch Ersetzung von menschlicher und thierischer Arbeitskraft, durch die mächtige Hilfe des Dampfes, Verbesserungen, deren jede für sich allein für Millionen Menschen Nahrungsmittel schafft, wer kann es wagen, zu leugnen, dass mit Hilfe aller dieser Verbesserungen die Lebensmittel ebenso schnell, ja schneller vermehrbar wären, als das Menschengeschlecht?

Die Erweiterung des Nahrungsspielraumes ist nicht eine allmälige, nach bestimmten Verhältnissen zunehmende, sondern eine sprunghafte. Es gibt Epochen, in denen die Lebensmittel langsamer wachsen, als die Bevölkerung, es gibt aber auch Epochen, in denen sie der Bevöl-

[1] Perels, Maschinenwesen, p. 15—17, 19.

kerung voraus sind. Diess sind die Zeiten neuer landwirthschaftlicher Erfindungen und Aenderungen des Betriebes.

Die Erfindungen wären da, aber der Betrieb fehlt, der sie in ihrer höchsten Vollkommenheit ausnützt. Alle die oben berührten Verbesserungen sind, weit entfernt, sich eingebürgert zu haben, nur in Ausnahmsfällen angewendet worden, das Volk ist von ihnen unberührt geblieben. An Stelle der modernen Betriebsweise ist daher eine solche zu setzen, welche die allgemeine Einführung dieser Verbesserungen ermöglicht und begünstigt.

In der modernen Produkzionsweise gibt es zwei Arten des Betriebes: Gross- und Kleinbetrieb, beide basirend auf dem Prinzip des Privateigenthums an Grund und Boden. Welche dieser beiden Betriebsweisen in der Landwirthschaft vorzuziehen sei, diese Frage ist eine der brennendsten der politischen Oekonomie, und es ist bis jetzt noch nicht gelungen, eine Einigung in derselben zu erzielen. Wenn man aber fragt, welche von diesen beiden Betriebsweisen Verbesserungen mehr fördert, dann wird fast einstimmig zugestanden, dass der Grossbetrieb in dieser Beziehung den Vorzug verdiene.

Ihm allein steht das nöthige Kapital zur Verfügung, um Meliorazionen vorzunehmen und Maschinen anzuschaffen. Die einzige unter den neueren landwirthschaftlichen Maschinen, welche sich bei dem Kleinbetrieb eingebürgert hat, ist die Dreschmaschine, aber auch die nicht in ihrer vollkommensten Form. Dampfmaschinen sind nur dem Grossbetrieb zugänglich, sie aber sind die vorzüglichsten aller Maschinen. Allerdings empfiehlt man die Bildung von Genossenschaften kleiner Landwirthe zur gemeinsamen Anschaffung von Maschinen, allein die Erfahrung spricht nicht zu ihren Gunsten.

Perels, eine Autorität in Beziehung auf landwirthschaftliche Maschinen, sagt: „Ich bin im Allgemeinen kein zu grosser Freund von Maschinen-Genossenschaften, und habe auch bereits wiederholt Gelegenheit genommen, mich gegen die in neuerer Zeit so häufig empfohlenen Dampfpflug- und Mähmaschinen-Genossenschaften zu erklären, und die Praxis hat meine Ansicht fast immer bestätigt."[1]

Die Vereinigung ermöglicht zwar die Anschaffung, nicht aber die Anwendung von Maschinen. Zu ihrer Anwendung sind ein grosses Betriebskapital, geübte Arbeiter und überhaupt ein gewisser fabriksmässiger Betrieb nothwendig. Nur da, wo grosse Massen zu bewältigen sind, wird die Dampfmaschine mit Erfolg angewendet. Der Betrieb der Lokomobilen wird in dem Masse erheblich billiger, als die Stärke der Maschine zunimmt, wie folgende Tabelle zeigt:

	Lokomobile mit 1 Zylinder							
	4 Pferdekr.		6 Pferdekr.		8 Pferdekr.		10 Pferdekr.	
	Thl. Sgr.	Pfg.	Thl. Sgr.	Pfg.	Thl. Sgr.	Pfg.	Thl. Sgr.	Pfg.
tägliche Betriebskosten	2 18	—	3 8	9	3 27	7	4 14	11
Betriebskosten per Pferdekraft und Tag	— 19	6	— 16	5½	— 14	9	— 13	6

[1] Perels, Dampfkraft in der Landwirthschaft, p. 150.

| | Lokomobile mit 2 Zylindern ||||||||
| | 10 Pferdekraft ||| 12 Pferdekraft ||| 14 Pferdekraft |||
	Thlr.	Sgr.	Pfg.	Thlr.	Sgr.	Pfg.	Thlr.	Sgr.	Pfg.
tägliche Betriebskosten	4	21	—	5	8	1	5	27	9
Betriebskosten per Pferdekraft und Tag	—	14	1	—	13	2	—	12	8

Viel grösser noch, als der Vortheil stärkerer gegenüber schwächeren Lokomobilen, ist der Vortheil feststehender Maschinen vor den Lokomobilen. Sie erlauben eine bessere Vernutzung des Brennmaterials, arbeiten also billiger und nützen sich viel weniger ab, als die Lokomobilen. Diese besitzen nur den Vortheil der Transportabilität, welcher jedoch ziemlich problematisch geworden ist durch die Erfindung der Drahtseiltransmission, welche es gestattet, den Betrieb mit ganz unerheblichen Kraftverlusten bis auf 1000 Meter Entfernung von der Arbeitsquelle zu übertragen. Den Vortheil eines stabilen Dampfkessels kann aber keine Genossenschaft den Kleinbauern verschaffen.

Ebensowenig, als der Kleinbetrieb die Vortheile der Maschinen gehörig ausnutzen kann, kann er die Veredlung des Viehs befördern. Darwin nennt als die unentbehrlichen Vorbedingungen einer erfolgreichen Züchtung zweierlei: erstens eine grosse Menge Individuen aus der zu veredelnden Rasse, und zweitens eine weit getriebene Arbeitstheilung unter den Züchtern. „Da in die Augen fallende Strukturabweichungen selten vorkommen, so ist die Veredlung einer jeden Rasse meist, wie bereits bemerkt, das Resultat der Zuchtwahl unbedeutender individueller Differenzen. Die strengste Aufmerksamkeit, das schärfste Beobachtungsvermögen und unbezwingliche Ausdauer sind daher unentbehrlich. Es ist auch äusserst wichtig, dass v i e l e Individuen der zu veredelnden Rasse erzogen werden, denn hiedurch wird man bessere Aussicht auf das Erscheinen von Variazionen in der gewünschten Richtung haben, und Individuen, die in einer ungünstigen Richtung abändern, können reichlich verworfen oder zerstört werden."

Und an anderer Stelle sagt er: „Das grosse Prinzip der Arbeitstheilung ist in Beziehung zur Zuchtwahl gebracht worden. In gewissen Distrikten ist das Züchten von Bullen einer sehr beschränkten Anzahl Personen anvertraut, welche dadurch, dass sie ihre ganze Aufmerksamkeit auf diesen Theil der Arbeit verwenden, im Stande sind, von Jahr zu Jahr eine Klasse von Bullen zu liefern, welche stetig die allgemeine Rasse des ganzen Bezirkes veredeln." [1])

Der Kleinbauer kann natürlich weder die eine noch die andere Bedingung erfüllen, welche zur Veredlung des Viehs nothwendig sind, aber er kann sogar nicht einmal die schon vorhandenen Rassen vollkommen ausnützen, da er nicht im Stande ist, ihnen günstige Lebensbedingungen zu bieten; er kann ihnen nicht warme, reine,

---
[1]) Darwin, d. V. d. Th. u. Pfl., II. p. 312, 263.

lichte und gut ventilirte Ställe bauen, seine Tränken sind mangelhaft, das Futter, das er ihnen reicht, schlecht und nicht immer gleich genügend. Damit sein Besitz sich schneller vermehre, lässt er die Thiere früher, als räthlich, zur Fortpflanzung zu und entzieht den Jungen zu früh die Muttermilch. Alle diese Ersparnisse sind zum grossen Theil Vergeudungen. Welchen Einfluss die Stallung auf die Thiere hat, beweist die Thatsache, dass Gruppen gleicher Schafe bei gleicher Fütterung in 4 Wintermonaten auf dem Felde ohne Schutz um 12 Pfund abnahmen, indess solche, die man in einem zur Seite offenen Dachschuppen untergebracht hatte, um 4 Pfund, und solche in einem wärmeren Schuppen um 43 Pfund zunahmen.

Auch die Reinlichkeit befördert das Wohlsein der Thiere. Oft gewaschene Schweine nehmen bei gleicher Nahrung fast um 20 Prozent mehr zu, als ungewaschene.

Die Art und Weise der Ernährung ist natürlich auch von Einfluss auf das Befinden des Thieres. „Ungleichmässige Ernährung des Viehs verschwendet immer, da die Rückbildung z. B. des Fettes meist schneller vor sich geht, als die Anbildung, und die rückgebildeten Stoffe werthvoller sind, als die Futterstoffe." [1]

Durch alles diess verschwendet der Kleinbauer, und wir dürfen uns nicht wundern, wenn die Erfahrung lehrt, dass in Ländern mit Kleinbetrieb die Viehrassen keineswegs die besten sind. Darwin hat selbst auf diese Erscheinung hingewiesen. Er zitirt einmal Marshall „wo er von den Schafen in einem Theil von Yorkshire spricht: „da sie armen Leuten gehören und meist in kleinen Herden gehalten werden, können sie nie veredelt werden."" Und vom Esel sagt er: „Der Esel variirt in England beträchtlich in der Färbung und Grösse; er ist aber ein Thier von geringem Werth und wird nur von armen Leuten gezüchtet. In Folge dessen ist keine Zuchtwahl eingetreten, und distinkte Rassen sind nicht gebildet worden. Wir dürfen die geringe Güte unserer Esel nicht dem Klima zuschreiben, denn in Indien sind sie selbst von noch geringerer Grösse als in Europa. Sobald aber Zuchtwahl auf den Esel angewendet wird, verändert sich Alles." [2]

Selbst von einem so hoch entwickelten Land, wie Belgien, meint Thaer, es sei in mancher Beziehung, zumal, was die Verbesserung der Viehrassen anbelangt, allzu stabil gewesen. [3] In Belgien ist eben auch der Kleinbetrieb vorherrschend.

Neben der Zucht der Hausthiere ist für die Erweiterung des Nahrungsspielraums auch wichtig die künstliche Fischzucht. Sie ist ebenfalls ein Monopol des Grossbetriebes.

Ebenso wie die Entvölkerung der Flüsse ist dem Kleinbetrieb zum grossen Theil die Wälderverwüstung zu verdanken. Es ist unbestritten, dass eine gute Forstkultur nur bei Grossbetrieb möglich ist. Dass die Zersplitterung des Waldes den Raubbau mit Nothwen-

---

[1] Roscher, Nazionalökonomik des Ackerbaues, p. 104, 565.
[2] Darwin, d. V. d. Th. u. Pfl., II. p. 312, 314.
[3] Zitirt bei Roscher, N. d. A., p. 94.

digkeit nach sich zieht, ist so allgemein anerkannt, dass es nicht nöthig ist, diese Frage noch weiter zu erörtern. Ebenso bekannt sind aber auch die verderblichen Folgen der Walddevastazion: Abschwemmung des fruchtbaren Erdreichs von den Abhängen, Wasserabnahme in den Quellen, Flüssen und Strömen und Vermehrung und Vergrösserung der Hochwässer.

Der Kleinbetrieb trägt also sein Möglichstes bei zur Verschlechterung des Bodens und statt zur Erweiterung zur Einengung des Nahrungsspielraumes. Es vermindert sogar die Fläche des kultivirbaren Bodens, durch die Menge Hecken, Wege, Raine, Gebäude etc., die er nöthig hat, und die einen nicht unbedeutenden Theil des Territoriums ausmachen.

Verbesserungen des Bodens, Drainirungen, Bewässerungsanlagen und razionelle Düngung vom Kleinbauer zu erwarten, ist undenkbar. Selbst wenn er wollte, ist es ihm vermöge seiner Kapitalarmuth unmöglich, dieselben durchzuführen. Aber er will gar nicht. Der Bauer ist nicht nur nicht kein Freund, sondern sogar ein Feind des Fortschrittes, ein Feind des Fortschrittes im Allgemeinen sowohl, wie des landwirthschaftlichen insbesondere.

Dieser zähe Konservatismus des Bauern ist nur zu begründet. Die Mutter jedes Fortschrittes ist die Arbeitstheilung. Wie ist eine solche möglich beim Kleinbetrieb? Der Bauer ist Viehzüchter, und zwar züchtet er sowohl Geflügel, als Rindvieh, Schafe und Schweine, er ist Gärtner, er ist Ackersmann, Fischer, Forstmann, Ingenieur etc. zu gleicher Zeit. Wie kann er's da nur in einem dieser Zweige zur Vollkommenheit bringen und denselben weiter ausbilden? Dem Bauer ist es ferner unmöglich, eine wissenschaftliche Bildung sich anzueignen. Schon der Schulzwang wird von ihm hart empfunden, da die Kinder zum Betrieb der Wirthschaft unentbehrlich sind. Eine weitere Fachbildung eignet er sich nicht an. Er weiss daher oft das Richtige zu thun, aber einen andern Grund dafür weiss er nicht anzugeben, als den, dass es sein Vater und Grossvater ebenso gemacht hätten und gut dabei gefahren wären. Von dieser durch das Herkommen geheiligten Betriebsweise kann er unmöglich abgehen, weil er im Voraus die Folgen seiner Neuerungen nicht ermessen kann.

Die landwirthschaftliche Wissenschaft hat mit so komplizirten Erscheinungen zu thun, dass sie ihre Theorie nie schlechtweg auf die Praxis anwenden darf, da sie nie wissen kann, ob sie alle einwirkenden Faktoren berücksichtigt hat. Ein einziger übersehener Faktor kann aber ein Gesetz, wenn nicht ungiltig, so doch unwirksam machen. In der Landwirthschaft ist diess vielleicht mehr, als in jeder andern Wissenschaft der Fall; selbst Betriebsweisen, die in einem Landstrich, auf einem Gut günstige Resultate aufweisen weisen in einem andern Landstriche, auf einem andern Gute die entgegengesetzten Resultate auf.

Die Wissenschaft der Landwirthschaft kann daher weniger, als jede andere Wissenschaft, des Experimentes entrathen als Korrektur der Theorie.

Dem Grossbetrieb sind solche Experimente leicht möglich; er kann ein Stückchen Feld leicht entbehren, welches zu Versuchen dienen soll. Nicht so der Kleinbetrieb. Der Kleinbetrieb benöthigt seine ganze Bodenfläche, der Misswachs eines einzigen Feldes kann den Bauer in grosse Verlegenheiten stürzen; derselbe experimentirt daher nie. Er besitzt weder das Kapital noch die Vorbildung dazu. Der Bauer ist naturnothwendig gezwungen, den Acker so zu bestellen, wie seine Vorahnen ihn bestellt haben, er kann keine bessere Betriebsweise einführen, weil dieser Uebergang ihn sicher in 99 von 100 Fällen ruiniren würde. Alle Verbesserungen des landwirthschaftlichen Betriebes sind von dem Grossgrundbesitz ausgegangen und vom Bauer erst angenommen worden, nachdem sie sich hinlänglich erprobt haben. **Ohne Grossbetrieb ist ein Fortschritt in der Landwirthschaft, eine Erweiterung des Nahrungsspielraums nicht nur erschwert, sondern geradezu unmöglich.**

Dennoch ist ein grosser Theil der Nazionalökonomen — und die bedeutendsten Namen befinden sich darunter, dem Grossbetrieb feindlich, und bestreitet seine grössere Produktivität.

„Ein grosser Eigenthümer ist selten ein guter Landwirth," sagt Adam Smith. „In jenen gesetzlosen Zeiten (der Feudalität), die so barbarische Einrichtungen entstehen liessen, hatte der grosse Eigenthümer genug damit zu thun, sein Gebiet zu vertheidigen, oder seine Gerichtsbarkeit und Autorität über das Gebiet seiner Nachbarn auszudehnen. Er hatte keine Musse, um auf Anbau und Verbesserung des Bodens zu denken. Als aber die Herstellung von Gesetz und Recht ihm diese Musse gewährte, fehlte es ihm oft an Neigung und fast immer an der nöthigen Fähigkeit zur Landwirthschaft. Kam der Aufwand für sein Haus und seine Person, wie es sehr oft der Fall war, seinem Einkommen gleich oder überstieg es gar, so hatte er kein Kapital, um es auf die Bewirthschaftung zu verwenden. War er ein guter Wirth, so fand er es in der Regel vortheilhafter, seine jährlichen Ersparnisse auf neue Güterkäufe, als auf die Verbesserung seines alten Besitzes zu verwenden. Um Grundbesitz gewinnbringend zu verbessern, ist, wie bei allen andern Geschäftsunternehmungen, ein genaues Achten auf kleine Ersparnisse und Gewinne erforderlich, dessen ein Mann, der in grossem Reichthum geboren und erzogen ist, selten fähig, selbst wenn er von Natur einen Hang zur Sparsamkeit hat. Die Lage eines solchen Mannes macht ihm ganz natürlich mehr zu Luxusausgaben, als zu gewinnbringenden Auslagen geneigt, deren er nicht bedarf. Die Eleganz seiner Kleidung, seiner Equipage, seines Hauses und seiner Möbel, das sind die Dinge, auf die er von Kindheit an zu achten gewohnt ist, und diese Sinnesrichtung verlässt ihn auch nicht, wenn es sich um die Meliorazion seiner Güter handelt. Er verschönert vielleicht vier- oder fünfhundert Morgen in der Umgebung seines Hauses mit den zehnfachen Kosten, als die das Land nach aller seiner Verbesserung werth ist, und findet, dass er bei derartigen Kulturen (und für andere hat er wenig Sinn) bankerott werden würde, ehe nur der zehnte Theil seines Gutes fertig wäre. Es gibt in beiden Theilen des vereinigten Königreiches noch grosse Gutskomplexe, die seit den Zeiten der Feudalanarchie ununterbrochen in den Händen derselben Familie geblieben sind. Man vergleiche den gegenwärtigen Zustand solcher Güter mit den Besitzungen der kleinen Eigenthümer in ihrer Nähe, und man wird keinen andern Beweis brauchen, um sich zu überzeugen, wie ungünstig so ausgedehntes Grundeigenthum der Bodenkultur ist." [1])

Auch Sismondi ist kein Freund des Grossgrundbesitzes. Ein solcher liefere allerdings einen grösseren Reinertrag, während hingegen der Rohertrag beim Kleinbetrieb grösser sei: dieser vermöge also eine grössere Bevölkerung zu erhalten, als jener. Der Kleinbetrieb sichere auch am meisten vor Uebervölkerung.

So wie Sismondi sind auch die meisten andern Malthusianer Anhänger der kleinen Wirthschaft, entgegen der Meinung ihres Lehrers, welcher weder kleine noch grosse Landgüter, sondern ein gewisses Mittelding zwischen beiden wünschte. „Es ist in Wahrheit fysisch möglich," meint er, „dass eine Nazion, welche eine kleine Zahl sehr reicher Besitzer und eine grosse Menge besitzloser Arbeiter aufzuweisen hat, dem Boden und der Industrie den grösstmöglichen Ertrag abgewinnt, soweit diess die Hilfsquellen des Landes und die Geschicklichkeit seiner Bewohner erlauben. Es kann geschehn, dass die Möglichkeit der Produkzion ihren höchsten Grad erreicht; aber dass diese Möglichkeit zur Wirklichkeit werde, kann nur unter der Voraussetzung eintreten, dass unter den Reichen ein stärkerer Hang nach dem Verbrauch von Industrieprodukten sich geltend mache, als sie je gezeigt haben. Desswegen ist kein Land bekannt, welches seine natürlichen Hilfsquellen in grossem Masse entfaltet hätte, in welchem der Boden einer kleinen Anzahl von Besitzern gehörte, wie reich und raffinirt sie auch sein mochten. Man hat überall bemerkt, dass in Wirklichkeit der übermässige Reichthum einer geringen Anzahl niemals eine solche Nachfrage nach Produkten erzeugte, als ein mässigerer Reichthum einer grössern Anzahl. . . . . Wir wissen durch die Erfahrung, dass der industrielle Reichthum zugleich die Wirkung einer bessern Vertheilung ist, in Folge der Entwicklung des Mittelstandes, dem unfehlbaren (?) Resultat des Anwachsens des industriellen und Handelskapitals. Aber wenn es wahr ist, dass die Bodentheilung und die Zertheilung des beweglichen Kapitals innerhalb gewisser Grenzen von der höchsten Wichtigkeit für das Anwachsen des Reichthums sind, so ist es nicht weniger sicher, dass über diese Grenzen hinaus diese beiden Ursachen die Vermehrung des Reichthums ebenso aufhalten müssen, wie sie dieselbe früher beschleunigten. . . . . . **Eine zu grosse Menge kleiner Besitzer von Land und Kapital macht alle grossen Verbesserungen in der Bodenkultur, alle**

---

[1]) Adam Smith, Volkswohlstand, übersetzt. v. Stöpel, II. p. 149, v. Garve, II. p. 202.

g r o s s e n U n t e r n e h m u n g e n im H a n d e l u n d d e r I n d u s t r i e u n m ö g l i c h." [1])

Thornton ist für den Kleingrundbesitz, weil dadurch der Bauer gezwungen werde, dem Boden den höchstmöglichen Ertrag abzugewinnen. Wie ganz anders der Grossgrundbesitzer, welcher nicht von den Erzeugnissen seines Gutes lebt. Er strebt nach dem höchstmöglichen Reinertrag, nicht Rohertrag. Oft bedient er sich einer niedern Betriebsweise, wenn die dadurch erzielte Ersparniss an Arbeitslohn grösser ist, als der Schaden, der durch Verminderung des Ertrages entsteht. Thornton erinnert an die bekannte Thatsache, wie man in Irland und Schottland Ackerland in Schafweide und Wildparks verwandelt hat, weil dieser Betrieb profitabler ist. Unter der Herrschaft des Kleinbetriebs hätte so Etwas nicht geschehen können.

Auch der Malthusianer Mill ist ein eifriger Verfechter des Kleingrundbesitzes. Nachdem er in seinem Handbuch der politischen Oekonomie einige Vortheile des Grossbetriebes aufgezählt, meint er: „Diese verschiedenen Vortheile müssen freilich von einiger Bedeutung sein, aber es scheint nicht, dass sehr grosses Gewicht darauf zu legen sei. In England hat man seit einigen Generazionen hinsichtlich kleiner Landstellen wenig Erfahrung. In Irland dagegen ist die Erfahrung sehr umfassend, und zwar nicht nur unter schlechter, sondern auch unter der besten Verwaltung, und die geachtetsten irländischen Autoritäten können gegen die über diese Frage in England gewöhnlich vorherrschenden Ansichten angeführt werden. Herr Blacker z. B., einer der erfahrensten Landwirthe, die im Norden von Irland manche erfolgreiche Verbesserungen eingeführt und dessen Erfahrung sich hauptsächlich auf die bestangebauten, zugleich aber am meisten getheilten Gegenden des Landes begründen, war der Meinung, dass Pächter, welche Stellen unter fünf bis acht oder zehn Acres haben, bequem leben und dabei eine ebenso hohe Rente, wie irgend ein grosser Pächter bezahlen können. „Ich bin fest überzeugt," sagt er, „dass der kleine Pächter, welcher selbst den Pflug führt und gräbt, wenn er einen passenden Fruchtwechsel auf seinem Gute befolgt und sein Vieh im Hause füttert, mit dem grossen Pächter sehr gut konkurriren kann — oder mit andern Worten, dass er eine Rente bezahlen kann, welche letzterer nicht geben kann. Der englische Pächter von 700—800 Acres ist eine Art Mann, die man unter dem Namen eines Gentleman Farmer kennt. Ein solcher muss sein Reitpferd und sein Gig haben und vielleicht auch einen Aufseher, um auf die Arbeiter zu achten; er selbst ist gewiss nicht im Stande, die laufende Arbeit auf einem Gute von 800 Acres gehörig zu beaufsichtigen." Nach wenigen andern Bemerkungen fügt er dann hinzu: „Ausser allen solchen Abzügen, von denen der kleine Pächter wenig weiss, ist eine grosse Ausgabe damit verbunden, den Dünger nach weiter Entfernung hinzufahren und die Ernte wieder einzubringen.

---

[1]) Malthus, Principes d'Economie politique, p. 118.

Ein einziges Pferd verbraucht den Ertrag von mehr Land, als einen kleinen Pächter nebst Frau und zwei Kindern ernähren würde. Und was mehr bedeutet als Alles, der grosse Landwirth sagt zu seinen Arbeitern: geht an Eure Arbeit; wenn aber der kleine Landmann Veranlassung hat, sie zu miethen, so sagt er: kommt. Jeder nachdenkende Leser wird diesen Unterschied gewiss verstehn."

Und an anderer Stelle sagt er: „Auf alle Beobachter macht der „fast übermenschliche Fleiss" der bäuerlichen Landeigenthümer, wie ein Schweizer Schriftsteller es nennt, einen mächtigen Eindruck. Diejenigen, welche nur ein Land mit Bauerhöfen gesehen haben, halten stets die Einwohner gerade dieses Landes für die betriebsamsten auf der Welt. Es herrscht auch fast gar kein Zweifel darüber, an welche Seite der Lage des Bauernstandes sich diese hervorragende Betriebsamkeit anknüpft. Es ist „die magische Gewalt" des Eigenthums, die nach den Worten von Arthur Young Sand in Gold umwandelt. . . . . Die Schrift über die flämische Wirthschaft ist besonders lehrreich rücksichtlich der Mittel, wodurch unermüdliche Erwerbthätigkeit schwächere Hilfsquellen, Unvollkommenheit der Geräthschaften und Unbekanntschaft mit wissenschaftlichen Theorien mehr als aufwiegt."[1])

Diese Einwände zu Gunsten des Kleinbetriebes sind im Grossen und Ganzen gerechtfertigt. Sie treffen jedoch in keiner Weise den Grossbetrieb, sondern blos den Grossgrundbesitz. Diese Einwände beruhen auf der ganz richtigen Annahme, dass die Lohnarbeit unproduktiver sei als die Arbeit desjenigen, der den Ertrag seiner Arbeit erhält, und ferner darauf, dass die heutige Form des Eigenthums an Grund und Boden Missbräuche zulässt, welche beim Grossbetrieb am krassesten zu Tage treten.

Will man daher den Nahrungsspielraum um ein Bedeutendes erweitern, so ist es nothwendig, die technischen Vortheile, welche der Grossbetrieb bietet, zu verbinden mit den moralischen, welche der Kleinbetrieb mit sich bringt. Das Wollen des Bauern verbunden mit dem Können des Grossgrundbesitzes müssen eine überraschende Vermehrung der Produkzion zur Folge haben; die Kombinazion zweier solcher Kräfte, von denen jede vereinzelt heute schon so Staunenswerthes leistet, muss ein Resultat geben, welches die kühnsten Erwartungen hinter sich lassen wird; ihre Vereinigung wird erst die Verbesserung in dem Lose der arbeitenden Klassen zu einer länger dauernden gestalten.

Die Ersetzung des Arbeitslohnes durch den Arbeitsertrag bewirkt bereits eine Steigerung der Produkzion; in der Landwirthschaft mehr noch als in der Industrie. Letztere hat es mit unbelebten Stoffen, jene mit organischen Wesen zu thun: bei ihr hängt der Erfolg viel mehr, als in der Industrie von der Erfahrung, der Geschicklichkeit, der Sorgfalt, Hingebung und Ausdauer des Arbeiters ab.

---

[1]) Mill, Gr. d. p. Oek., I., p. 153, 266, 267.

Es handelt sich also um eine Form, in welcher der Grossbetrieb mit der freien Arbeit verbunden werden könnte, und diese Form ist bereits gefunden: es ist der Grossbetrieb durch Verbände ländlicher Arbeiter.

In einer Arbeiterassoziazion herrscht jedenfalls ein fast ebenso grosser Antrieb zur Arbeit, wie bei einem bäuerlichen Eigenthümer. Es wäre zu wünschen, dass der Antrieb nicht gleich gross wäre, denn „übermenschlicher Fleiss" gehört keineswegs zu den Annehmlichkeiten des Menschengeschlechtes. Es ist wahr, der Eigenthümer erhält den ganzen Ertrag seiner Arbeit, das Mitglied einer solchen Genossenschaft nur einen winzigen Bruchtheil, da es ja mit den Andern theilen muss, aber schon das dürfte genügen. Man hat die Erfahrung gemacht, dass das Partnership-System den Fabrikanten grossen Nutzen bringt, und doch ist es hier nur ein Bruchtheil des Arbeitsertrages, welcher unter die Arbeiter vertheilt wird. Die Aufsicht in einer Assoziazion wäre der bei Lohnarbeitern möglichen bedeutend überlegen: Jeder würde seine Genossen überwachen, weil ihre Fehler, ihre Nachlässigkeit, ihre Trägheit zu seinem eigenen Nachtheil ausschlügen. Das „Auge des Herrn", welches solche Wunder wirken soll, wäre dann unendlich vermehrt. Auch ist die Wirksamkeit des Ehrgefühls nicht zu gering anzuschlagen und die Arbeitslust, welche gut genährte und nicht überbürdete Menschen in sich fühlen. Und schliesslich ist es nicht so sehr der Unterschied in der fysischen Anstrengung, welcher dem bäuerlichen Eigenthümer vor dem ländlichen Lohnarbeiter einen Vorsprung gibt, als die grössere Sorgfalt und Aufmerksamkeit des Ersteren. Die fysischen Anstrengungen können grossentheils Maschinen übertragen, die Arbeitslast des Arbeiters kann daher vermindert werden. Vermehrt werden muss sein Interesse an dem Erfolg, die Schonung von Vieh und Maschinen, die gehörige Beachtung von Wind und Wetter, kurz die bessere Betreibung aller jener unzähligen Verrichtungen in der Landwirthschaft, die nicht mechanisch besorgt werden können und bei denen vermehrtes Interesse und Sorgfalt, ohne die verausgabte Arbeitsmenge zu steigern, dennoch auf den Ertrag einen schwerwiegenden Einfluss ausüben.

Die Bildung von Arbeiterassoziazionen zur Bebauung des Bodens wäre jedoch nur eine halbe Massregel, denn sie würde nicht Missbräuche des Eigenthumsrechtes unmöglich machen. Der Grund und Boden kann nicht beliebig vermehrt werden; von der Art seiner Bewirthschaftung hängt das Wohl und Wehe des ganzen Volkes ab, es ist also dringend geboten, dass das heutige Eigenthumsrecht dahin abgeändert werde, dass die Gesammtheit die Ausnützung des Bodens zu ihrem Besten erwirken kann. Malthus selbst gesteht ein, dass ohne eine Aenderung der bestehenden Eigenthumsverhältnisse der höchstmögliche Ertrag vom Boden nicht zu erlangen sei. „Nichts ist schwieriger," meint er, „nichts dem Willen der Regierungen weniger unterworfen, als die Kunst, die Arbeit und den Gewerbfleiss derart zu leiten, dass man die grösste Menge Lebensmittel erhält, welche die Erde hervorbringen kann. Man könnte nicht dahin gelangen, ohne das Eigenthum anzutasten, welches bisher die Grundlage aller nützlichen Einrichtungen war."[1])

Da wir die Heiligkeit des modernen Eigenthumsbegriffs nicht als ein Axiom ansehen, so kommen wir natürlich nicht zu dem Resultat, der höchstmögliche Ertrag könne nicht erreicht werden, sondern zu dem, dass eine Umwandlung der Eigenthumsverhältnisse an Grund und Boden nothwendig sei.

Einrichtungen, welche die Bodenbebauung überwachen, können zwar Missbräuche des Eigenthumsrechtes hindern, aber nie dazu antreiben, den höchstmöglichen Ertrag zu erzielen. Das kann nur eine Massregel, welcher gegenüber alle Massregeln zu demselben Zwecke Palliativmittel sind, die einzige Massregel, durch die der Staat in Stand gesetzt wird, den Boden blos von dem bearbeiten zu lassen, welcher ihm den höchsten Ertrag abringen kann und abringen will: **Das ist die Beseitigung des Privateigenthums an Grund und Boden und dessen Uebergang in Gesammteigenthum**.[2])

Sie ist neben der Bearbeitung des Bodens durch Arbeiterassoziazionen unumgänglich nothwendig, wenn man den Nahrungsspielraum so viel als möglich erweitern will; sie ist nicht nur eine Forderung der Gerechtigkeit, sondern eine Forderung der Nothwendigkeit; **sie soll nicht nur, sondern sie muss durchgeführt werden, wenn nicht das ganze Werk der Hebung des Proletariats scheitern soll**.

Es gehört nicht hieher, zu erörtern, auf welche Weise diese Massregel mit der Organisazion der Arbeiterassoziazionen verbunden werden soll, ob diese den Boden pachten werden, und in welchen Beziehungen sie zum Staate und den Kommunen stehen sollen: darüber kann gestritten werden. Dass aber nur durch Gemeinbesitz an Grund und Boden und dessen Bearbeitung durch freie assoziirte Arbeiter diejenige Produkzionsweise geschaffen werden kann, welche der modernen überlegen ist, das geben selbst vorgeschrittene Oekonomen der Bourgeoisie, wie ein Mill, Laveleye und Andere zu. Auf diese Weise allein ist es möglich, die immensen Vortheile des Grossbetriebes sich anzueignen, ohne die Nachtheile des Grossgrundbesitzes in Kauf nehmen zu müssen, die Vergeudung des Eigenthums und die geringe Produktivkraft der Lohnarbeit, Nachtheile, welche zur Folge haben, dass die riesenhaften Fortschritte der landwirthschaftlichen Wissenschaft in der neuesten Zeit noch immer keine aussergewöhnlichen Resultate in grösserem Massstab erzielt haben.

Mit der wachsenden Konzentrirung des Bodens in den Händen Weniger wächst die Gefahr des Missbrauches des Eigenthums. Mit der wachsenden Zerstücklung des Bodens wächst die Unmöglichkeit, den Boden razionell zu bewirthschaften: nach der einen oder nach

---

[1]) Malthus, Essai etc., p. 368.
[2]) Ueber die andern Motive, welche diese Umwandlung fordern vgl. W. Liebknecht, zur Grund- und Bodenfrage, Leipzig 1876.

der andern Richtung geht in allen Kulturländern mit der Entwicklung der kapitalistischen Produkzionsweise die Gestaltung der Eigenthumsverhältnisse vor sich: In jedem derselben vermindert sich daher immer mehr die Aussicht auf die möglichst grosse Ausnützung des Bodens.

Wenn also Carey meint, mit dem Anwachsen der Bevölkerung nehme **von selbst** die Möglichkeit, sie zu ernähren, zu, so ist diess entschieden falsch. Es ist diess unter gewissen Umständen möglich, aber niemals der Fall in Ländern, in welchen der grösste Theil des Bodens schon okkupirt ist. In diesen ist eine Beseitigung der positiven und präventiven Hindernisse der Volksvermehrung nur dann ohne Gefahr möglich, wenn man zugleich Vorsorge trägt, den Nahrungsspielraum möglichst zu erweitern. **Ein jeder Versuch, die Vertheilung des Arbeitsertrags zu Gunsten der bedrückten Klassen umzugestalten, muss scheitern, wenn er nicht zugleich von einer Vermehrung der Produktivkraft des Landes begleitet ist. Ohne dem ist keine Einrichtung fähig, die Lage des Proletariats auf die Dauer zu heben. Armenhäuser, Volksküchen, Findelhäuser, eine allgemeine progressive Einkommensteuer, die Erziehung der Kinder auf Staatskosten, die Umgestaltung des Erbrechts, ja selbst das Recht auf Arbeit sind in der That nur Palliativmittel**, welche, je nachdrücklicher sie das Elend bannen, um so schneller dahin führen würden, es nach einer kurzen Uebergangsperiode zu verallgemeinern und aus Unterstützern wie aus Unterstützten gleichermassen Bettler zu machen, wenn sie nicht zugleich von einer Vermehrung der Produktivkraft des Landes begleitet wären.

Darin hat Malthus entschieden Recht, trotz alles fylantropischen Geschreis, das man gegen ihn erhoben hat, aber eben so entschieden hat er Unrecht, wenn er behauptet, eine solche Vermehrung der Produktivkraft müsse stets unzulänglich bleiben. Durch den Uebergang zu einer höhern Produkzionsweise kann man es dahin bringen, dass die Lebensmittel für eine gewisse Epoche nicht nur ebenso schnell, sondern sogar schneller wachsen, als die Bevölkerung. Die Umwandlung des Privateigenthums an Grund und Boden und dessen Bearbeitung durch freie vernünftig organisirte Arbeiter ermöglichen einen solchen Uebergang zu einem vollkommeneren Betrieb.

Durch diesen Uebergang allein kann die Gefahr einer Uebervölkerung hinausgeschoben werden, welche um so drohender wird, je mehr Glück und Wohlstand man zu verbreiten sucht; ohne ihn gibt es keine befriedigende Lösung der sozialen Frage.

V. Kapitel.

Die präventiven Hindernisse.

Resumiren wir die Ergebnisse unserer Untersuchung der negativen Seite des Malthusianismus, so finden wir

1. Dass Malthus entschieden Recht hat, wenn er behauptet, eine jede Verbesserung des Loses der unteren Klassen müsse begleitet sein von einem schnelleren Anwachsen ihrer Zahl. Ihr steigender Wohlstand vermehrt die Zahl der Geburten, ihre steigende Intelligenz vermindert die Zahl der Sterbefälle. Es gibt keinen selbstwirkenden Regulator, welcher diess Resultat verhindern könnte.

2. Finden wir, dass Malthus Unrecht hat, wenn er behauptet, die Tendenz der Bevölkerung gehe stets dahin, sich schneller zu vermehren, als der Lebensmittelvorrath vermehrt werden könne. In „neuen" Ländern, in denen noch weite Strecken des besten Bodens brach liegen, wie in Amerika, Russland, zum Theile auch den östlichen Donauländern, verursacht das Anwachsen der Bevölkerung eine verhältnissmässig immer leichtere Produkzion der Lebensmittel, der Bodenertrag steigt schneller, als die aufgewandte Arbeit. In „alten" Ländern dagegen, wo fast aller gute Boden bereits bebaut ist, wie in England, Frankreich, Deutschland, nimmt allerdings der Bodenertrag ab im Verhältniss zur aufgewandten Arbeit. Die Steigerung des Bodenertrages im Verhältniss zur aufgewandten Arbeit ist hier nur möglich durch den Uebergang zu einer höheren Betriebsweise.

Was folgt aus diesen Sätzen? Wir haben im letzten Kapitel den Schluss gezogen: Die Verbesserung des Loses der unteren Klassen ohne gleichzeitigen Uebergang zu einer höheren Betriebsweise macht in Europa die Uebervölkerung unabwendbar. Das ist richtig. Aber es wäre sehr voreilig, daraus zu schliessen, d u r c h diesen Uebergang zu einer höheren Betriebsweise werde man die Gefahr einer Uebervölkerung ab. Dieser Uebergang kann die Gefahr einer Uebervölkerung h i n a u s s c h i e b e n, aber er kann sie nicht b e s e i t i g e n.

In einem „neuen", d. h. im Verhältniss zu seiner Betriebsweise dünnbevölkerten Lande ist jeder neuhinzukommende Arbeiter ein Gewinn, da er den Uebergang zu besserem Boden ermöglicht, die

Arbeitstheilung erleichtert etc. In einem dichtbevölkerten Lande dagegen ist eine solche allmählige Entwicklung nicht möglich. Der Uebergang zu einer höheren Betriebsweise erfolgt sprunghaft, und zwar nicht nach Belieben, sondern unter gewissen historischen und sozialen Voraussetzungen. Da aber die historische Entwicklung nicht so ungestüm vorwärts eilt, als die Bevölkerung sich zu vermehren strebt, kommt unter jeder Gesellschaftsform früher oder später der Zeitpunkt, von dem an das Gesetz des abnehmenden Bodenertrages sich geltend macht und das Gespenst der Uebervölkerung auftaucht. Diess gilt für die Zukunft ebenso, wie für die Vergangenheit, der Uebergang zu einer höheren landwirthschaftlichen Betriebsweise, als der jetzt herrschenden, kann diess Gespenst ebensowenig für immer bannen, als die bisherigen es konnten. Wenn bisher eine natürliche Uebervölkerung nirgends zu bemerken war, so rührt diess daher, dass die moderne Gesellschaft so viele repressive und präventive Tendenzen in sich birgt, dass eine solche Uebervölkerung nicht eintreten konnte. Beseitigt man diese repressiven und präventiven Hindernisse, so werden sie über kurz oder lang wieder erscheinen, vielleicht in anderer Form, aber ebenso furchtbar, wo nicht noch furchtbarer, vielleicht nicht mehr als Folgen von sozialen sondern Naturgesetzen, aber das macht sie nicht erträglicher. Mag man die Lage der arbeitenden Klassen um ein Bedeutendes verbessern ohne gleichzeitigen Uebergang zu einer höheren Produkzionsweise, oder mag man diesen Uebergang zugleich bewerkstelligen, der ganze Unterschied besteht darin, dass im ersteren Falle die Uebervölkerung nach drei bis vier Jahren, im zweiten nach drei bis vier Dezennien eintritt.

Man erschrecke nur über diese Nähe einer Gefahr, welche die meisten gewöhnlich erst nach geologischen Zeiträumen erwarten, einer Gefahr, mit welcher nach der herkömmlichen Ansicht sich unsere entferntesten Nachkommen beschäftigen mögen, welche für uns aber ohne „praktische" Bedeutung sein soll. Wenn dem so wäre, dann könnte man freilich ruhig über die Uebervölkerungsfrage zur Tagesordnung übergehen und die Beschäftigung mit ihr einigen verbohrten Theoretikern überlassen. Aber dem ist nicht so. Nicht unseren Nachkommen in fernen Jahrhunderten, nein, unsern Kindern, ja, uns selbst droht die Gefahr einer Uebervölkerung, sobald wir uns an die Lösung der sozialen Frage wagen, und wehe Euch, Ihr Sozialreformer, wenn Ihr diese Gefahr nicht rechtzeitig berücksichtigt. In furchtbarer Gestalt wird sie Euch mahnen, dass sie mehr ist als ein Hirngespinnst.

Einige Zahlen mögen das Gesagte beweisen.

Vergleichen wir die Empfängnisse, welche im Jahre 1848 stattgefunden haben und naturgemäss zum grössten Theile erst in den Geburten des Jahres 1849 sichtbar werden, mit dem zehnjährigen Durchschnitte, der sich in der Periode von 1841—50 ergab, so finden wir eine ungewöhnliche Vermehrung derselben während des Revoluzionsjahres:

	1848	1849	Geburtszahlen im Durchschnitt von 1841—50
Frankreich	1,014.211	1,026.864	1,004.539
Preussen	576.937	691.562	624.549
England	563.059	578.159	548.874
Lombardei	197.449	185.676	195.317
Böhmen	154.994	187.398	172.801
Belgien	125.830	139.294	135.651
Holland	96.617	109.932	104.707
Sachsen	72.362	82.068	74.886 [1]

Wir finden im Jahre 1849 fast durchgängig eine bedeutende Vermehrung der Geburten über den Durchschnitt, verursacht zum grössten Theile durch die Empfängnisse der drei letzten Quartale des Jahres 1848. Der Statistiker Jonnés hat zwar das Revoluzionsjahr beschuldigt, die Geburten vermindert zu haben, weil im Jahre 1848 so auffallend wenig Geburten sich finden — er vergisst eben, dass die Geburt von der Empfängniss durch drei Quartale getrennt zu sein pflegt, eine sonderbare Vergesslichkeit, deren sich auch der Statistiker Dieterici schuldig machte, wie Horn nachgewiesen. Es ist zu bedauern, dass die Geburten nicht nach Monaten geordnet sind. Die Dezembergeburten des Jahres 1848 in Frankreich müssten den besten Aufschluss geben über den Einfluss der Februarrevoluzion. Ihnen schreibe ich die hohe Ziffer der Geburten des Jahres 1848 in Frankreich zu, welche das Mittel überragen, während alle anderen Staaten, ausser der Lombardei in diesem Jahre auffallend wenig Geburten aufzuweisen haben. Die einzigen Länder, über welche Detailangaben vorliegen, sind leider solche, welche nicht unmittelbar an der Revoluzion sich betheiligten, England und Belgien. Aber sie zeigen deutlich den Einfluss der von derselben erwarteten Besserung der Verhältnisse. In England betrug die Zahl der Geburten 1849 im 1. Quartal 153.772, im 2. Quartal 153.693, dagegen sank sie im 3. Quartal auf 135.223 und im 4. Quartal auf 135.471. Also gerade die Zeit der revoluzionären Hoffnungen vom April bis Juni 1848 bietet den Höhepunkt der Empfängnisse. Dasselbe zeigt sich in Belgien: in den ersten zwei Quartalen 39 741 und 36.388 Geburten, während man in den letzten zwei zählte 31.222 respektive 31.943. [2]

Wir dürfen wohl annehmen, dass in den anderen Ländern die Verhältnisszahlen dieselben sein werden.

Eine einzige Ausnahme von der eben nachgewiesenen Steigerung der Geburten liefert die Lombardei, welche eine enorme Verminderung

---

[1] Horn, Bev. St. a. B., I. p. 237. Wie weit die erste französische Revoluzion die Zahl der Geburten beeinflusste, wissen wir leider nicht. Auf jeden Fall ist es charakteristisch, dass es in Frankreich, wie Montgaillard erzählt, nach dem IX. Thermidor 1794 zum guten Tone unter den Damen gehörte, schwanger zu sein. Diejenigen, welche so unglücklich waren, dieser Mode nicht auf natürlichem Wege entsprechen zu können, stopften sich aus. Carlyle, die französische Revoluzion, dtsch. v. Feddersen, Leipzig 1844, III. 366.

[2] Horn, b. St. a. B., I. p. 212.

aufweist. In diesem Lande herrschte aber im Jahre 1848 nicht eine wenigstens in der Hoffnung siegreiche Revoluzion, sondern ununterbrochener Krieg. Der Krieg aber wirkt geburtenvermindernd, besonders der Krieg im eigenen Lande.

Wenn schon die Hoffnungen, welche man damals, und noch dazu nicht allgemein, fast nur in den grösseren Städten, hegte, genügend waren, eine bedeutende Vermehrung der Empfängnisse zu bewirken, wie würde erst deren Anzahl steigen, wenn die damals gehegten Hoffnungen sich verwirklichten. Es würden fast so viele erfolgen, als fysisch möglich sind. Im Durchschnitt sind über 60 Perzent der Bevölkerung fortpflanzungsfähig, höchstens 20 Perzent der Ehen unfruchtbar, wir rechnen daher sehr gering, wenn wir annehmen, dass von den 300 Millionen, welche Europa heutzutage bewohnen, wenigstens 100 Millionen jährlich sich fortpflanzen würden, was einen Zuwachs von 50 Millionen Menschen im Jahre ergeben würde, indess zugleich die Sterbefälle sich sehr verringerten. Und das wäre kein Zuwachs von Produzenten, sondern für längere Zeit nur von Konsumenten, welche nicht nur selbst keine Arbeitskraft besitzen, sondern auch eine Menge fremder Arbeitskräfte absorbiren. Es wäre undenkbar, dem gesteigerten Bedürfnisse zu genügen ohne Uebergang zu einer höheren Betriebsweise.

Wie lange aber wird diese vorhalten?

Selbst Carey muss zugeben, dass abgesehen von der Einwanderung, die Bevölkerung der Union sich in wenig mehr als dreissig Jahren verdoppelt,[1] unter gesellschaftlichen Zuständen, welche von denen des heutigen Europa sich nicht sehr unterscheiden. Euler hat jedoch berechnet, dass **die Verdopplung der Bevölkerung in wenig mehr als zwölf Jahren eintreten kann**, und die Thatsachen widerlegen ihn durchaus nicht. Darwin erzählt uns von Einwohnern der Pitcairn-Insel, welche im Juni 1856 nach der Norfolk-Insel überführt wurden. Es waren 60 verheirathete Personen und 134 Kinder, also eine Gesammtzahl von 194. Obgleich 16 von ihnen im Jahre 1859 nach der Pitcairn-Insel zurückkehrten, hatten sie sich doch bis zum Januar 1868 auf 300 Köpfe vermehrt.[2] In elf und einem halben Jahre (nicht zwölf und einem halben, wie Darwin sagt), hatten sich also die Bewohner der Norfolk-Insel von 194, von denen 16 bald sich entfernten, und nur 60 erwachsen waren, auf 300 vermehrt. Wer kann da leugnen, dass bei dem Wegfallen der positiven und präventiven Hindernisse die Vermehrung von 300 auf 2.400 Millionen sicher, in weniger als 100 Jahren vielleicht sogar in weniger als 50 Jahren eintreten würde? Die Bevölkerung Europas, heute 300 Millionen, würde dann doppelt so gross sein, als jetzt die Bevölkerung der ganzen Erde (ungefähr 1.200 Millionen).

Ein Weilchen noch kann allerdings die Auswanderung vorhalten; aber, abgesehen von zahlreichen anderen Bedenken, sind die den Europäern zuträglichen aussereuropäischen Landstriche nicht so

---
[1] Carey, Gr. d. S., III. p. 311.
[2] Darwin, Abst. d. M., I. p. 249.

ausgedehnt, als man gewöhnlich annimmt. Soll man nun diejenigen, für welche in Europa nicht gedeckt ist, an die fieberschwangeren Ufer des Amazonas, in die Dschungeln des Ganges oder in die Sümpfe des Senegal schicken, damit sie am gelben Fieber und der Dysenterie sterben? Diess Mittel wäre nicht viel humaner, als das von Malthus vorgeschlagene. Und während so die Ueberzähligen, die man höchst wahrscheinlich zwangsweise deportiren müsste, da freiwillig niemand auswandert, dem es in der Heimath gut geht — und der Sozialismus will diess doch erreichen —, während diese in der Fremde dahinsterben, macht sich daheim das Gesetz des abnehmenden Bodenertrages immer fühlbarer, bis zuletzt die Uebervölkerung unaufhaltsam mit allen ihren Gräueln hereinbricht, und wir im günstigsten Falle wieder auf demselben Flecke stehen, von dem der Sozialismus ausgegangen ist.

Furchtbar ist die Perspektive, die sich uns da eröffnet, welche jedes menschliche Gefühl empören muss. Und doch ist sie nicht zu schwarz gemalt, und es wäre ein verhängnissvoller Irrthum, wenn man glaubte, die Schwierigkeiten, welche das Bevölkerungsgesetz verursacht, mit einigen Frasen abschütteln zu können. Ja wohl, es ist ein hartes, ein grausames Gesetz, aber nichts desto weniger ein wahres Gesetz. Die Natur, die angeblich so harmonisch eingerichtete Natur hat nirgends einen selbstthätigen Regulator in Bereitschaft, überall sehen wir den Kampf um's Dasein in seinen entsetzlichen Formen, nicht in der Gesellschaft allein. Der bekannte idyllische Friede, der überall in der Natur herrscht,

„Wo der Mensch nicht hinkommt mit seiner Qual"
existirt nur in der Fantasie der Dichter. In der Natur, wie in der Gesellschaft lebt der Stärkere vom Schwächeren, wüthen Hunger und Ungerechtigkeit, triumfiren Arglist und Gewalt; in der Natur ist ebensowenig für Alle gedeckt, wie in der Gesellschaft, hier wie dort werden die Ueberzähligen ohne viel Federlesens aus dem Wege geräumt.

Den Kampf um's Dasein beseitigen zu wollen, ist eine Utopie, die nie und nimmer gelingen wird.

Sollen wir also die Hände verzweiflungsvoll in den Schoss legen? Ist es wirklich ein Verbrechen an der Menschheit, den Menschen glücklich machen zu wollen? Sind Prostituzion und Zölibat, Krankheit und Elend, Krieg und Mord und wie all' der unsägliche Jammer heisst, der im Menschengeschlechte heutzutage wüthet, unabwendbar?

Sie sind es, wenn man nicht das Bevölkerungsgesetz in seiner ganzen Furchtbarkeit erkennt.

Erst dann, wenn man ein Gesetz klar erkannt hat, kann man vor seinen nachtheiligen Folgen sich schützen; erst dann, als man die Gesetze der Elektrizität kennen gelernt hatte, war es möglich, den Blitzableiter zu erfinden. So lange man sich daher sträubt und windet, um für den Menschen eine Ausnahme von dem in der ganzen Natur giltigen Bevölkerungsgesetze herauszuklügeln, so lange man an eine Uebervölkerung nicht glaubt, so lange droht die Uebervölkerung.

Aber auch nur so lange.

Beseitigen kann man den Kampf um's Dasein freilich nicht, aber man kann ihm eine andere Form geben. Er ist ein zweifacher: einestheils ein Kampf wider die ganze umgebende Natur und anderntheils ein Kampf um das, was man der Natur abgerungen. Je mehr Kraft in letzterem verbraucht wird, desto weniger behält man übrig zur Fortsetzung des ersteren. Der Fortschritt besteht nun darin, dass man den letzteren immer mehr beseitigt, um desto mehr Kräfte zum Kampfe wider die Natur konzentriren zu können. Unser Streben muss nicht dahin gehen, unsere Nebenmenschen besiegen und ihnen das abnehmen zu können, was sie der Natur abgerungen, sondern uns mit ihnen zu vereinigen, um die Natur so viel als möglich zu unterjochen und zu unseren Gunsten regeln zu können. Statt auf unbewusst wirkende Regulatoren uns zu verlassen, welche es nicht gibt, wendet man bewusst zu unseren Gunsten wirkende an und ermöglicht es so, immer unabhängiger, freier und glücklicher zu werden. Nur in diesen zwei Richtungen kann der Fortschritt sich äussern: entweder durch Beseitigung des Kampfes der Individuen untereinander oder durch Erfindung eines neuen Kampfmittels wider die Natur. Der Fortschritt in der ersteren Richtung wird bedingt durch die Erkenntniss der Gesetze der Gesellschaft, der in zweiter Richtung durch Erkenntniss der Gesetze der Natur. In der Gesellschaft sowohl wie in der Natur ist das laisser faire, laisser aller, gleich von Uebel, hier wie dort ist ein bewusstes Eingreifen gleichermassen geboten. Ebenso wenig wie in der Gesellschaft ist in der Natur der wohldurchdachte Plan eines gütigen Schöpfers zu erkennen, beide kann, darf und soll der Mensch zu seinen Gunsten regeln. Umstossen kann er ebenso wenig die Gesetze, nach welchen die Gesellschaft sich entwickelt hat, wie diejenigen, welche die Natur beherrschen, aber er kann sich der einen wie der anderen Gesetze bedienen und sie ausbeuten. So wenig als möglich darf er dem Zufall überlassen und muss so viel als möglich den Erfolg seiner Handlungen im Voraus berechnen können.

Er macht sich unabhängig von den Launen der Witterung, und bewässert und entwässert seine Felder nach Bedarf; er formt die Thiere nach seinem Willen und verkümmert ihre Organe, die für ihn nutzlos sind. Er beschleunigt die Vermehrung der Lebensmittel, so dass sie für kurze Zeit der Volksvermehrung voraus sein kann, ohne dass jemand Anstoss daran nimmt. Sollte es nun weniger des Menschen würdig sein, auch bewusst die Zunahme der Bevölkerung zu regeln und dem Lebensmittelvorrath anzupassen? Wenn der Menschengeist die arithmetische Progression der Lebensmittel zeitweilig in eine geometrische verwandeln darf, wäre es da unbillig, dass er die geometrische Progression der Bevölkerung in eine arithmetische verwandelt oder sie ganz hemmt? Niemand wird diess behaupten, der das Bevölkerungsgesetz und seine furchtbaren Konsequenzen klar erkannt hat.

Wie unsittlich! wird man ausrufen. Albernes Geschrei, welches man gegen Alles erhoben hat, was bestimmt war, in den Gang der Natur einzugreifen, als ob diese so vollkommen wäre, dass sie ein solches Eingreifen nicht nothwendig machte. Dieselben beschränkten Köpfe, welche heute die Regulirung der Bevölkerungszunahme als unsittlich brandmarken, hätten sicher seiner Zeit auch mit eingestimmt in das Geschrei gegen den Blitzableiter, den man eine gottlose Erfindung nannte, weil er die Strafgerichte Gottes, welche sich im Donnerwetter äussern, zu vereiteln drohte. Es macht keinen Unterschied, ob man es für sündhaft erklärt, in das Walten Gottes oder in das Walten der Natur einzugreifen, Beides riecht gleich stark nach Teleologie, mag sie in letzterem Falle sich noch so materialistisch parfümiren. Wer ein Eingreifen in die Bevölkerungszunahme als unnatürlich von sich weist, muss, wenn er konsequent sein will, auch das Essen gekochter Speisen und das Tragen von Kleidern als unnatürlich von sich weisen.

Man werde sich nur klar über die Begriffe widernatürlich und unnatürlich, welche ganz verschieden sind. Widernatürlich ist blos dasjenige, das mit der Natur nicht vereinbar ist, nicht aber auch dasjenige, was die Natur zu unseren Gunsten lenkt. Widernatürliche Geschlechtsverhältnisse, solche, welche mit unserer fysischen Konstituzion im Widerspruche stehen, sind daher allerdings a priori nicht gutzuheissen, weil sie die Gesundheit und damit die Vorbedingung jedes menschlichen Glückes untergraben.

Dasselbe lässt sich jedoch nicht vom Unnatürlichen oder Künstlichen sagen, welches mit dem Widernatürlichen nicht verwechselt werden darf. Alles, was bewusst erzeugt wird, entsteht künstlich oder unnatürlich und ist daher auch unnatürlich, ohne desswegen a priori verwerflich zu sein. Es ist vielmehr oft von ungeheurem Nutzen. Je bewusster, das heisst, je klarer ihre Gesetze erkennend, der Mensch in das Walten der Natur eingreift, um es zu seinem Vortheile zu lenken, desto zivilisirter, desto unabhängiger, desto glücklicher ist er. Das Eingreifen des Menschen in die Natur, das Unnatürliche ist also nicht nur nicht verwerflich, sondern sogar geboten, denn es ist Vorbedingung jedes Fortschrittes.

Es ist nun ganz unwissenschaftlich, diess Prinzip für eine gewisse Sfäre nicht gelten zu lassen und ein Eingreifen in das Geschlechtsleben des Menschen ein unsittliches zu nennen, während andere Eingriffe in die Natur für höchst sittlich gelten. Sollte die Frage, wie die zu rasche Vermehrung der Bevölkerung gehemmt werden könne, bloss desswegen, weil sie geschlechtliche Dinge berührt, unsittlich sein? Gerade desswegen vielmehr, weil es sich um das Geschlechtsleben des Menschen handelt, ist hier ein regelndes Eingreifen geboten, denn nächst dem Essen und Trinken ist nichts von so grossem Einflusse auf die Gesundheit und Zufriedenheit des Menschen, wie seine geschlechtlichen Funkzionen. Man emanzipire sich doch endlich einmal von der jüdisch-christlichen Anschauung, die „fleischlichen Begierden" als etwas Entehrendes,

Herabwürdigendes zu betrachten, einer Anschauung, die uns schon so zum Instinkt geworden ist, dass wir, selbst wenn wir bereits eine bessere Erkenntniss gewonnen haben, uns nur mit Mühe von ihr lossreissen können. Verlassen wir endlich einen Standpunkt, wie er eines Antonius von Padua würdig ist, und wenden wir uns zu der heidnischen Anschauung des klassischen Alterthums, welche dem g a n z e n Menschen sein Recht widerfahren liess, und Fleisch und Bein nicht blos als lästige Anhängsel einer unsterblichen Seele betrachtete. Der ganze Mensch hat ein Anrecht auf die Errungenschaften der Wissenschaft, die Wissenschaft hat ein Anrecht auf den ganzen Menschen, sie soll sein ganzes Leben ihren Anforderungen gemäss regeln, n i r g e n d s darf daher diess unnatürliche Eingreifen unsittlich genannt werden.

Sittlich —! Was ist denn eigentlich sittlich und was nicht? Man gebraucht gewöhnlich diese Begriffe, als ob sie so klar wären, wie dass zweimal zwei vier sind. So einfach ist indess die Sache nicht.

Bei einer Handlung, die ich mit unabwendbarer Nothwendigkeit verrichten muss, kann von Sittlichkeit oder Unsittlichkeit nicht die Rede sein. Essen, Trinken, Schlafen sind an und für sich weder sittlich noch unsittlich; es kann blos unsittlich sein, sie unter gewissen Umständen vorzunehmen, da sie aufschiebbar sind. Aber an und für sich sind sie indifferent.

Nur in solchen Fällen, in denen mir die Wahl freisteht zwischen einer oder mehreren Handlungen, kann von Sittlichkeit oder Unsittlichkeit die Rede sein. Sittlich ist von diesen möglichen Handlungen diejenige, welche die Summe möglichen menschlichen Glückes möglichst wenig vermindert. Die anderen Handlungen sind unsittlich, und zwar um so unsittlicher, je mehr sie die Summe möglichen menschlichen Glückes vermindern.

Ich sage ausdrücklich in beiden Fällen: „welche die Summe m ö g l i c h e n menschlichen Glückes v e r m i n d e r n", und nicht etwa: „sittlich sind diejenigen Handlungen, welche die Summe menschlichen Glückes vermehren; unsittlich, welche sie vermindern." So könnte man sprechen, wenn die Welt teleologisch eingerichtet wäre. Diess ist jedoch nicht der Fall. Man hat oft nur die Wahl zwischen mehreren Uebeln, und sittlich handeln, heisst in diesem Falle, das kleinste von den Uebeln wählen. Es ist hier von Uebeln in Bezug auf die Menschheit die Rede, in Bezug auf das Individuum nur insofern, als es ein Glied der Menschheit ist.

Mit diesem Massstab der Sittlichkeit ist nicht zu verwechseln der Massstab der jeweilig herrschenden Moral, denn diese ist die Moral der herrschenden Klassen. Nach deren Kodex ist moralisch diejenige Handlung, welche die Summe möglichen Glückes d e r h e r r s c h e n d e n K l a s s e n möglichst wenig verringert. Dieser Massstab wechselt natürlich mit den herrschenden Klassen.

Der Massstab der wahren Sittlichkeit hingegen bleibt sich immer gleich, aber er ist kein absoluter, sondern blos ein relativer. Ich kann nie von vorneherein sagen, diese Handlung ist unsittlich und jene nicht; ich kann über dieselbe erst dann urtheilen, wenn ich alle Handlungen kenne, welche möglich waren in der Lage, in der sich der Handelnde befand. Ich muss ferner wissen, welchen Erfolg der Betreffende von seiner wirklich vollbrachten und von den andern möglichen Handlungen erwartete, denn nicht durch den Erfolg, sondern durch die Absicht wird eine Handlung sittlich oder unsittlich. Es scheint vielleicht, als wäre dieser Massstab der Sittlichkeit nur eine Wiederaufwärmung der alten Jesuitenmoral: „Der Zweck heiligt die Mittel." Dem ist nicht so. Der gute Zweck heiligt nicht jedes, sondern nur ein Mittel: das möglichst beste.

Dieser Massstab ist ein sich stets gleichbleibender; wechseln kann nur unsere Erkenntniss dessen, was das möglichst Beste sei. Je grösser unsere Erkenntniss, besonders die Erkenntniss der Natur wird, je klarer wir die Folgen unserer Handlungen ermessen können, desto vollkommener werden unsere sittlichen Ansichten, desto mehr fördern sie das Glück der Menschheit.

Die Zunahme der Intelligenz vervollkommt die Moral noch in einer andern Beziehung als der der Richtigkeit des Urtheils. Sie zeigt immer mehr neue Mittel und neue Auswege, durch welche in gewissen Fällen die Summe möglichen menschlichen Glückes weniger vermindert wird, als durch die bisher gekannten, so dass nach diesen Entdeckungen und Erfindungen in ganz derselben Situazion eine Handlung für unsittlich mit vollem Rechte gelten kann, die bis dahin mit ebensoviel Recht für sittlich galt. Die Blutrache, zum Beispiel, kann nicht als unsittlich gelten in Ländern, in denen sie das einzige Mittel ist, um wenigstens einigermassen eine Sicherheit der Person herzustellen. Sie wird unsittlich, sobald es mit dem Anwachsen der Intelligenz gelingt, eine geordnete Gerichtsverfassung einzuführen. Gleichermassen verhält es sich mit dem Kriege.

Die Moral ist daher nicht, wie oftmals behauptet wird, etwas Stazionäres, sondern vielmehr etwas sehr Wandelbares.

Prüfen wir nun mit dem gewonnenen Sittlichkeitsmassstab die Mittel, die man vorgeschlagen hat, um die Volksvermehrung zu hemmen, und untersuchen wir, ob die Uebel, welche sie mit sich bringen, wirklich so grauenerregend sind, als die mannigfaltigen Formen des Lasters und Elends, welche die heutige Gesellschaft in eine Hölle verwandeln, und die der Sozialismus zwar für einen Moment verscheuchen kann, aber nur, damit sie sich mit erneuter Wuth auf ihre Opfer stürzen. Keine Waffe kann sie für immer vernichten, als die Regelung der Bevölkerungsbewegung.

Das einfachste und ursprünglichste der zu diesem Zwecke vorgeschlagenen und angewandten Mittel ist die Tödtung der Leibesfrucht entweder im reifen oder unreifen Zustande. Im heidnischen Alterthum galt diess als durchaus nichts Unsittliches. Nach dem Satze, dass das Neugeborne noch kein Mensch sei, hielt man es nicht für unmoralisch, ein Wesen, das noch nicht zum Selbstbewusstsein gelangt ist, zu tödten, um die Folgen der Uebervölkerung von bewussten Menschen fernzuhalten. Selbst ein Aristoteles und Plato riethen, um einer Uebervölkerung vorzubeugen, solle man die Kinder, die man nicht erhalten könne, tödten, oder die Frucht abtreiben. Plato sprach offen die Ansicht aus, die Kinder im Mutterleibe seien den Thieren gleich zu achten, ohne Missbilligung oder auch nur Erstaunen zu erwecken. Und nicht nur theoretisch huldigte die antike Gesellschaft dieser Anschauung, sondern sie brachte sie auch praktisch allgemein zur Geltung. Kein Mensch sah hierin etwas Unsittliches, und es war auch nicht unsittlich. Die Summe möglichen menschlichen Glückes wird durch die Vernichtung von Wesen, die noch nicht zum Bewusstsein gelangt sind, und deren Beseitigung das Werk eines Augenblickes ist, weniger vermindert, als durch die langwierigen quälenden Uebel, mit denen Laster, Elend und Ehelosigkeit den bewussten Menschen nothwendig behaften.

Der Kindesmord und die Fruchtabtreibung können jedoch unsittlich sein, sobald sie aus anderen Gründen vorgenommen werden, als, um der Uebervölkerung vorzubeugen. Ebenso werden sie unsittlich und entschieden verwerflich, sobald es Mittel gibt, welche denselben Zweck auf weniger gewaltthätigem Wege erfüllen.

Heutzutage ist diess bereits der Fall.

Die Menschheit auf diesen Weg hinzulenken, muss daher unser eifriges Bestreben sein: die Geburten auf sittlichem Wege zu verringern, anstatt das Geborne zu vernichten, das ist die einzig befriedigende unter den heute möglichen Lösungen des Bevölkerungsproblems. „Die grosse praktische Frage, sagte schon der ältere Mill, „besteht darin, Mittel zu finden, um die Zahl der Geburten einzuschränken."

Dass die sogenannte „moralische", in Wirklichkeit aber sehr unmoralische Enthaltsamkeit zu diesen Mitteln nicht zu rechnen ist, brauche ich nicht weitläufig auseinanderzusetzen. Nicht nur weil ich grossentheils nur solches, was im zweiten Kapitel erörtert wurde, wiederholen könnte, sondern besonders desswegen, weil dieser Malthus'sche Vorschlag nur mehr von denjenigen Oekonomisten ernst genommen wird, welche von der Natur des Menschen nichts verstehen. Die Frage der moralischen Enthaltsamkeit kann heute als abgethan betrachtet werden.

Mit Freude kann ich konstatiren, dass erst jüngst Schäffle, der bedeutendste Nazionalökonom, der gegenwärtig auf deutschem Boden sich findet, in dieser Beziehung eine bedeutsame Schwenkung vorgenommen hat, unzweifelhaft veranlasst durch das von mir schon öfters genannte Werk „Die Grundzüge der Gesellschaftswissenschaft", von einem Doktor der Medizin, ein Buch, welches trotz des vielen Ballastes, den es besonders in ökonomischer Beziehung mit sich führt, jedem empfohlen werden kann, der für das hier behandelte Thema sich interessirt. Es verspricht dasselbe wahrlich epochemachend zu werden für die Bevölkerungswissenschaft, da fast Alle, welche in der letzten Zeit einen neuen Standpunkt in derselben eingenommen haben, von diesem interessanten Buche dazu angeregt wurden. Schade, dass der verstorbene Albert Lange es nicht mehr kennen lernte; nach den Andeutungen, die er gegeben hat, wäre er sicher ein entschiedener Vertreter der jetzt auch von Schäffle eingeschlagenen Richtung geworden.

Dieser selbst spricht sich leider nicht ganz entschieden aus; es kommt mir so vor, als wenn er sich in einem Uebergangsstadium befände von den landläufigen Vorschlägen zu dem in diesem Kapitel vertretenen: er kann diesen nicht verdammen, er erscheint ihm sogar als sehr berechtigt und begründet — aber er wagt es nicht, ihn anzuempfehlen und versucht es daher, so unbemerkt als möglich darüber hinwegzugleiten, als es sich darum handelt, selbst einen Vorschlag zu machen. Während er im II. Bande seines neuesten Werkes „Bau- und Leben des sozialen Körpers", Tübingen 1878, der von uns im 3. Kapitel erwähnten Theorie, die menschliche Fruchtbarkeit stehe im umgekehrten Verhältnisse zu der menschlichen Zivilisazion, noch Zweifel entgegenbringt und meint, dass auch, wenn die Tendenz richtig sei, sie sich jedenfalls erst in sehr später Zeit merkbar zeigen werde (p. 236 und 260), während er auf p. 245 noch entschieden sagt: „Entweder Verhütung überzähliger Existenzen aus Furcht vor den Vernichtungsfolgen der Uebervölkerung, d. h. — „Vorbeugung", oder wirkliche Vernichtung, Repression der Ueberzähligen — es gibt kein Drittes. Kein Dispens von diesem Malthus'schen Dilemma lässt sich finden," und während dem er andererseits zugesteht, dass die „moralische Enthaltsamkeit weder so wirksam ist, um die übrigen Gegentendenzen überflüssig zu machen, noch frei von Nebenwirkungen sehr schlimmer Art", dass sie „nicht durchgesetzt werden kann: denn so starke Instinkte lassen sich nicht völlig unterdrücken; der volle Verzicht auf geschlechtliche Liebe ist für die Meisten ein ebenso grosses Leiden, wie der Mangel an Nahrung und Musse" (p. 255) und als unumgängliche Folgen der Enthaltsamkeit Onanie, Päderastie, Prostituzion und sexuelle Leiden genannt werden, und während er weiter unten es entschieden betont: „Nicht die Abschaffung der Ehe, sondern allgemeine Ermöglichung derselben vom völlig reifen Lebensalter an, mit Einschränkung der ehelichen Fruchtbarkeit auf das Mass der Produktivität der nazionalen Arbeit durch die Sitte und unter Erfüllung des Begriffes der individuellen Keuschheit mit dem Bewusstsein einer ungeheuren Verantwortlichkeit des Fortpflanzungsrechtes der ganzen Gesellschaft gegenüber — das ist die Richtung, in welcher die Erlösung der Menschheit von den grössten und ältesten Massenleiden und die edlere Richtung natürlich züchtenden sozialen Daseinskampfes gesucht werden muss und allein gefunden werden kann," (p. 264) — während dem Schäffle sich so bewusst über die Unabwendbarkeit des Malthus'schen Dilemma's und über die Unmöglichkeit der „moralischen" Einschränkung im II. Bande ausspricht, meint er dagegen im III. Bande, als es gilt, den Sozialstaat gegen den Vorwurf zu vertheidigen, er führe die Uebervölkerung nothwendigerweise mit sich, ganz optimistisch: „Die Folge hievon (der Durchführung des Sozialismus) wäre allgemeine Verspätung des Eheschlusses, Verlängerung des Alters der Vorbildung, höhere Entwicklung und stärkerer Verbrauch der Nervengewebe in geistigen statt in vegetativen Funkzionen, Zurückdrängung der Sinnlichkeit, moral restraint, ohne unmoralische und eckelhafte Begleiterscheinungen. Letztes Ergebniss wäre Redukzion der Volksfruchtbarkeit auf die jetzige mässige Fruchtbarkeit der geistig angestrengten Personen, Annäherung an das Ideal eines f r e i e n, von Ueber- und Entvölkerungsübeln gleich sehr entfernten Gleichgewichtes zwischen der Volkszahl und den Mitteln des Volksunterhaltes." (p. 504.)

Welche Inkonsequenz! Das unabwendbare Malthus'sche Dilemma ersetzt durch eine unbegründete Theorie der Harmoniker, an Stelle der Erkenntniss der Unmoralität der moralischen Enthaltsamkeit eben Empfehlung derselben, des moral restraint „ohne unmoralische und eckelhafte Begleiterscheinungen", die als ihre nothwendigen Folgen im 2. Bande erkannt worden sind; an Stelle der allgemeinen „Ermöglichung der Ehe vom völlig reifen Lebensalter an", allgemeine Verspätung des Eheschlusses!

Wie ist das zu erklären?

Die Annahme der harmonievollen Theorie, noch dazu ohne den leisesten Versuch eines Beweises, einer Theorie, deren im 2. Bande nur referirend als Hypothese gedacht wird, die manches für sich habe, diese ist mir einfach unerklärlich bei einem Manne, der das Malthus'sche Dilemma so wohl erkannt hat, wie Schäffle. Die Empfehlung des moral restraint und der Hinausschiebung des Heirathsalters ist aber nichts, als ein Atavismus, wenn man so sagen darf, das Hervortreten eines alten Lieblingsvorschlages Schäffle's:

„On revient toujours à ses premières amours."

In seinem Werke „Kapitalismus und Sozialismus", in welchem er sich noch als entschiedener Malthusianer bekannte, suchte er das Bevölkerungsproblem zu lösen „theils durch Beförderung der f r e i w i l l i g e n E h e l o s i g k e i t und des freiwilligen Verwitwungsstandes, theils durch die Wirkung verstärkter f a m i l i e n r e c h t l i c h e r P f l i c h t e n, theils durch Begrenzung der e h e l i c h e n F r u c h t b a r k e i t, endlich durch V e r h ü t u n g u n e h e l i c h e r G e b u r t e n" (p. 685). Das Erstere soll befördert werden durch Emanzipazion der Frau (p. 686), das zweite durch eine erzwungene Witwenversicherung und ein obligates „Kindergut", welches „für die bevölkerungsstatistische Durchschnittszahl von Kindern bei einem hiefür bestehenden öffentlichen Hypothekarbanksystem von den Heirathslustigen sicher zu stellen wäre (p. 696), das letztere endlich dadurch, dass der unehelichen Vaterschaft die gleichen Pflichten auferlegt werden, wie der ehelichen. Diese Vorschläge, besonders der erstere, scheinen Schäffle nicht mehr als sicher wirkend zu gelten, wohl aber derjenige, durch welchen er die eheliche Fruchtbarkeit begrenzen zu können glaubte: die Feststellung eines Minimalheirathsalters, etwa von 25 Jahren für Männer und 22 Jahren für Frauen (p. 689).

Dieser Vorschlag schimmert auch im „Bau und Leben des sozialen Körpers" noch bald da, bald dort durch. Allerdings in etwas inkonsequenter Weise. Auf p. 252 des 2. Bandes spricht er sich für Eheverbote aus der Art, „dass dieselben in einer für alle Heirathslustigen gleichen Hinausschiebung der Ehe bestehen und die Aufschubsfrist würde wechselnd im umgekehrten Verhältniss der Zu- und Abnahme der Produktivität der Nazionalarbeit bemessen werden können." Aber weiter unten, an der schon zitirten Stelle, p. 263, spricht er sich für eine allgemeine Ermöglichung der Ehe vom völlig reifen Lebensalter an aus, und ebenso sagt er p. 262: „Unter der Voraussetzung einer gleichmässigeren Vertheilung des Volkseinkommens — eine Voraussetzung, deren Verwirklichung bei allgemeiner Einschränkung unendlich erleichtert würde — wäre die Eingehung der Ehe im Alter der vollen Geschlechtsreife allgemein möglich. Die „Thätigkeit der Organe" vor diesem Zeitpunkt ist, wie auch Darwin annimmt, schädlich und die Verhinderung der freien Liebe in unreifem Alter eine fisisch und moralisch höchst wohlthätige Folge der Hinausschiebung der Geschlechtsverbindung."

Man sieht, wie Schäffle zwei ganz verschiedene Massstäbe zur Bemessung des Minimalheirathsalters aufstellt: einmal die geschlechtliche Reife, ein andermal die Produktivität der Nazionalarbeit; hier einen bei jedem Individuum verschiedenen, im Allgemeinen aber stets gleichbleibenden, dort einen für jedes Individuum gleichen, im Allgemeinen beständig schwankenden.

Und weiter welche Inkonsequenz, zu erklären, „moralische Heuchelei, sexuelle Krankheiten, unnatürliche Sünden treten also gerade in den Schichten, denen der volle Verzicht auf Geschlechtsliebe zugemuthet wird, als — verhehle man es sich nicht — unvermeidliche Uebel hervor, mit welchen Moral und Kriminaljustiz so lange nicht fertig werden können, als nicht durch die soziale Organisazion, durch das Recht und die Sitte Alle genöthigt werden, sich in die Last der geschlechtlichen Enthaltung zu theilen." (2. B. p. 255, 256.) Eine sonderbare Logik! Die fysiologischen Uebel der Enthaltsamkeit verschwinden, sobald Alle enthaltsam werden. „Erkläret mir, Graf Oerindur, dieses Räthsel der Natur!"

Nur unter einer Voraussetzung lassen sich alle diese Inkonsequenzen vereinigen: wenn man annimmt, dass das Minimalheirathsalter, wie es vom Gesichtspunkte der geschlechtlichen Reife aus verlangt wird, zusammenfalle mit dem durch die Produktivität der Nazionalarbeit geforderten.

Dies hat Schäffle in seinem „Kapitalismus und Sozialismus" auch gethan, wo er, wie schon erwähnt, das Minimalheirathsalter mit 25 Jahren für den Mann und 22 für die Frau bemass. Aber in seinem neuesten Werke thut er diess nirgends, er ist so vorsichtig, diess Heirathsalter nirgends zu nennen und es doch als Prämisse gelten zu lassen: auf diese Weise gelangt er dahin, aus seinen Voraussetzungen ganz richtige Schlüsse ziehen zu können, und eine Kritik dieser Voraussetzungen zu vermeiden. Er fühlte wohl, auf wie schwachen Füssen dieselben ständen, seitdem er den orthodoxen Malthus'schen Standpunkt verlassen hat, dass aber auch seine Konsequenzen Inkonsequenzen würden durch Fallenlassen der einen Prämisse.

Nehmen wir an, Schäffle habe Recht, wenn er den Eintritt der vollständigen Reife beim Manne mit dem 25. und bei der Frau mit dem 22. Jahre ansetzt und die völlige Enthaltung vom Geschlechtsgenusse bis zu dieser Zeit für vortheilhaft hält. Wenn diess auch heute besonders in den Städten und namentlich bei der Frau auf keinen Fall zutrifft, so wäre es doch möglich, dass durch Einführung einer naturgemässen Lebensweise, reizloser Kost und Verdrängung des Stubenhockens durch ausgiebige Bewegung im Freien sowie durch Abhärtung gegen Witterungseinflüsse und Gewöhnung an leichte Kleidung die Geschlechtsreife bis zu diesem Zeitpunkte hinausgeschoben werden könnte: weiter hinaus ist diess nicht möglich. Eine solche Hinausschiebung des Heirathsalters wird aber kaum merklichen Einfluss auf die Bevölkerungszunahme üben. Dauert doch die Fortpflanzungsfähigkeit der Frau bis zum 45. Jahre!

Heutzutage bereits würde der Schäffle'sche Vorschlag geringen Einfluss üben, wie denn erst in einer Gesellschaft, wo die Sterblichkeit um so viel verringert, Kummer und Noth so weit als möglich beseitigt wären.

Wie wenig die Frauen unter dem 20. Jahre — für die unter dem 22. liegt mir keine Berechnung vor — die Bevölkerungszunahme befördern, lehrt ein Blick auf die Statistik.

In Schweden kamen von 10.000 Geburten auf Frauen

im Alter von	von 1776—1855	speziell von 1850—1855
unter 20 Jahren	212	109
20—25 „	1518	1287
25—30 „	2619	2687
30—35 „	2620	2824
35—40 „	1919	2012
40—45 „	945	954
45—50 „	164	125
über 50 „	3	2
Summe	10.000	10.000 [1])

Rechnen wir von den Geburten, welche auf die Frauen im Alter von 20—25 Jahren kommen $^2/_5$ zu denen der Frauen von 20—22 Jahren, so erhalten wir für sämmtliche Frauen unter 22 Jahren 819, respektive 624 Entbindungen unter 10.000 Geburten. Nicht mehr wie 6—8% aller Geburten könnten also durch Schäffle's Vorschlag verhütet werden.

Doch nicht einmal dieses geringfügige Resultat dürfte derselbe zur Folge haben, soweit man aus dem bisher zu Gebote stehenden statistischen Materiale ersehen kann, welches allerdings zu dürftig ist, als dass es eine sichere Grundlage abgeben könnte.

---

[1]) Wappäus, Allgemeine Bevölkerungsstatistik, II. p. 326.

Goehlert hat aus 25 Jahrgängen des Gothaischen Almanachs folgende Daten über die Ehen fürstlicher Familien gezogen:

Zahl der lebend geborenen Kinder aus einer Ehe

Alter des Vaters bei der Verheirathung	Alter der Mutter bei der Verheirathung				Fruchtbarkeit der Männer
	unter 20	20—25	26—30	über 30	
unter 20 Jahren	5·01	3·50	5·00	—	5·00
20—25 „	5·33	5·80	4·43	2·33	5·43
26—30 „	5·13	4·90	4·60	4·50	4·95
30—35 „	4·46	4·44	4·33	3·31	4·36
35—40 „	4·75	3·98	4·29	3·17	4·18
über 40 „	4·13	3·47	4·56	3·64	3·78
Fruchtbark. d. Frauen	5·03	4·80	4·47	3·43	4·81 [1])

Betrachten wir die gegebenen Zahlen, so finden wir, dass die nach dem 20. respektive 25. Jahre geschlossenen Ehen durchaus nicht weniger Kinder aufweisen, als die vorzeitigen Ehen. Dennoch wäre es gewagt, Schlüsse aus diesen Zahlen ziehen zu wollen. Einestheils hat Goehlert nur erste Ehen berücksichtigt und unter diesen nur solche, welche wenigstens zwei Kinder haben. Wären also z. B. die vorzeitigen Ehen zum grössten Theile unfruchtbar, so würde diess aus den gegebenen Zahlen nicht ersichtlich sein, weil diese Ehen in die Tabelle gar nicht aufgenommen wurden. Die Daten aus dem genealogischen Almanach sind aber überhaupt nicht gut verwendbar, einestheils, weil unter der Aristokratie ganz andere soziale Verhältnisse herrschen, als unter der Mehrheit des Volkes und die sozialen Einflüsse hier viel massgebender sind als in den unteren Schichten, besonders aber desswegen, weil sie stets auf kleinen Zahlen basiren, kleine Zahlen aber in der Statistik unverwendbar sind. Nur in grossen Zahlen verschwindet das Abnormale und tritt das Regelmässige zu Tage.

Was für einen Werth hat z. B. die Zahl von fünf Kindern bei Ehen, bei deren Schliessung die Mutter 26—30, der Vater unter 20 Jahren alt war? Die Zahl ist 2 (!) Ehen entnommen mit einer Gesammtzahl von 10 Kindern.

Sicherere Resultate könnte man gewinnen, wenn der Staat alle Menschen so ihrer Beachtung würdig halten würde, wie die Fürsten, und über alle so genaues Buch führte, wie über diese. Leider bietet nur die schwedische Statistik amtliche Daten, welche wir oben reproduzirten, die auf grösseren Zahlen basiren, also zuverlässig sind, aber blos eine Seite der Frage behandeln, den Gegenstand jedoch bei weitem nicht erschöpfen. Sonst ist man in diesem Punkte ganz auf private Forschungen angewiesen, welche naturgemäss kein zuverlässiges Ergebniss haben können.

Sadler hat eingehende Untersuchungen über diesen Gegenstand angestellt. Der vorsichtige Quetelet unterwarf sie einer scharfsinnigen Revision und gelangte zu nachstehenden Folgerungen: 1. Die zu

---

[1]) Wappäus, Allg. Bvst., II. p. 326.

frühzeitig geschlossenen Ehen befördern die Unfruchtbarkeit und die darin erzeugten Kinder haben eine geringe Lebensprobabilität. 2. Auf die Fruchtbarkeit der Ehen hat, abgesehen von den sterilen, das Heirathsalter keinen Einfluss, so lange dasselbe bei den Männern nicht ungefähr 33, bei den Frauen 26 Jahre übersteigt. Nach diesem Lebensalter vermindert sich die Zahl der Kinder, welche erzeugt werden können. 3. Hienach kann man unter gleichzeitiger Berücksichtigung der wahrscheinlichen Lebensdauer schliessen, dass diejenigen Ehen die fruchtbarsten sind, die von Seiten des Mannes vor dem 33., von Seiten der Frau vor dem 26. Lebensjahre geschlossen werden 4. Bringt man das relative Alter der Ehegatten in Anschlag, so ergeben sich unter sonst gleichen Umständen diejenigen Ehen als die fruchtbarsten, in welchen der Mann mindestens so alt ist, wie die Frau oder auch älter, ohne sie jedoch bedeutend im Alter zu übertreffen. [1])

Nach diesen Ergebnissen würde also der Vorschlag Schäffle's nichts anderes zur Folge haben, als die Steigerung der Fruchtbarkeit zu ihrem höchst möglichen Grade! Die vorzeitigen Ehen, welche Unfruchtbarkeit begünstigen, werden beseitigt, die Ehen im Alter der höchsten Fruchtbarkeit geschlossen, und da jeder nach Ablauf des Heirathsminimums sich natürlich sogleich vermählen wird unter den von uns und Schäffle vorausgesetzten sozialen Verhältnissen, so wird auch das Verhältniss des Alters des Mannes zu dem der Frau gerade dasjenige sein, welches die Fruchtbarkeit am stärksten befördert. Sollte der Schäffle'sche Vorschlag irgend einen Erfolg haben, so müsste das Minimum des Heirathsalters also weit über den Punkt der erlangten Reife hinausgeschoben werden, auf jeden Fall über das 33. respektive 26. Jahr hinaus. Dann kommen wir dazu, was schon Hegewisch als unvermeidliche Folge der Bestimmung eines Heirathsalters erkannt hat, und was er in seiner eigenthümlichen Manier so ausdrückt: „Das Dilemma ist dieses: entweder wird das Geschäft, die Volksvermehrung bei Gleichem zu erhalten, von allen betrieben, dann aber darf nicht der ganzen Produktivkraft der Ehen freier Spielraum gelassen werden, dann dürfen im. Durchschnitt auf jede Ehe kaum mehr als drei Kinder kommen, mithin muss man sich bequemen, die Weiber erst wenige Jahre vor dem Verschwinden der Menstruazion zu heirathen und die Weiber müssen sich gefallen lassen, erst dann geheirathet zu werden (es wäre denn, dass die frühzeitiger sich vereinigenden Paare nach Erzielung des Kontingentes entweder sich unmenschlicherweise der ehelichen Umarmung enthielten oder dieselbe unnatürlicherweise unkräftig, unschädlich machten) oder es wird nicht von allen betrieben, nur einige sind verheirathet, andere aber müssen feiern." [2])

Hegewisch hat hier das Dilemma ganz richtig gestellt. Wir ersehen aber daraus bereits den Grund, warum ein Mann wie Schäffle,

---

[1]) Quetelet, de l'homme, II. p. 65 bei Wappäus, allg. Bvst., II. p. 325.
[2]) Malthus, über d. Bev., übersetzt v. Hegewisch, IV, 4. Kap.

der sonst vor keinen Konsequenzen zurückscheut, sich hier in ein Netz von Inkonsequenzen und Halbheiten verstrickt, nur um nicht diejenige Konsequenz zu ziehen, die er sonst unabwendbar ziehen müsste, nur um nicht den einzigen Vorschlag machen zu müssen, gegen den er selbst an und für sich nichts einwenden kann: **den präventiven geschlechtlichen Verkehr**, die Anwendung einer Methode, durch welche die eheliche Umarmung unkräftig gemacht wird. Es ergeht ihm, wie es schon vielen ergangen ist, und wie es auch manchem Leser dieses Buches ergehen wird: Alle anderen Vorschläge muss er für unmöglich erklären, seine Vernunft zwingt ihn, anzuerkennen, dass jeder andere Weg, dem Laster und Elend zu entrinnen, nur wieder zu Laster und Elend zurückführt — und doch kann er es nicht über sich bringen, dem einzig möglichen Auswege sich zuzuwenden, weil — sein Gefühl dagegen sich sträubt.

Oder kann man etwas anderes gegen den präventiven Verkehr an und für sich vorbringen? Niemand kann das, auch Schäffle nicht. Er kann ihn nicht verdammen, er will ihn nicht akzeptiren: so lässt er, was allerdings sehr klug ist, die Frage in der Schwebe. Allerdings führt er drei gewichtige Gründe gegen den präventiven Verkehr an, dieselben sind jedoch rein sozialer Natur, sie richten sich nicht gegen die Prävenzion als solche, wie das meist geschieht, **sondern der erste und dritte blos gegen ihre Anwendung in der heutigen Gesellschaft**, der zweite gegen eine Forderung, die nicht nothwendig mit ihr zusammenhängt. Er hebt nur hervor „die Gefahr der **Entvölkerung**, die Nothwendigkeit der **Ehe** für eine unbedenklichere Regelung des Präventivverkehrs selbst, endlich den **Zusammenhang** auch dieser Frage mit der **Vertheilung des Nazionaleinkommens**, mit der ganzen Organisazion der Volkswirthschaft." [1])

Dass diese Einwendungen nicht gegen den präventiven Verkehr als solchen, sondern gegen seine Anwendung unter gewissen Verhältnissen gerichtet sind, führt er dann selbst aus. Wir müssen bedauern, nicht seine ganzen hochinteressanten Ausführungen über diese Punkte wiedergeben und nur die entscheidenden Sätze bringen zu können. Seine Einwendungen sind so neu und zugleich so tiefsinnig und eingehend, dass sie uns nicht nur anregen, den präventiven Verkehr auch von einer anderen Seite zu betrachten, als es bisher geschehen, sondern dass sie uns auch zeigen, wie sehr im Gegensatz zu den gewöhnlichen Schreiern, die mit einigen Schlagworten von Unsittlichkeit die Frage abthun zu können glauben, Schäffle sie der aufmerksamsten und eingehendsten Untersuchung für würdig hält.

Er betont diess einmal ausdrücklich: „Man sollte meinen, dass man von je eindringendst mit der Frage der Prävenzion sich beschäftigt habe. Merkwürdiger Weise ist man aber dieser Grundfrage aus dem Wege gegangen. Man verspottet und verketzert bis auf den heutigen Tag diejenigen, die sie in voller Schärfe zu stellen und den

---

[1]) Schäffle, Bau u. L. d. s. K., II. p. 260.

wahren Ursachen sozialen Elends fest ins Angesicht zu schauen wagen. Dagegen ist eine ganze Reihe von Frasen und Palliativen ersonnen worden, durch welche man dem Problem auszuweichen sucht, weil man die der Anerkennung des unerbittlichen Bevölkerungsgesetzes entgegenstehenden Leidenschaften und Klassen-Interessen über die Wirkungen dieses Gesetzes hinwegzutäuschen wünscht."[1]

Wahr, sehr wahr. Schade, dass Schäffle selbst im 3. Bande diese Worte vergessen hat, und dem Problem durch Palliative auszuweichen versucht.

Von den drei Einwendungen Schäffle's gegen den präventiven Verkehr gehören die erste und die dritte eigentlich zusammen. Die Gefahr der Entvölkerung, meint er, „droht wirklich und im hohen Grade, wenn nicht zugleich für eine bessere Vertheilung des Volkseinkommens gesorgt wird" (p. 260.) Der Grund dafür wird bei dem dritten Punkte beigebracht: „Bei ungleicher Vertheilung des Nazionaleinkommens trifft der moralische Verzicht auf die Ausübung eines der stärksten Triebe nur die Armen und sie ganz. Ebendesshalb wird von den Massen entweder gar keine Enthaltung geübt oder allgemein den unmoralischen Vorbeugungen gehuldigt werden. Nur wenn die Last der Enthaltsamkeit gleich vertheilt, d. h. wenn jedem Paar eine mässige Progenitur erreichbar wäre, ist es denkbar, dass Alle es freiwillig unterlassen oder es sich vorschreiben lassen, (nicht?) vor der völligen Geschlechtsreife zu heirathen. Nur dann ist es denkbar, dass sie in der Ehe auf das ernährbare Mass der Nachkommenschaft sich beschränken; ist es denkbar, dass die Sitten gegen das überzählige Kinderzeugen als eines der grössten Verbrechen wider die Gesammtheit verdientermassen weit stärker reagiren würden, als seit Jahrtausenden gegen die Unzucht, die Prostituzion und die unnatürlichen Laster reagirt wird." (p. 264.) Dieser Einwand richtet sich also weniger gegen den präventiven Verkehr, als gegen die moderne Gesellschaft, er besagt nichts, als dass die anarchische Produkzionsweise eine Regelung der Bevölkerung ebenso wenig möglich mache als eine Regelung der Gütererzeugung, dass dieselbe stets zwischen Uebervölkerung und Entvölkerung, wie zwischen Ueberproduktion und wirthschaftlichen Stockungen schwanken müsse, dass eine Regelung der Bevölkerungsbewegung nur dann möglich sei, „wenn zugleich eine gute rechtliche Organisazion der sozialen Güterproduktion und der sozialen Einkommensvertheilung erstrebt und durchgeführt wird." (p. 264.)

Ich bin in meinen Untersuchungen zu dem Ergebnisse gelangt, eine befriedigende Lösung der sozialen Frage sei nicht möglich ohne eine Regelung der Bevölkerung; Schäffle hingegen beweist, dass eine Regelung der Bevölkerung nicht möglich sei ohne diese Lösung: beide Ergebnisse vereinigt ergeben das Resultat, dass die Lösung der sozialen Frage und die Regelung der Bevölkerung einander

---

[1] Schäffle, a. a. O., p. 260.

wechselseitig bedingen, dass eine ohne die andere unmöglich ist, dass also die **Bevölkerungsfrage** die Aufmerksamkeit der Soziologen ebensosehr verdient, als die **soziale Frage**. Schäffle's Ergebnisse widersprechen den meinen nicht, sie ergänzen sie.

Der dritte Einwand richtet sich gegen eine Spezialforderung des oben erwähnten unbekannten medizinischen Verfassers der „Gesellschaftswissenschaft", die **Abschaffung der Ehe**. Der Gegenstand ist zu wichtig und verdient eingehendere Behandlung, als es die Anlage des vorliegenden Werkes gestattet, so dass ich mich hier nicht darauf einlasse, zu untersuchen, wessen Ansicht mehr Berechtigung habe, die Schäffle's oder die des Mediziners, ich will nur bemerken, dass meines Erachtens die Frage, ob man die Ehe **abschaffen** solle oder nicht, eine ganz müssige ist, etwa wie die der Abschaffung Gottes während der französischen Revoluzion. Die Ehe als **soziale Instituzion** lässt sich weder einführen noch abschaffen, es kann sich nur darum handeln, ob der Staat zu ihrer Erhaltung einen Zwang ausüben soll oder nicht, so wie er auch früher einen Zwang zur Erhaltung der Religion ausgeübt hat, zum Theile noch übt. Diese Frage ist allerdings eine ebenso ernste als brennende. Aber mit der Frage des präventiven Verkehrs hat sie sehr wenig zu thun. Einestheils verlangt der anonyme Mediziner eigentlich gar nicht die „Abschaffung" der Ehe, sondern für die **Unverehelichten** die Ermöglichung eines ausserehelichen geschlechtlichen Verkehrs ohne nachtheilige Folgen für die Achtung, welche die Betreffenden in der Gesellschaft geniessen. Anderntheils giebt Schäffle selbst zu, dass die Ehe durch den Präventivverkehr nicht ausgeschlossen sei, er behauptet sogar: „Die Ehe wäre gerade bei Präventivverkehr ein Postulat der Kollektiverhaltung und der sittlichen Würde." ...... „Nur in der Ehe kann der so gepriesene präventive Verkehr oder die Malthus'sche Enthaltsamkeit **einerseits der Uebervölkerung Schranken setzen**, weil für Eheleute die zwei stärksten Vorbeugungsmotive, dauernde Erziehungslast und die Sorge für die Zukunft, am vollkommensten wirksam sind, andererseits würde bei der Nachhaltigkeit des ehelichen Geschlechtsverhältnisses die **Vermehrung nicht leicht in Entvölkerung ausarten**, da für dauernd verbundene Paare mehr als für vorübergehende Verbindungen der Wunsch vorhanden ist, die nach dem gesellschaftlichen Nahrungsstande zulässige und ernährbare Durchschnittszahl von Kindern wirklich zu erlangen, also die Prävenzion nicht über die Schranken des unerlässlichen Unterhaltsmasses hinaus zu üben. Mit der Ehe ist es denkbar, dass der „Präventivverkehr" hinreichend angeregt würde, um die schädliche Proliferazion zu verhüten, ohne durch Scheu vor der Last der Nachkommenschaft zu weit getrieben zu werden. Zu schweigen davon, dass das für das moralische Gefühl Anstössige des Verfahrens noch am ehesten gemildert wird, wenn der Präventivverkehr nicht der Erleichterung der Wollust, sondern dem Wohlstand der Kinder und der Familie dient." (p. 262.)

Das sind die einzigen Einwände, die Schäffle gegen den präventiven Verkehr erheben kann, wenn man sie Einwände nennen will, denn sie sind vielmehr nur eine Auseinandersetzung der Vorbedingungen, welche nothwendig sind, um einen gedeihlichen Erfolg der Anwendung des präventiven Verkehrs zu erlangen. Andere Einwände als diese gibt es aber, wie gesagt, nicht, und somit werden wir mit unwiderstehlicher Nothwendigkeit getrieben, den präventiven geschlechtlichen Verkehr, als das geringste unter den Uebeln, die wir wählen m ü s s e n , anzunehmen.

Die Frage kann nicht mehr lauten: ob präventiver Verkehr angewendet werden soll, sondern nur mehr, w a n n er angewendet werden wird und w e l c h e A r t dieses Verkehrs wir wählen sollen. Denn es gibt verschiedene Methoden desselben, und leider sind es gerade die entschieden schädlichen, welche heutzutage am häufigsten — häufiger als man denkt — angewendet werden, was kein Wunder ist, wenn man bedenkt, dass weniger die Wissenschaft als die Praxis sich bisher mit dem Präventivverkehr beschäftigte und daher natürlich zu den zunächstliegenden Methoden griff. Wenn sich die Wissenschaft der Frage eingehender hingeben wird, wird man zweifellos Mittel des präventiven Verkehrs finden, welche weniger Anstoss erregen werden, als die heute bekannten, aber, selbst wenn keine weiteren Fortschritte auf diesem Gebiete möglich sein sollten, was doch undenkbar ist, selbst in diesem Falle wird sich die Wagschale entschieden zu Gunsten des Präventivverkehrs wenden müssen, denn heute bereits kennt man Methoden desselben, welche unbedeutende Unbequemlichkeiten verursachen und vollkommen unschädlich sind, wie z. B. das Raciborskische Verfahren. [1)]

Mit unwiderstehlicher Nothwendigkeit drängt sich uns der präventive geschlechtliche Verkehr auf, sobald wir zur vollen Erkenntniss des Bevölkerungsproblems gelangt sind. Wir kennen bei

---

[1)] Vgl. über das „Technische" das Buch „die Grundzüge der Gesellschaftswissenschaft." Entschieden zurückzuweisen sind Vorschläge, wie sie z. B. gemacht werden in der oberflächlichen Kompilazion eines Dr. Roderich Hellmann, „über Geschlechtsfreiheit, ein filosofischer Versuch zur Erhöhung des menschlichen Glückes", Berlin 1878, an welcher nichts neu ist, als die Unverfrorenheit, mit der der Verfasser die widernatürlichsten, Geist und Körper zerrüttenden Geschlechtsverhältnisse empfiehlt, als paedicare, irrumare, cunnilingere, masturbare (!), die Sodomie und Tribadie. Solche Karrikaturen des präventiven geschlechtlichen Verkehrs können nicht entschieden genug gebrandmarkt werden, da sie nur zu sehr geeignet sind, dem nicht tiefer Forschenden als identisch zu erscheinen mit den ernsten, hochsittlichen und auf wissenschaftlicher Ueberzeugung beruhenden Bestrebungen derjenigen Sozialisten, welche die aus dem Bevölkerungsgesetz entspringenden Gefahren klar erkannt haben, und da sie nur zu sehr dazu beitragen, diese Bestrebungen gerade in den Augen der wahren Menschenfreunde zu diskreditiren, mögen dieselben noch so vorurtheilsloss sein. Die von Herrn Hellmann vorgeschlagenen Arten der Befriedigung des Geschlechtstriebes zu beseitigen, nicht zu befürdern, ist die Absicht derjenigen Sozialisten, welche den präventiven geschlechtlichen Verkehr befürworten. Denn diese Befriedigungsweisen gehören mit zu den unheilvollen Folgen, welche eine Uebervölkerung, möge sie eine natürliche oder künstliche sein, mit sich bringt, daher sie mit dem Weitergreifen des Industrialismus so erschreckend wachsen. Der präventive geschlechtliche Verkehr wird sie beseitigen, er ist mit ihnen nicht nur nicht gleichbedeutend, sondern ihnen sogar feindlich.

dem heutigen Stande der Wissenschaft kein anderes Mittel zur Regulirung der Bevölkerung und wir müssen ihn daher akzeptiren, weil wir uns nicht auf das verlassen können, was möglicher- wenn auch nicht wahrscheinlicherweise einmal in ferner Zeit an dessen Stelle gesetzt werden könnte. Neben dem präventiven Verkehr gäbe es nämlich noch einen Weg, den Leiden der Uebervölkerung zu entgehen: die bewusst herbeigeführte Verringerung der Fruchtbarkeit des Menschengeschlechtes durch entsprechende Aenderungen unserer Lebensweise.

Diese Lösung der Bevölkerungsfrage wäre entschieden die vortheilhafteste und befriedigendste unter allen, wenn diese Lösung nicht selbst etwas gar zu problematisch wäre.

So unwahrscheinlich sie auch ist, unmöglich kann man sie a priori doch nicht nennen.

Es ist eine bekannte Thatsache, dass bei vielen Thier- und auch Pflanzengattungen Aenderungen in der Nahrung und in der Lebensweise die Fruchtbarkeit beeinflussen, ohne sichtbare Verminderung ihrer Gesundheit. „Es kann nachgewiesen werden," sagt Darwin, „dass das Reproduczionssystem in einem ausserordentlichen Grade (doch wissen wir nicht, warum) für veränderte Lebensbedingungen empfindlich ist: diese Empfindlichkeit führt sowohl zu wohlthätigen als üblen Resultaten. . . . Sehr unbedeutende Veränderungen erhöhen die Gesundheit, Lebenskraft und Fruchtbarkeit der meisten oder aller organischer Wesen, während von anderen Veränderungen bekannt ist, dass sie eine grosse Zahl von Thieren unfruchtbar machen." [1]

Das bekannteste Beispiel hiefür bietet der indische Elefant, der sich im gezähmten Zustande nicht fortpflanzt, ausser in Ava, wo die Weibchen durch die Wälder schweifen können. Der gleiche Fall tritt bei den Tapiren ein, welche von den Indianern zahm gehalten werden; ihre Fruchtbarkeit vermindert sich ohne dass eine Abnahme ihrer Gesundheit merklich wäre. Dasselbe kann man bei den Papageien beobachten, Thieren, welche in der Gefangenschaft gesund und kräftig bleiben. Auch bei domestizirten Thieren bringen Veränderungen in der Lebensweise zugleich solche in der Fruchtbarkeit hervor, obwohl seltener, als bei wilden Thieren, wahrscheinlich, weil sie in grösserem Masse variirenden Bedingungen ausgesetzt wurden und sich daher an solche gewöhnt haben. Die Schafe in den heissen Thälern der äquatorialen Kordilleren sind jedoch nicht völlig fruchtbar, und Stuten, die im Stall mit trockenem Futter aufgezogen und dann auf Grasweiden gebracht wurden, pflanzten sich Anfangs nicht fort.

Es wäre nun Sache der Fysiologen, zu untersuchen, ob man nicht Veränderungen in der Lebensweise und Nahrung des Menschen herbeiführen könnte, welche mindestens keine grösseren Unbequem-

---

[1] Darwin, Abstammung d. Menschen, I. p. 247. In seinem Werke: „Das Variiren der Thiere und Pflanzen im Zustande der Domestikazion", II. B. c. XVIII., beschäftigt sich Darwin eingehend mit diesem Thema, diesem Kapitel sind auch die hier angeführten Thatsachen entnommen.

lichkeiten verursachen, als der präventive geschlechtliche Verkehr, und ebensowenig, wie manche Formen desselben das Wohlbefinden des Menschen stören, zugleich aber so wie diese, die Geburten in genügendem Masse zu verringern im Stande sind. Reich hält diess, wenigstens zum Theil, für möglich, indem er sagt: „Das Gattungsleben des Menschen wird nach dem bisher entwickelten zu nicht geringem Theil mit Hilfe der Diät zu reguliren sein, und zwar in der Weise, dass der Zeugungsdrang nicht über ein normales Mass hinaus erhöht, auch die Fruchtbarkeit nicht beschränkt und wiederum nicht künstlich gesteigert werde. Es geschieht diess unter Anderem durch den Einfluss einfacher, vorwiegend pflanzlicher Nahrung, durch Enthaltung von geistigen Getränken und Vermeidung scharfer Gewürze." [1])

Es ist jedoch sehr zweifelhaft, ob man auf diesem Wege zu günstigen Resultaten gelangen wird, obgleich bei den dürftigen Kenntnissen, welche die Wissenschaft heutzutage noch über das Sexualsystem und die Vorgänge bei der Zeugung hat, die Frage sich nicht unbedingt verneinen lässt. Gewichtige Gründe lassen jedoch ein befriedigendes Ergebniss auf diesem Gebiete sehr unwahrscheinlich erscheinen. Gleich den domestizirten Thieren sind auch zivilisirte Menschenrassen gegen leichte Veränderungen der Lebensweise ziemlich unempfindlich, und es ist daher nicht wahrscheinlich, dass eine Verminderung ihrer Fruchtbarkeit eintreten würde, es sei denn, dass die Veränderungen der Lebensbedingungen so gross wären, dass sie mehr Unzukömmlichkeiten im Gefolge hätten, als der präventive Verkehr. Ueberdiess kennt man heute schon viele Thiergattungen, bei denen die Verminderung der Fruchtbarkeit regelmässig von einer Abnahme der Gesundheit begleitet ist, und wenn sie auch bei anderen nicht merklich zu Tage tritt, so ist zum mindesten noch nicht konstatirt, dass bei ihnen die Abnahme der Fruchtbarkeit nicht von einer Beeinträchtigung des Wohlbefindens begleitet sei. Es weist vielmehr Alles darauf hin, dass geringe Fruchtbarkeit der Gattung und Wohlbefinden derselben unvereinbar miteinander sind. Alle diejenigen wilden Menschenrassen, welche in Folge ihrer Berührung mit zivilisirten Völkern, also in Folge einer Veränderung ihrer Lebensweise, unfruchtbar geworden sind, haben regelmässig zugleich ihre Gesundheit eingebüsst.

Der präventive geschlechtliche Verkehr ist daher wahrscheinlich dasjenige Mittel, welches von allen möglichen, der Uebervölkerung zu entgehen, das geringste Uebel mit sich führt und daher das sittlichste ist. Selbst wenn keine neuen Entdeckungen auf diesem Gebiete mehr gemacht werden sollten, wenn die heute bekannten Verfahrungsweisen des präventiven Verkehrs wirklich die einzig möglichen wären, selbst dann müsste die Lösung der aus dem Bevölkerungsgesetze entspringenden Schwierigkeiten durch sie eine befriedigende genannt werden. Man frage sich nur ehrlich, ob die Summe möglichen mensch-

---

[1]) E. Reich, d. Fortpflanzg. u. Vermehrg. d. Menschen, p. 56.

lichen Glückes nicht unendlich weniger vermindert wird durch die geringen Unbequemlichkeiten, welche z. B. das Raciborski'sche Verfahren mit sich bringt, als durch die furchtbaren, die ganze Menschheit vergiftenden Uebel, welche die Uebervölkerung nothwendig mit sich bringt. Man vergegenwärtige sich nur deutlich, was aus dem sozialistischen Paradiese schliesslich werden muss, wenn man die „unnatürliche" Verringerung der Geburten von sich weist. Nach einer kurzen Uebergangsperiode macht sich das Gesetz des abnehmenden Bodenertrages immer empfindlicher fühlbar, immer mehr Hände und mehr Zeit werden dem Ackerbau zugewendet, der Industrie, den Künsten und Wissenschaften entzogen, bis zuletzt jede Arbeitskraft, jede Arbeitsstunde der Agrikultur geopfert werden muss. Und nachdem Schritt für Schritt die Natur Alles wieder zurückerobert, was der Menschengeist ihr abgerungen, nachdem wirklich, wie Mill sagt, Alles verloren gegangen, was die Menschheit über einen Ameisenhaufen oder eine Biberkolonie stellt, wird die Uebervölkerung mit allen ihren entsetzlichen Folgen hereinbrechen, und Europa zum Schauplatz derselben Gräuel machen, welche es heutzutage schänden.

Doch nein, dahin wird es, dahin kann es nicht kommen; der Sozialismus trägt in sich selbst die Bürgschaften seines Bestandes: das Glück, das er verbreiten wird, wird nicht der Uebergang zu neuem Elend, sondern zu immer grösserem Glücke sein. Der Mensch, der in einer schlechten Lage geboren ist, kann sich allenfalls bis zu einem gewissen Grade in derselben zufrieden fühlen, nicht aber einer, der in einer besseren Lage geboren ist und in die schlechtere herabzusinken droht. Nur wenige Menschen machen ausserordentliche Anstrengungen, sich in der Gesellschaft emporzuschwingen, aber es gehört schon ein ungewöhnlicher Grad von Trägheit und Indolenz dazu, um ohne das gewaltsamste Widerstreben in eine schlechtere Lebenslage sich herabdrücken zu lassen. Fast jeder wird die verzweifeltsten Versuche machen, diesem Schicksale zu entgehen. Wie mit dem Menschen, ist es auch mit der Gesellschaft. Gegen die Uebel der modernen Produkzionsweise ist man schon so abgestumpft, dass sie vielen, besonders denen, die sie nicht aus eigener Anschauung kennen, gering erscheinen neben den Uebeln des präventiven Verkehrs, welche das Vorurtheil noch verzehnfacht. Die Macht dieses Vorurtheiles ist so gross, dass sie sogar denen eine Anwendung des präventiven Verkehrs als verwerflich erscheinen lässt, welche zugeben, dass die Nachtheile der heutzutage künstlich erzeugten Uebervölkerung viel grösser sind. Eine Gesellschaft aber, in der Prostituzion und Zölibat, Kriege und Seuchen, Hunger und Elend nicht zu den alltäglichen Erscheinungen gehören, wird, vor die Alternative gestellt, die Bevölkerungszunahme bewusst zu regeln, oder eines dieser Uebel über sich ergehen zu lassen, sicher den ersten Ausweg wählen. Sie wird, sie muss es thun. Die Umgestaltung der Gesellschaft im sozialistischen Sinne führt die Annahme des präventiven Verkehrs und damit die Bürgschaft ihres Bestandes nothwendig mit sich und es ist diess in dieser neuen Gesellschaft nur mehr eine

Frage der Zeit. Je früher man aber dazu greift, je weniger man sich durch die Noth zur Regulirung der Volksvermehrung zwingen lässt, desto besser für den Fortschritt und das Glück der Menschheit. Mögen die konservativen Köpfe, die man überall, auch unter den Revoluzionären findet, noch so sehr dagegen zetern, nur dass Wann, nicht das Ob ist in Frage.

Bei dem heutigen Stande der Wissenschaft handelt es sich, wie schon gesagt, nicht mehr darum, ob die Regelung der Bevölkerungszunahme sittlich ist, oder nicht, sondern nur mehr darum, **welche Art ihrer Regelung die sittlichste ist. Diese Frage** ist es, auf welche das Bevölkerungsproblem reduzirt worden, das Problem, dessen Lösung die Vorbedingung jeder ersprieslichen Besprechung der sozialen Frage ist. Alle Menschenfreunde, vor Allem alle Sozialisten, haben daher die Pflicht, die Beantwortung **dieser Frage** zu betreiben, sie haben die Pflicht, die Wissenschaft, vor Allem die Fysiologie zur Untersuchung **dieser Frage** aufzufordern. Kaum ein anderes Gebiet ist bis jetzt von der Letzteren so vernachlässigt worden, wie das Bevölkerungsgesetz und die Beseitigung der aus demselben entspringenden Schwierigkeiten. Mit ganzer Kraft muss sie sich aber mit einer Frage beschäftigen, deren Entscheidung so schwerwiegende Folgen für die ganze Menschheit hat. Man kann jedoch nicht erwarten, dass diess eher geschehen werde, als bis der Gegenstand von dem Fluche der Unsittlichkeit befreit ist, mit dem ihn Vorurtheil und Unwissenheit belegt haben. **Das ist es, was wir mit allen Mitteln erstreben müssen**, anstatt die Politik des Vogels Strauss zu befolgen und zu glauben, die Uebervölkerung mit allen ihren Schrecken drohe uns nicht, wenn wir sie nicht sehen wollen. Die bisherige unfruchtbare Negazion gegenüber der Bevölkerungstheorie, ist wenigstens von Seiten des Sozialismus durchaus nicht am Platze, da jene nicht prinzipiell mit diesem unvereinbar ist.[1]) Wenn auch die grosse Wahrheit, welche das Bevölkerungsgesetz enthält, gegen den Sozialismus weidlich ausgebeutet wurde, so rührt diess daher, dass man aus ihm Konsequenzen zog, die nicht nothwendig mit ihm verbunden waren, so wie man ja auch aus dem Kampfe ums Dasein alle möglichen Folgerungen zu Ungunsten des Sozialismus und zu Gunsten der Manchestertheorie deduzirt hat. Ich will damit nicht sagen, dass wir Malthusianer werden sollen. Denn

---

[1]) Diess beweist unter Anderem die Adresse der neu-malthus'schen Liga an die Mitglieder des letzten sozialistischen Arbeiterkongresses in Marseille. Diese Malthusian-League, 28, Stonecutter street, Ferringdon street, London E. C., stellt als ihren Zweck auf: „1. an der Beseitigung jeder Strafe gegen die öffentliche Diskussion der Bevölkerungsfrage zu arbeiten und eine gesetzliche Definizion zu erlangen, welche es in Zukunft unmöglich macht, dass dergleichen Diskussionen nach dem gemeinen Gesetze als Verbrechen verfolgt werden —" ein Fall, der sich in England thatsächlich ereignet hat, in dem Prozesse gegen Bradlaugh und Frau Besant, welche angeklagt und verurtheilt wurden, „weil sie die Sitten des Volkes verschlechterten" durch die Herausgabe eines Buches, in dem der präventive Verkehr empfohlen wurde — „2. will sie im Volke mit allen möglichen Mitteln die Kenntniss des Bevölkerungsgesetzes, seiner Folgen und seines Einflusses auf die menschliche Lebensweise und Moral verbreiten."

die Bedeutung von Malthus besteht hauptsächlich darin, dass er aus einer fysiologischen Wahrheit, die schon vor ihm bekannt war, falsche nazionalökonomische Konsequenzen zog. Wegen dieser seiner Irrthümer und nicht wegen des in denselben enthaltenen Körnleins Wahrheit hat ihn die Bourgeoisie und ihre Wissenschaft vergöttert. Wir dürfen aber diess Körnlein Wahrheit nicht mit den Irrthümern verwerfen. Wir bleiben nach wie vor Gegner der Malthus'schen nazionalökonomischen Lehren, aber wir müssen das Bevölkerungsgesetz, auf welches er sich stützt, als richtig anerkennen, mögen unsere Gefühle sich noch so sehr dagegen sträuben. Den Harmonieaposteln allein bleibe hinfort die undankbare Aufgabe überlassen, es hinwegeskamotiren und die Natur- und Gesellschaftsgesetze nach ihren Wünschen konstruiren zu wollen. Aber eine würdigere Aufgabe ist es, diese Gesetze vorurtheilslos zu erkennen und aus ihrer Erkenntniss die Mittel zu schöpfen, sie unschädlich zu machen, und nicht nur in der Gesellschaft, sondern auch in der Natur b e w u s s t eine Harmonie herzustellen, da sie u n b e w u s s t niemals eintritt.

Gefühl und Vorurtheil widerstreben allerdings nur zu sehr dieser Forderung der Wissenschaft, aber nicht sich den Vorurtheilen zu fügen, sondern sie unbarmherzig überall zu bekämpfen, ist die Aufgabe des Sozialismus. Unablässig und aller Orten müssen wir daher die Frage der Regelung der Bevölkerungszunahme erörtern, eine jede Zeitschrift, welche einem wirklich wissenschaftlichen, das heisst nicht etwa gelehrten, sondern entwicklungsfähigen und antidogmatischen Sozialismus huldigt, muss ihre Untersuchung anregen und muss jeden als Verbrecher an der Menschheit brandmarken, der diese Diskussion, deren Ergebniss den Fortschritt und das Glück des Menschengeschlechtes bedingt, zu stören oder zu erschweren sich bestrebt. Diess thun alle Diejenigen, welche die Frage durch einen blauen Harmoniedunst, den sie uns vormachen, verdecken wollen, und nachweisen, eine Diskussion derselben sei sehr überflüssig; noch viel mehr aber thun es Diejenigen, welche mit einigen wohlfeilen Entrüstungsfrasen von jeder Erörterung abschrecken, indem sie das Problem als unsittlich von vorneherein verwerfen.

Eitles Beginnen! Die Frage der Regelung der Bevölkerungsbewegung k a n n nicht aus der Welt geschafft werden, denn nicht die Laune einiger Menschen, sondern die Natur hat sie gestellt. Die Natur ist es, und nicht die Gesellschaft, welche uns die Alternative stellt, Laster und Elend oder die Regelung der Bevölkerungsbewegung.

Unsere Pflicht ist es daher, einerseits die Vorurtheile zu zerstreuen, welche gegen die einzig befriedigende Lösung des Problems noch herrschen, und andererseits eine Erweiterung der gegenwärtigen Kenntnisse über das Sexualsystem und seine Funkzionen anzustreben. B e i d e s   i s t   j e d o c h   i n   g r ö s s e r e m   M a s s e   e r s t   d a n n   m ö g l i c h,   b i s   a u c h   d i e   F r a u   m i t a r b e i t e t   a n   d e m   A u s b a u   d e r   F y s i o l o g i e. Dem Umstand, dass man die Frau von diesem Zweige der Wissenschaft bisher so ängstlich ferngehalten hat, ist es zum grössten Theile zuzuschreiben, dass die Frage über die Beseitigung der Schwierigkeiten, welche das Bevölkerungsgesetz erzeugt, bisher so wenig Beantwortungen gefunden hat, welche an die geschlechtliche Wurzel des Uebels sich herangewagt haben, und dass die wenigen Antworten, welche auf dem richtigen Wege sich befinden, noch so unsicher über das Ziel sind, welches man auf demselben schliesslich erreichen wird. Der einzige Vorwurf, den man gegen die meisten der vorgeschlagenen Mittel zur Regulirung der Bevölkerung, mit Recht erheben kann, ist der, dass ihre Wirksamkeit nicht über jeden Zweifel erhaben steht. Diess rührt daher, dass bisher nur Männer wissenschaftliche Untersuchungen über das Geschlechtsleben anstellten, welche natürlich alle an einer gewissen Einseitigkeit leiden mussten. Der Frau allein sind so viele Erfahrungen zugänglich, Erfahrungen an sich selbst sowohl, wie an anderen ihres Geschlechtes, ohne deren Kenntniss das Bild, das wir vom Geschlechtsleben des Weibes entwerfen können, stets nur ein sehr undeutliches bleiben muss. Die Frau mit der Fysiologie vertraut zu machen, ist daher eine Forderung, der man länger sich nicht verschliessen darf.

Man hat alle möglichen natürlichen Berufe für das Weib entdeckt. Bald sieht man ihren natürlichen Beruf in der Wäscherin, Köchin und Näherin, damit sie als Ehegattin vom Manne in das Joch der Hauswirthschaft gleich einem Karrengaul gespannt werden könne. Oder man sieht ihren natürlichen Beruf darin, den Männern das Leben zu verschönern, und lässt sie französich parliren und ein Klavier bearbeiten, malen und zeichnen, tanzen und singen lernen; wenn's hoch geht, gibt man ihr auch einen gelehrten Anstrich und drillt ihr Mathematik und Fysik, Literaturgeschichte und Psychologie ein, aber nichts gründlich, dass es als solide Grundlage einer eigenen Fortbildung dienen könnte, sondern Alles nur oberflächlich, um in Alles dreinreden zu können. Und ist sie endlich ordentlich dressirt, dann wird sie als Paradepferd der Männerwelt vorgeführt, um zu deren Ergötzen ihre Kapriolen zu produziren. Daran aber denkt niemand, die Frau zu dem zu erziehen, was ihr wirklicher, natürlicher Beruf ist, wenn man schon von einem solchen sprechen will, der der Mutter. Welche Pflichten sie als solche hat, wie sie vor und nach der Geburt sich verhalten, wie sie ihre Kinder nähren, kleiden und erziehen soll, über den menschlichen Körper und seine Funkzionen erfährt die Frau nichts, ausser von Unberufenen: ihr Schicksal und das Schicksal der künftigen Generazion überlässt man dem Zufall oder den dummen Rathschlägen alter Weiber. Aengstlich trachtet man darnach, dass das Mädchen ja nur nichts von Fysiologie erfahre und recht unwissend bleibe über die Pflichten, welche sie gegen sich selbst und ihre eventuellen Nachkommen hat. Warum? Weil dem Manne diese Unwissenheit, die man mit dem schönen Namen Unschuld bezeichnet, das Weib begehrenswerther erscheinen lässt. Diesem faden Geschmack wird die Gesundheit und das Glück der künftigen Generazion geopfert. Eine gesunde Jugend ist nicht eher zu erwarten, als bis die Frau statt mit all' dem unnützen Krimskrams, den man ihr heutzutage in den Kopf stopft, oft in solcher Fälle, dass ihre Gesundheit darunter leidet, vor Allem mit dem menschlichen Körper und seinen Funkzionen bekannt gemacht wird. Und auch dann erst ist an ein Schwinden der Vorurtheile gegen die Regulirung der Bevölkerung und an eine befriedigende endgiltige Lösung dieses Problems zu denken.

Man sieht, wie eng die sozialen Fragen mit einander verschlungen sind, wie wenig die eine ohne die andere einseitig gelöst werden kann. Hier noch weniger, wie auf anderen Gebieten ist das stückweise Herumflicken und Ausbessern am Platze. Die Ordnung der geschlechtlichen Verhältnisse, die Emanzipazion der Frau, die Lösung der Grund- und Bodenfrage, das Alles sind nicht Luxusfragen, mit denen man sich erst dann zu beschäftigen braucht, bis die industrielle Arbeiterfrage entschieden ist: die Lösung der letzteren ist ohne die der ersteren gar nicht möglich, sie alle sind gleich wichtig.

Einige Malthusianer meinen freilich, eine gleichzeitige Lösung aller dieser Fragen durch eine Umgestaltung der Gesellschaft sei nicht nothwendig. Sie würden von selbst sich befriedigend lösen, sobald eine Regulirung der Bevölkerungsbewegung durchgeführt worden sei. Diess ist falsch. **Eine Umgestaltung der Gesellschaft allein kann das Elend und das Laster ausrotten, welche heutzutage neun Zehntel der Bevölkerung zu einem jämmerlichen Dasein verdammen; aber nur eine Regelung der Bevölkerungsbewegung, wie sie am sittlichsten höchst wahrscheinlich durch den präventiven geschlechtlichen Verkehr geschieht, kann verhindern, dass diese Uebel wiederkehren.**

Der präventive Verkehr kann ebensowenig das Proletariat beseitigen, als es die moralische Enthaltsamkeit vermag, weil dasselbe nicht durch eine natürliche Uebervölkerung hervorgebracht wurde. Nicht die Uebervölkerung ist es, welche in Irland und Ostindien die Armuth erzeugt, diess ist vielmehr eine Folge der brutalen Gewalt, welche im Laufe der historischen Entwicklung mehrmals in die sozialen Gestaltungen dieser Länder eingegriffen hat. In den modernen Kulturstaaten aber wird die Armuth hervorgebracht dadurch, dass die menschliche Arbeitskraft in denselben eine Waare ist, der die Eigenthümlichkeit innewohnt, auf die Dauer stets in einer dem Bedarf entsprechenden Menge vorhanden zu sein. Ihr Preis kann ihren Werth nie dauernd übersteigen, weil eine solche Steigerung des Arbeitslohnes stets eine Verschiebung des Verhältnisses zwischen konstantem und variablem Kapital zu Ungunsten des letzteren bewirkt. Diess, und in zweiter Linie die Reserve aussereuropäischer Arbeitskraft, deren Werth noch geringer ist, als der Werth der europäischen, lassen den Lohn stets auf dem Unterhaltsminimum ruhen. Die Verminderung der Arbeiteranzahl — ob durch moralische Enthaltsamkeit oder präventiven Verkehr bewirkt — kann daher die Arbeiterklasse nicht heben. Die Verminderung des Angebotes durch die moralische Enthaltsamkeit kann aber nicht nur der Arbeiterklasse nichts nützen, sondern ist dem Individuum sogar entschieden schädlich. Die geschlechtliche Enthaltsamkeit ist eine unnatürliche Lebensweise welche sich, wie jede andere Sünde wider die Natur, nur zu grausam rächt. Wenn sich der Arbeiter durch den präventiven Verkehr von den Lasten der Familie frei hält, so kann diess dem Individuum nützlich sein; aber auch nur so lange, als derlei Gewohnheiten sich nicht verallgemeinern. In Frankreich ist der präventive Verkehr in grossem Masse vorbereitet, wir sehen aber, dass er dort nicht im geringsten die soziale Frage ihrer Lösung entgegengeführt hat. Durch die Beschränkung der Bevölkerungszunahme können Zufriedenheit und Gesundheit der Menschheit nicht erworben werden; aber sie können auch nicht erworben werden ohne diese Beschränkung.

Wenn Laster und Elend bei uns auch nicht durch die Uebervölkerung hervorgerufen werden, so verhindern sie doch eine solche. Beseitigt man Laster und Elend und die Furcht vor denselben, so beschwört man dadurch die Gefahr einer Uebervölkerung herauf. Einen selbstwirkenden Regulator gegen dieselbe, wie man sich ihn wohl wünschen möchte, gibt es nicht. Der zunehmende Wohlstand und die wachsende Intelligenz vermindern weder von selbst die Bevölkerungszunahme, noch lassen sie von selbst die Lebensmittel in einem schnelleren Tempo anwachsen, als bisher. Aber wenn auch kein harmonischer, selbstwirkender Regulator der Bevölkerungs- und Lebensmittelzunahme existirt, so ist es dem Menschengeist doch möglich, einen solchen Regulator zu schaffen, den er bewusst anwendet. Es ist ihm möglich, sowohl die Nahrungsmittel schneller zu vermehren als auch die Bevölkerung langsamer anwachsen zu lassen, als es ohne diess bewusste Eingreifen geschähe. Ersteres ist möglich durch den Uebergang zu einer vollkommeneren Produkzionsweise, das Zweite durch Verringerung der Geburten. Ersteres — der Uebergang zu einer höheren Betriebsweise — ist nur zu gewissen Epochen und innerhalb gewisser Schranken möglich. Es kann diess daher die Uebervölkerung hinausschieben, nicht aber unmöglich machen. Das letztere Resultat ist nur erreichbar durch eine Regelung des Geschlechtslebens. Da aber die Frage, wie dieselbe geschehen soll, nicht ohne lange und beschwerliche Vorarbeiten lösbar ist, auch nicht sobald die allgemeine Durchführung dieser Lösung erwartet werden kann, so muss man schon aus diesen Gründen — abgesehen von anderen, ebenso wichtigen — vor Allem darnach trachten, den ersten Regulator durch die Lösung der Grund- und Bodenfrage in Thätigkeit zu setzen, damit man Zeit gewinnt, den andern seine volle Kraft entfalten zu lassen.

Jedermann, der ohne Vorurtheile und unbefangen die Thatsachen prüft, wird zu diesem Standpunkt der Malthus'schen Theorie gegenüber gelangen, wenigstens dann, wenn er vom sozialistischen Standpunkte ausgehend, konsequent weiterschreitet. Der bisher mit Vorliebe von den Sozialisten dem Bevölkerungsgesetz gegenüber eingenommene Standpunkt ist inkonsequent, weil optimistisch und teleologisch.

Der Sozialismus ist eben mehr, als eine nazionalökonomische Schule; er ist eine Weltanschauung, welche die richtige Mitte hält zwischen der pessimistischen und optimistischen.

Der Pessimist ist gewöhnlich ein scharfer Beobachter: er sieht das Leiden der Welt, wie es ist, manchmal auch ein bischen schwärzer, er sieht den Kampf Aller gegen Alle, aber er verzweifelt daran, diess je geändert zu sehen. Er hält das Problem, die Menschheit glücklich zu machen, für unlösbar.

Anders der Optimist. Er ist meist ein schlechter Beobachter, und sieht von dem Leiden der Welt, dem Kampfe Aller gegen Alle so wenig wie möglich, und diess wenige erscheint ihm blos als eine Ausnahme. Er hält es gar nicht für nöthig, in die jetzigen Zustände einzugreifen. Er hält das Problem, die Menschheit glücklich zu machen, zum grössten Theil für gelöst: das Fehlende werde schon von selber kommen.

Diesen beiden tritt entgegen der Sozialist. Gleich dem Pessimisten ist auch er gewöhnlich ein guter Beobachter, gleich diesem sieht auch er das Leiden der Welt ohne jedes beschönigende Mäntelchen, sieht den schonungslosen Kampf Aller gegen Alle. Auch er erkennt die Nothwendigkeit einer Aenderung, aber er zweifelt nicht an ihrer Möglichkeit. Er hält es für möglich, den Kampf Aller gegen Alle umzuwandeln in einen Kampf Aller für Alle; er hält das Problem, die Menschheit glücklich zu machen, noch nicht für gelöst, aber für lösbar, lösbar durch die Erkenntniss der Gesetze der Natur und der Gesellschaft.

Der Optimist vertraut auf Gott oder auf sein Glück; der Pessimist vertraut auf gar nichts; der Sozialist vertraut auf die Menschheit.

Der Optimist kann an eine Teleologie, an das Walten einer gütigen Vorsehung glauben, nie aber der konsequente Sozialist. Es ist keine blosse Laune, wenn der zielbewusste Sozialismus gegen die Teleologie Front macht, und wenn er für die mechanische Weltanschauung eintritt. Ebensowenig, als in der Gesellschaft, darf er in der Natur eine Harmonie suchen, er darf sich nicht einbilden, der Mensch allein sei des Menschen Feind, und sei einmal die kapitalistische Produkzionsweise beseitigt, dann könne man ausruhen von dem schweren Werke. Unablässig bedrängen den Menschen die Naturkräfte, unablässig muss er mit ihnen kämpfen, unablässig ihnen sein Leben abringen. Der Kampf um's Dasein wird so lange dauern, als die Welt, in der wir leben und nichts kann ihn beseitigen; wir können blos den Kampf Aller gegen Alle in einen Kampf Aller für Alle verwandeln, um so mit vereinten Kräften mit dem Schwerte der Wissenschaft in jeder Schlacht den Feind leichter besiegen zu können.

Diesen Standpunkt müssen wir auch der Malthus'schen Theorie gegenüber einnehmen. Wir dürfen nicht den Harmonicaposteln ihre Waffen gegen ihn entlehnen und eine mystische Naturordnung zu Hilfe rufen, welche nicht existirt. In der Natur ist ebensowenig Alles vollkommen, als in der Gesellschaft; oft müssen wir ein

Uebel wählen und es handelt sich nur darum, welches das kleinere sei. Unläugbar ist bei dem jetzigen Stande der Wissenschaft der präventive geschlechtliche Verkehr ein viel kleineres Uebel als die andern, welche die Uebervölkerung mit Nothwendigkeit erzeugt und welche in den verzweiflungsvollsten Formen des Kampfes ums Dasein sich zeigen: **Den präventiven geschlechtlichen Verkehr anzunehmen, ist daher ein Gebot der Sittlichkeit** denn er ist sittlicher als Hunger und Seuchen, Krieg und Mord, Sifilis und Prostituzion. Aber da wir nicht Pessimisten, sondern Sozialisten sind, dürfen wir folgerichtig erwarten, dass es dem unablässigen Forschen des Menschengeistes gelingen werde, diess heute schon im Gegensatz zu den anderen geringe Uebel immer unmerklicher zu gestalten. Von selbst aber, auf harmonischem Wege, wird sich das Bevölkerungsproblem nie lösen. Lange, mühsame Arbeit, unermüdliches Forschen kann allein zu diesem Ziele führen. **Vollkommen befriedigend wird jedoch diese Frage nie beantwortet werden, nie wird der Mensch straflos seinen natürlichen Trieben ganz und voll, ohne die geringste Vorsichtsmassregel, sich hingeben können, denn der Kampf um's Dasein ist ewig.**

Ich bin zu Ende.

Manchem wird das Ergebniss meiner Untersuchung nicht gefallen, es wird ihm nicht trostvoll genug erscheinen. Solchen kann ich nur rathen, sich ein Gebetbuch oder Bastiat's „ökonomische Harmonien" zu kaufen; so etwas taugt für Leute, welche einen Trost brauchen. Die Wissenschaft aber mögen diese Herren ungeschoren lassen. Sie hat nur ein Ziel, dem sie entgegenstreben muss, unbeirrt darum, ob sie verletzt oder tröstet: die Wahrheit.

Ende.

www.ingramcontent.com/pod-product-compliance
Lightning Source LLC
Chambersburg PA
CBHW020918230426
43666CB00008B/1494